走进广州好教育丛书·好学校系列

ZOUJIN GUANGZHOU HAOJIAOYU CONGSHU HAOXUEXIAO XILIE

邓云洲　欧卫国　王映◇编著

做最好的自己

广州大学附属中学的办学之路

北京师范大学出版集团
BEIJING NORMAL UNIVERSITY PUBLISHING GROUP
北京师范大学出版社

图书在版编目(CIP)数据

做最好的自己：广州大学附属中学的办学之路/邓云洲，欧卫国，王映编著. —北京：北京师范大学出版社，2017.4
（走进广州好教育丛书. 好学校系列）
ISBN 978-7-303-21241-5

Ⅰ. ①做… Ⅱ. ①邓… ②欧… ③王… Ⅲ. ①广州大学附属中学—办学经验 Ⅳ. ①G639.286.51

中国版本图书馆 CIP 数据核字(2016)第 213015 号

营销中心电话 010—58802181 58805532
北师大出版社高等教育分社网 http://gaojiao.bnup.com
电子信箱 gaojiao@bnupg.com

ZUO ZUI HAO DE ZI JI GUANG ZHOU DA XUE FU SHU ZHONG XUE DE BAN XUE ZHI LU

出版发行：北京师范大学出版社 www.bnup.com
北京市海淀区新街口外大街 19 号
邮政编码：100875
印 刷：保定市中画美凯印刷有限公司
经 销：全国新华书店
开 本：787 mm×1092 mm 1/16
印 张：25.25
字 数：346 千字
版 次：2017 年 4 月第 1 版
印 次：2017 年 4 月第 1 次印刷
定 价：58.00 元

策划编辑：路 娜 郭 翔 王佳媛 责任编辑：王 宁
美术编辑：焦 丽 装帧设计：焦 丽
责任校对：陈 民 责任印制：陈 涛

走进广州好教育丛书

总序一

《国家中长期教育改革和发展规划纲要(2010—2020年)》提出:“办好每一所学校,教好每一个学生。”几年来,各地涌现出了一批好学校、好校长、好教师。总结和推广他们的经验,是推动我国教育改革和发展,提高教育质量,促进教育现代化的强大动力。广州市是我国改革开放的前沿,不仅有着深厚的文化积淀,而且在改革开放中敢为天下先,在教育领域积累了许多新经验。广州市教育局在《广州市教育事业发展第十二个五年规划》文件“办好让人民满意的教育”的要求下,决定组织编写“走进广州好教育丛书”,实在是适逢其时。这是对广州市多年来教育改革创新的一次总结,也是对广州市今后教育改革的一次推动。

根据编委会的设计方案,丛书拟从广州市1000多所中小学校、10多万名教师中选出10所“好学校”、10名“好校长”、10名“好教师”列入首批出版计划。他们有的是已有100多年建校历史,积淀了深厚文化内涵,至今仍然在不断创新中继续勃发着育人风采的老学校;有的是办学时间不长,但在全校教职工磨砺创业、共同耕耘下办出水平的新学校。他们有的是办学理念先进、充满活力、管理经验丰富的好校长;有的是师德高尚、业务精湛、热爱学生的好教师。总之,他们热爱教育事业、热爱每一个学生,创造了卓越的成绩,是好学校、好校长、好教师队伍中的典范。

当前，我国教育正处在由数量发展转向质量提高的转折点上。到2020年，我国要基本实现教育现代化。教育现代化的实质就是要培养现代化的人。教育要回到原点，立德树人，培养具有为国家、为人民服务的责任心，具有创新精神和实践能力，并且具有国际视野和国际交往能力的人才。教育大计，教师为本。我们的校长和教师要立足中国，放眼世界，转变教育观念，改变人才培养方式，促进教育现代化的进程。

我希望广州市在编写“走进广州好教育丛书”的过程中继续挖掘先进人物和新鲜经验，率先实现教育现代化。

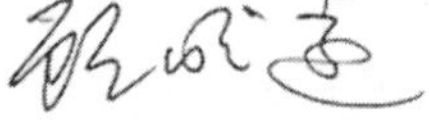

2016年7月

总序二

2014年的教师节前夕，我写了一篇《广州教育赋》，后来这篇文章在《中国教育报》上刊登了。在这篇赋中我有这么几句话：“大信不约，好校长何止十百；大爱无疆，好老师何止百千；大成不反，好学生何止千万；大道不违，好学校就在此间。”中心意思是说，广州好教育是由十百千万的好校长、好教师、好学生和好学校共同铸成的。正是有着他们的大信大爱和大成大道，广州作为国家重要中心城市之一，在教育，尤其是基础教育方面，才能卓有建树，我们也才有可能推出一套“走进广州好教育丛书”。

在这篇序言中我想表达三个朴实的想法。

第一个朴实的想法是，一座城市的教育发展单靠一两所名校，几位名师、名校长是支撑不起来的。能够为这座城市源源不绝地提供人才智力资源的应该是有那么一大群校长、一大批教师和一大拨学校。他们形成一个个各具怀抱的优秀群落，为这座城市辈代不绝地做着贡献，那我们就要为这一个个优秀群落树碑立传。对于广州这样有着将近1500所中小学的特大型城市而言，我们特别有理由这样做。正是有着他们的大信不约（《礼记·学记》）——真正的信义不需要盟约，他们才会在每一所学校不断坚守；正是有着他们的大爱无疆——博大的仁爱无边无际，他们才会为每一个学生殚精竭虑；正是有着他们的大道不违（原为“大道无违”，《晋书·嵇康传》）——不违背教育的使命与历史发展的规律，他们才会为每一个进步中的时代进行着生动的背书。有了他们，才会有一座城市的教育；有了他们，才会有一座城市的发展。有人要问，这套“走进广州好教育丛书”出齐会有多少册？老实说，我也不能确定。这第一批推出的30册只是一个开始，但我相信，只要这座城市在发展，属于这座城市的教育大赋就一定不会有画上句号的时候，它一定会以这样或那样的形式展现出来。

第二个朴实的想法是，对于基层教育工作者来说，我们真正需要掌握的教育规律和教育法宝就那么几条，如果我们钻进教育思潮的各种主义与模式的迷宫中不得而出，那就容易忘记教育最基本的追求。几年前，广州一个区的教育论坛请来了顾明远先生，顾先生在论坛上说：“没有爱就没有教育，没有兴趣就没有学习。”我们深以为然。教育理论当然有很多，都值得我们认真学习，其他不讲，仅“因材施教”和“有教无类”两条，在我们的教育实践中是否做到了？我相信，如果我们做到了，那我们就有可能进入好教师、好校长、好学校的序列。所以，在这套丛书中，我们特别看重的是重返教育现场，讲好教育故事，今往兼顾，名特相谐。丛书所列既有杏坛前辈，也有讲台新秀；既有百年老校，也有后起名品；各好其好，好好共生。早在100多年前，广州教育就已经在现代化进程中开风气之先。比如说鼎鼎有名的万木草堂，20世纪20年代开辟新学堂；再比如说最早在广州推行开来的六三学制。在当下的教育大格局中，广州教育自然也不能落后，要有广州的好教育。

第三个朴实的想法是，好教育需要有一个好的教育生态。习近平总书记说：“我们的人民热爱生活，期盼有更好的教育。”我们要努力办好让人民满意的教育，那这个教育上的“好”应该体现在哪些方面？除了上面提到的好学生、好教师、好校长、好学校之外，好的教育生态应该是一个必不可少的要素，这其中的一个重要标志就是能够形成尽可能多的教育共识。我们组织编写这套“走进广州好教育丛书”，一个目的就是通过展示我们的教育实践来推动形成更多的教育共识：原来在我们这座城市，在我们身边，就有这些好的教育，值得我们称赞，值得我们珍惜。我们的教育要全面上水平、走前列，这行进过程中积累起来的好教育基础就是我们不断奋力前行的保证。

最后，作为这套丛书的策划者，我要特别感谢北京师范大学出版社，我仍记得三年前，时任北京师范大学副校长的杨耕同志领着北京师范大学出版社的朋友们和我们讨论这套丛书编写出版规划时的热烈情景；另外，我要特别代表广州市教育局感谢顾明远先生为本套丛书作序；还要感谢总主编吴颖民先生以及华南师范大学、广东第二师范学院、广州大学的分册编委的专家团队，正是有他们的认真组织和每一位分册作者的孜孜以求，这套丛书才得以和各位读者见面。

2016 年 7 月

怀揣教育情怀，追求理想教育

邓云洲

从教至今已有三十余年，回想第一次走上讲台的情景，依然历历在目。三十余年来，我教过中等师范的学生，教过师范大学的学生，当了十五年的硕士生导师，培养了近四十名研究生。一言以蔽之，这段经历都是在教学生如何教书。2004 年，从一个在大学工作的教育研究者转变为一名完全中学的校长，转眼又是十多年过去了。静下心来思考，教育除了执着和热爱以外，“怎样才是好教育”的问题，不得不引起我们的深思。广州市教育局亦提出“办好教育”的主张，我想从个人的角度谈点感想。

一、好的教育是需要能够感动学生和被学生感动的教育

好的教育各有论述，不一而足。有的以社会功能来评价，有的以学生成绩来评价，有的以学生身心发展来评价，有的以办学历史渊源和文化积淀来评价。这些纬度也许都是好学校必备的要素。从目前教育的稀缺性来说，我个人认为，好的教育是需要能够感动学生和被学生感动的教育，好的教育是能让教师感到幸福的教育，好的教育应该有一个能让师生在精神上追随的好校长。

不知从什么时候开始，感动竟成了我们生活中的奢侈品。很多老师

抱怨，现在的学生太难感动了；很多学生说，现在的老师太不会感动别人了。细想起来，感动越来越成为教育中的稀缺资源了。我们的教师越来越“工匠化”了，我们无休止地追求一节课的精密程序，殊不知少了感动的课堂就像一具割断了神经系统的“植物人”，我们可以用“植物人”的面孔做最精彩的雕塑，但我们谁都知道这里少了点什么。

生活需要感动，培养灵魂的教育更需要感动。

你看，孩子们一张张天真的脸庞，学生们一双双渴望的眼睛，感动本来就是他们最本真、最天性的表达。没有了感动，他们的心灵就会钝化。在大学我教了近十八年的教育学。从夸美纽斯到霍尔巴赫，从杜威到凯洛夫，对教育学知识的掌握倒是越来越扎实了，其所包蕴的“科学”“原则”“技巧”越来越有现代气息，但就是没有感动，既不教人如何感动别人，也不教人如何被感动。许多的教育理论工作者们一再贩卖着一套套理论，殊不知没有了情感、没有了感动，就像人没有血液一样。只有当我们有了感动，有了丰富的感知世界的情感，那些教育技巧与方法才是充满人性的，才是根植于人的人性光辉之上的，才是有价值的，才是可持续的。

我们的教育是需要感动的，因为教育归根结底是关于人的心灵的工作，它的使命就是促成人性的觉醒和潜能的发展。当教育拥有了感动，我们的教师就会变得富有激情，他们敞开心扉，随时准备感动学生和被学生感动，付出和获得都会使他们快乐和幸福，他们不断提升自己的亲和力，他们不断地把爱渗透到教学的每一个环节，冰冷的知识有了人性的温暖，生冷的课堂有了生机，教育的效果增强了。

感动会让受教育者的情感世界变得纯净，自觉自愿地接受教师的教化，对教师的严格要求亦不抗拒。教师们一定要确信，当受教育者的情感闸门被打开以后，他们会站在大人和孩子的立场上，而非教育者和被教育者的立场上进行沟通、交流和共鸣，这是人类心灵之间的对话。有了这样一个心灵的平台，感动会成为师生共同成长的能量源，它会令师生形成分享而不是自私、融合而不是孤立的社会交往观。所有这一切都是教育的神圣理想，而要达成这一理想，我们需要感动的教育和教育的感动。

二、好的教育是能让教师感到幸福的教育

冷静地审视一下我们当下的教育，会越来越感到责任的沉重。在快节奏的社会，我们有时候受“快餐式”文化的影响，会陷入追求“短平快”的旋涡，教育就显得过于“喧闹”“时尚”。其实，在当下，我们并不缺冠之以各种名分的学校文化，缺的是对心灵文化的敬仰和激赏，对精神文化的崇拜和珍惜。教育需要一份宁静的气质，这份宁静就是要我们从孩子们身心发育的自然规律出发，在教育和教学中不牵强附会、不矫揉造作、不世俗追风、不急于显山露水。学生的身心发育需要一个过程，从出生到少年再到青年，要多久就得等多久，就像植物的生长一样，从开花到结果，再到瓜熟蒂落，有其自身的季节规律。盖大棚，打激素，想尽快催熟采摘，有可能，但味道绝对不会地道。

教师的心境培育是十分重要的。创办了日本第一所大学的福泽谕吉，是日本教育的灵魂人物，今天日本钞票最大面额是一万日元，上面的头像不是日本天皇，而是这个福泽谕吉，他曾说，“一个民族要崛起，要改变三个方面：第一是人心的改变，第二是政治制度的改变，第三是器物与经济的改变”。这三个方面的顺序，首先应该是心灵，再是政治，最后才是经济。把这个顺序颠倒过来，表面上看是捷径，但最后是走不通的。人心的改变只能寄希望于教育，而教育成效又必须寄希望于教师，我们需要给教师一个完整的精神世界，既有爱的上线，也有敬畏的底线，这种爱是恒久、是恩慈。教师的爱是不嫉妒、不自夸、不张狂，

不做恬不知耻之事，不轻易发怒，不计较得失，凡事相信，凡事盼望，永不止息。这种敬畏是对生命及道德的尊重。

教师的心境在教育教学中太容易被忽视，因为它无法评价、无法考核。但心境是一种无形的内在教育力量，教师一个满含关怀的微笑就有了学生的现在，教师一个赞许激励的眼神就可能有了学生的未来。我们的教师一定要知道，在教育教学的世界里，教育者的心境及情感有其独立的价值，它们不是施教者知识或技能的附庸，而是受教者知识能力及其精神世界的融合剂，也是受教者善良德性的助燃剂。从这个意义上说，教育这个人性的殿堂是建立在师生共通的精神世界之上的。教师的精神世界及其心理世界应该、也必须成为教育者们关注及研究的对象。除了必要的教学技巧，我们一定要让教育者们知道每一次教学，每一次育人，会给学生什么样的精神感染？会激起受教育者什么样的内在情感？教育的目的又该如何达到？这样的问题，真需要学校管理者们和教育研究者们好好的思考了。

“大气”的教育人对学生爱得纯粹，这纯粹能够指引他们在“爱自己”与“爱学生”发生冲突时，在利益条件极为诱人时，义无反顾地选择“爱学生”“疼学生”。“大气”的教育人常呈现出一种“复杂的简单”状态，看似矛盾的两极在他们那里归于统一，一切波动在他们那里变得平滑，源自内心的强大张力使他们的生活充满了弹性：内心澎湃而又沉静理性，相信“为者常成，行者常至”，善以积极的态度忍受坚守的苦涩；开明大度，较少计较，兼容差异，接纳异己；能对现实做最彻底的批判，又能最大程度地吸收。他们因高度的自洽、知行相谐而收获一份内心的安宁，尽享幸福的回报。我们讲追求幸福，尤其是教育工作者在追求幸福时要学会安静、学会大气，就是要为我们营造幸福的生活时打上底色，只有底色是不够的，我们还必须常揣敬畏之心，胸怀理想之念。

常怀敬畏之心，首先要畏初始，唐代柳宗元说过：“君子之惧，惧乎未始。”意思是说，君子的恐惧，产生在灾祸发生以前。一个常犯错误的人，往往是由一些细小之事开始的，有第一次就可能有第二次，喜占小好处就爱贪大便宜，缺口一旦打开，就会一发而不可收拾。因此，敬畏之心，贵在初始。我们作为从事教育的人，肩负着重要的使命，为此，需要对法律、秩序和规则保持敬畏，对社会责任感保持敬畏；同时要尊重自然，善待生命。敬畏不是惧怕，而是一种自我统一的内省。人无所敬畏，不仅会远离神圣，同时也靠近了罪恶。没有敬畏，再完备的制度也形同虚设；没有敬畏，贪欲就会出笼；没有敬畏，理想信念的精神大厦便无从建构。有了安静、大气和敬畏之心，我们便可以拥有平凡的心态。平凡的心态不是平凡的心，我们的内心必须是伟大的，我们的心必须向往高远，不低估自己的同时，更不低估别人，方能在平凡的教育岗位上，享受生命本身带来的幸福。

做一个幸福的教师，你不必是演讲家、表演家，但你应醉心教育、痴迷读书；内外兼修，用理论扩展视距，用专业滋养底气，用文化点燃灵性。对教育与教学保持自己的独立思考，善于把自己的目标转化为学生的愿望，引领学生享受阅读，让学生的精神天地草长莺飞、花开烂漫，让学生学得快乐，可以优美地舒展自己的生命。

做一个幸福的教师，不仅要用技巧，更要用心灵对待自己的事业，想学生之所想，急学生之所急，帮学生之所需；听得进学生中的不同声音，真实、真诚、善良，倾听、感激与欣赏每一位学生；每时每刻让学生体验平等、自尊、理解、友爱等人性关怀，做一堵能为学生挡风遮雨的墙。

做一个幸福的教师，肯定不能为所欲为、唯我独尊，而应合作大度，充分尊重、理解每一位学生，注重营造班级文化；多谋事、少谋人，用自己的人格魅力影响、感染学生，令学生人尽其才，才尽其用；把班组当成家事来打理，在成就自己的同时帮助他人成长，让每位学生成为这个大家庭的一员。

做一个幸福的教师，肯定不是坐而论道、纸上谈兵的空想家，而一定是理想的实践者、思考的实践者，是来自一线的鲜活的教育家；怀揣教育理想，贴着地面行走，永远比别人多想一点、多做一点，永远迸发并保持较强的成长热情和干劲，做学生心中的一面旗帜。全面实施一线工作法，摸着石头过河，在传承的基础上大胆创新，发掘每一位学生的潜能与智慧；同时笔耕不辍，说能够做的，做已经说的，把说的做好，把做的写出来，跳好“独舞”的同时引领“群舞”，使自己的教育思想与行动能够得到迅速辐射与传播，带动学生的发展。

做一个幸福的教师，不应是服务校长的教师，更不应是校长的亲信，而应是孩子们的师长。顺应儿童的天性，欣赏孩子生命的独特，小心细腻地呵护、温暖孩子们的精神世界，让每个孩子对未来充满向往与憧憬；应走进教室、走进宿舍、走进食堂、走进图书馆、走进学生群中，与学生平等交流，真正成为学生们的“平等首席”。无论在校园的什么地方出现，总会有一群孩子围上前去；和孩子们在一起，脸上永远呈现出一种儿童般纯真的笑容，成为孩子们争相模仿的对象，有很多铁杆“粉丝”，做一位永远长不大的“大小孩”。

做一个幸福的教师，不应做昙花一现、稍纵即逝的明星，而应在心中构筑自己的教育的“乌托邦”，做一名在心灵深处沸腾着炙热的教育期盼的守望者。可以坦然地接受尚不能改变的现实，有足够的度量去容忍那些尚不能改变的事情，任何情况下都能够脚踏实地，尽最大可能去做好可以做的事情。永不言败、永不放弃，永远行走在路上，谈起教育津津乐道，幸福快乐洋溢在眉宇之间，犹如一个执着的麦田守望者，无论什么样的天气与环境，都从容坚强地站在麦田边的悬崖旁，无怨无悔，以诗意的姿态，在教育理想与现实的边缘地带坚韧跋涉，守望自己心中那富有高贵气质的、圣洁秉性的、充满生命活力的教育“桃花源”。

三、好的教育应该有一位能够让师生在精神上追随的好校长

什么样的校长才是好校长，其标准亦是见仁见智，如一定要回答，我想有三个要素恐怕是一位好校长应具备的品质：

一是对教育的爱。这种爱是校长做好一切工作的前提。一位校长应当对教育永葆一种虔诚的爱，不记名利、潜心投入，不为一时的功利所牵引。我国著名教育家陶行知先生三拒高官职位，甘当一名校长，才成就了他的一世英名。

二是要有明确的办学理念。校长是学校的领路人，他的办学理念是否符合学生的成长规律，是否符合时代的潮流，是否有利于师生身心健康与发展，是确保办学方向不偏离教育本质的大问题。时下各种办学理念可谓层出不穷，许多校长热衷于贴标签、挂牌子，但很少思考这些标签是否符合规律，是否能得到真正的执行和落实。因此，一个好校长，必须拥有一套既有理论指导，又符合办学实际的观念系统，并通过学校文化层层渗透到学校的各项工作当中。

三是要能缔造一个具备高执行力的团队。一个好的校长必须培养出一个拖不烂、打不垮、具备高执行力的团队。校长自身则应政简事清、放手放权，辨方向、谋大略、抓重点、重“内治”。对于校长，指挥团队“做正确的事”比教育部下“正确地做事”更重要；“想事”比“管事”更重要；“管事”比“做事”更重要。好校长就是“出好主意用好人”，而不是事无巨细、事必躬亲，“不放手”“不放心”，必然导致既无可用之人，又无可信之人，最终形成恶性循环。

理想的校长肯定不是上级官员的校长，不是少数亲信的校长，不是

坐而论道、纸上谈兵的空想家。事实上，“无为而治”并非无所作为。一位著名的企业家说过：“我的工作只抓两件事——最大的事和最小的事。”我理解这句话用在教育上，“大事”就是指方向，就是策略；“小事”就是关注学校细节。画家的画法常有“疏可走马，密不容针”一说，我想这一道理放之管理亦可。当然，要做一个好校长涉及的方面还很多，如校长自身的素质、理论修养、人格魅力、政策掌握水平等。

所谓好教育，其实质还是在于育人。正如广州大学附属中学的校训所言：做最好的自己。校长做最好的自己，老师做最好的自己，带领着学生做最好的自己，各个部分都做最好的自己，我们的整体才有力量做更强更好的自己！

目录

MULU

上篇　理想与跨越

中篇　实践与反思

下篇　影响与辐射

上篇

理想与跨越

第一章 因缘际会：大爱无疆育新人

筚路蓝缕，以启山林。从六十七年前的解放军干部子弟学校到现在的广州大学附属中学；从开创到迁徙再到落地扎根，长成参天大树，她不畏艰辛，执着探索。她用她的智慧和勤劳悉心浇灌她的每一棵树苗，关爱、尊重、宽容、引导和奉献，培育每一位新人，希望每一个孩子都能长成栋梁之材，就像她的办学理念和校训一样：“以生为本，与时俱进，培养面向未来的人才”，希望每一个人都能“做最好的自己”。

第一节 历史的渊源与期待

广州大学附属中学是一所战车上的学校。她，诞生在部队里；她，随着解放军在革命中一起成长；她，在红色根系的哺育下传承红色的血脉。在沿革变迁的途中，她有着她独特的故事。

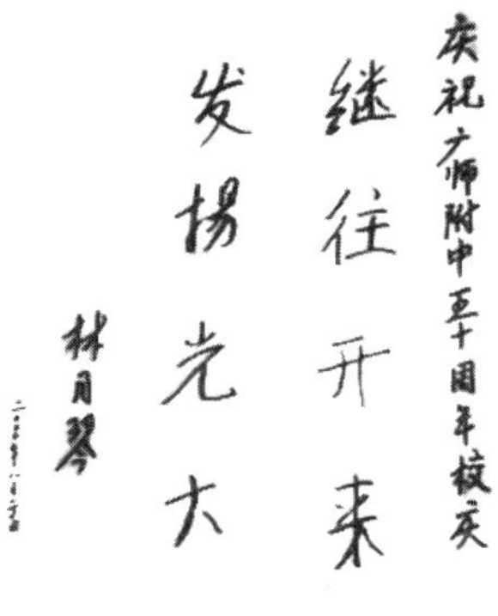

林月琴校长题词

广州大学附属中学创建于1948年5月，追溯其前身，是在哈尔滨东北民主联军总部成立的“东北民主联军南岗干部子弟学校”，由罗荣桓元帅的夫人林月琴同志任首位校长；1949 年，学校随军迁至天津，改名为“第四野战军干部子弟学校”，由余慎同志任校长，林月琴同志改任名誉校长；同年 8 月，随着“四野”大军渡江南下，学校迁到汉口，年底由王长德同志任校长。1950 年 3 月，学校随“四野”十五兵团到达广州，更名为“中国人民解放军第十五兵团干部子弟学校”。随着革命形势的发展，她曾几迁校址，屡易校名，于 2000 年更名为“广州大学附属中学”(以下简称“广附”)。

学校历史简表

<table>
<tr><th>校名</th><th>起止时间</th><th>校址</th></tr>
<tr><td>东北民主联军南岗干部子弟学校</td><td>1948 年 5 月—12 月</td><td>哈尔滨</td></tr>
<tr><td rowspan="2">第四野战军干部子弟学校</td><td>1949 年 1 月—7 月</td><td>天津</td></tr>
<tr><td>1949 年 8 月—1950 年 2 月</td><td>武汉</td></tr>
<tr><td rowspan="2">中国人民解放军第十五兵团干部子弟学校</td><td>1950 年 3 月—11 月</td><td>广州市东山区达道路</td></tr>
<tr><td>1950 年 12 月—1951 年 2 月</td><td>广东韶关十里亭</td></tr>
<tr><td>广东军区干部子弟学校</td><td>1951 年 3 月—1952 年 7 月</td><td>广州东山百子路</td></tr>
<tr><td>华南军区干部子弟学校</td><td>1952 年 8 月—1953 年 7 月</td><td>广州沙河鸡颈坑</td></tr>
<tr><td>中南军区第二小学</td><td>1953 年 8 月—1955 年 1 月</td><td rowspan="2">广州石牌—玉泉山</td></tr>
<tr><td>广州六一小学</td><td>1955 年 2 月—1956 年 7 月</td></tr>
<tr><td>广州八一小学</td><td>1956 年 8 月—1958 年 7 月</td><td rowspan="4">广州市越秀区黄华路</td></tr>
<tr><td>广州八一中学</td><td>1958 年 8 月—1968 年 7 月</td></tr>
<tr><td>广州市第 53 中学</td><td>1968 年 8 月—1981 年 7 月</td></tr>
<tr><td>广州师院附属中学</td><td>1981 年 8 月—2000 年 9 月</td></tr>
<tr><td>广州大学附属中学</td><td>2000 年 10 月至今</td><td>2010 年 9 月增设大学城校区</td></tr>
</table>

广附从创立到发展，经历了几段非常时期，有过艰难和困惑，也有过收获和感动。第一个时期是广附的初创时期(1948 年 5 月—1956 年 7 月)，在新中国刚成立的新环境下，她随着祖国一起成长、一起探索。哪怕遇到再多困难，她始终不忘自己的使命：为革命保存火种，为新中

国培育希望。正因为有着红色的根，她与解放军有着不解的渊源。学校成立之初，多次受到部队领导的亲切关怀。学校两周年校庆之时，叶剑英元帅到校观看学生表演，并以家长身份发表热情洋溢的讲话；学校成立四周年时，罗荣桓、聂荣臻两位元帅先后到校视察……在这些革命领导人、学校师生以及家长的共同努力下，广附的红色根系在新中国的土地上生根发芽。

1948 年 5 月，学校招收第一批学生

后排左一为毛泽东主席之女李敏

罗荣桓元帅和

夫人林月琴校长

1954 年聂荣臻元帅(居正中者)视察我校

位于东山区达道路的中国人民解放军第十五兵团干部子弟学校旧址

第二个时期是"八一"时期(1956 年 8 月—1968 年 7 月),这段时期为过渡期,学校在祖国的南方沐浴朝阳,茁壮成长。

持枪护卫——建校初期学校驻有警卫排,专职保护师生

1956 年 10 月,校运动会入场式

第三个时期是 53 中时期(1968 年 8 月—1981 年 7 月),正所谓峥嵘岁月,挥斥方遒。此时的学校,正劲头十足,力争上游,融入火热的祖国建设热潮中。

1973 年,第三期《广东画报》报道我校"雷锋小组"的感人事迹

第四个时期是广州师院附属中学时期(1981 年 8 月—2000 年 9 月)。1980 年，广州师范学院复办，需要找一所中学作为她的教学实验基地。在广州多所学校间比较择优后，广州师范学院选取了当时的 53 中作为她的附中。于是，在 1981 年，学校更名为“广州师范学院附属中学”。这一时期，学校沐浴改革春风，教职员工在继承和发扬革命优良传统，保持令社会和家长满意的优良校风的基础上，订立“抓三年，三年抓”的办学原则，下大力气抓教学质量，于 1985 年和 1987 年连续两次腾飞，使学校顺利从广州市 D 类学校进入 B 类学校的行列。1993 年和 1995 年，学校又经历了两次腾飞，迅速跻身于广州市重点中学的行列。1994 年，学校通过广东省教育厅的评估验收，成为广东省首批省一级学校。1996 年开始，学校实施创新教育整体改革实验，在各年级全面推行以素质教育为核心的创新教育模式，令学校教育现代化的实力和学生的整体素质逐年登上新的台阶。1999 年 1 月 29 日，学校创始人之一，时任全国政协副主席的洪学智上将回校视察。在各级领导的关怀下，全校上下励精图治，办学质量稳步提高。

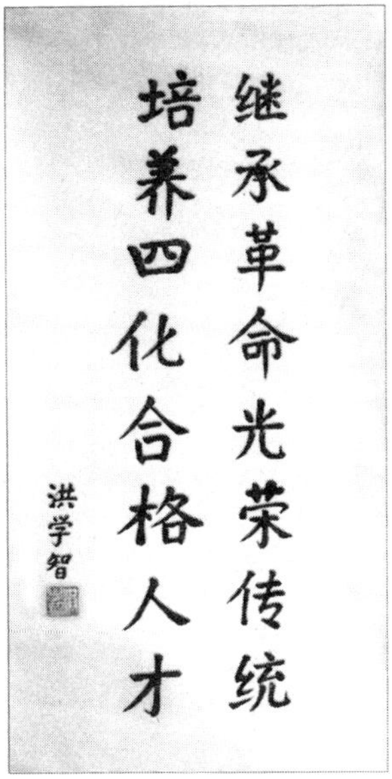

洪学智题词

第五个时期是广州大学附属中学时期(2000 年 10 月至今)。2000 年，广州师范学院和原广州大学、广州教育学院等四所高校合并，成立新的广州大学。学校即由当时的广州师院附中更名为“广州大学附属中学”。这个阶段的学校，铸剑出鞘，倚天长鸣，在几代“广附人”的努力下，开启了历史的新篇章。特别是 2004 年以后，学校的建设规模不断扩大，办学水平不断提高，树立了广州市一流名校的口碑。目前，学校成功实现了以黄华路校区和大学城校区的“一校两区”为核心，辐射广州市白云区、黄埔区、花都区、南沙区以及江门市等五所实验学校的战略布局，并成功创办广州大学附属小学和广州大学附属幼儿园，走上了集团化办学的发展之路。

黄华路校区

大学城校区

白云区广附实验学校金域蓝湾校区

白云区广附实验学校御金沙校区

黄埔区广附实验学校

花都区广附实验学校

广附南沙朝阳学校

广附江门广德实验学校

广州大学附属小学

广州大学幼儿教学实验基地朝阳幼儿园

在学校规模不断扩大的同时，广附的办学质量也在不断提高。从2000年至今，学校先后获得“全国基础教育名校”“全国教育科研先进单位”“广东省红领巾示范学校”“广东省书香校园”“广东省德育示范校”“广东省普通高中综合课程研究与实验项目实验学校”“广东省青少年科技教育基地”“广东省示范家长学校”“广东省中小学心理健康教育先进单位”“广州市教育工作先进单位”“广州市第一批(普通高中)特色学校”“中国人民解放军广州军区国防生生源基地”“广州市体育传统项目学校(田径羽毛球车模)”等光荣称号，并成功评为广东省国家级示范性普通高中。同时，学校还承担了国家和省、市级教科研课题的多项实验任务，是中国科协青少年科技创新人才培养实验学校，还是联合国教科文组织“EPD项目”在中国的实验学校。

历史沿革，薪火相传，学校被称为骨子里流淌着革命军人鲜红血液的“红色学校”，被誉为将帅的摇篮。这种军队文化深深影响着广附的精神与面貌，引领着广附的建设与发展。曾经，广附在她的成长道路上一直探索和思考，什么才是最适合自己的特色？什么样的精神才能带领学校师生一起奋进、一起前行？什么样的文化才是自己特有的根基？在这些年的探索、思考、实践与总结中，学校越来越清晰地认识到，红色革命精神才是根，要以此为特色打造自己的特色文化和教育品牌，时时刻刻要有标兵意识，秉持“亮剑”精神，做最好的自己。

第二节　办学理念——以生为本，与时俱进，培养面向未来的人才

教育应该像一潭清泉一样，滋养每一个灵魂。正如老子所言：“上善若水。”教书育人正是如水一般的善行，用她的智慧泽被万物而不争名利；用她的胸怀尊重每一个孩子；用她的品行感染每一个孩子；用她的真情感动每一个孩子，同时也被每一个孩子感动。至柔之中又有至刚、至净、能容、能大的胸襟和气度。学校在树立办学理念时，应该回归到教育最本质的东西，抓住教育教学的灵魂所在。

一、理念之内涵

怀着那份最初的期待，学校对未来的发展与建设有了新的思考与定位，而最重要的，就是对办学理念的探索。要形成一套具有学校自身特色的办学理念，即一套能够切切实实为学生着想、为老师着想、为家长着想、为学校发展与建设着想、为祖国未来着想的办学理念。

办学理念简单地说，是办学的理想与信念，是指在长期的教育教学改革实践中所形成的对教育教学改革的理性认识、理想追求，以及与此相关的教育教学思想观念和教育教学哲学观点。办学理念是一所学校立校的根本所在，是学校的灵魂，是办学的指南。办学理念应该传承学校办学的历史传统，揭示她的发展方向，反映学校师生的行为准则、精神风貌和价值追求。

法国思想家帕斯卡尔有一句名言：“人是一根有思想的芦苇。”他的意思是说，人的生命像芦苇一样脆弱，宇宙间任何东西都能置人于死地。可是，即便如此，人依然比宇宙间任何东西都要高贵得多，因为人有能思想的灵魂。我们不否认肉身生活的必要，不排斥人生的喜、怒、

哀、乐，也正因此，才构成了多姿多彩的五味人生。但从古至今，我们追忆、我们反思，人的高贵在于他的精神生活。有这样两则小故事，说的是两千多年前，罗马军队进攻了希腊的一座城市，他们发现一个老人正蹲在沙地上专心研究一个图形。他就是古代最著名的物理学家阿基米德。他很快就死在了军队的剑下，当剑朝他劈来时，他只说了一句话："不要踩坏我的圆!"在阿基米德看来，他画在地上的那个图形是比他的生命更加宝贵的。更早些时候，征服了欧亚大陆的亚历山大大帝视察希腊的另一座城市，遇到正躺在地上晒太阳的哲学家第欧根尼，便问他："我能为你做些什么?"得到的回答正是："不要挡住我的阳光。"在第欧根尼看来，面对他在阳光下的沉思，亚历山大的赫赫战功显得无足轻重。这两则成为千古美谈的小故事，表明了古希腊优秀人物对于灵魂生活的珍爱。他们爱思想胜过爱一切，包括自己的生命，把灵魂生活看得比任何外在的事物，包括显赫的权势，更加高贵。学校的办学理念，就如人的思想一样，它是学校发展的灵魂所在，它是方向、是目标，引领着学校的发展与进步。

那么，什么才是适合广附的办学理念？什么才是值得广附追求的办学理念呢？

在多年的办学实践过程中，历经几代人的努力，广附逐步探索出了具有鲜明特色的发展道路和办学思想。在不同的历史时期，办学理念的表述虽然各异，但都有一个极强的共性，即把学生放在首位，一切为了学生的发展，为了一切学生的发展。根据时代发展需要，根据不同时代对人才的素质要求，以及教学条件和教学内容及方式的变化，广附与时俱进，矢志不渝地把学生的发展放在办学的首位，始终把培养学生和谐发展作为她办学的着力点。在此基础之上，学校提出了"以生为本，与时俱进，培养面向未来的人才"的办学理念。

"以生为本，与时俱进，培养面向未来的人才"的办学理念是学校在对教育规律和时代特征深刻认识的基础上确立的，它较好地回答了在办学实践过程中"学校具有什么使命""学校发挥什么作用"等基本问题。但是，广附并不把办学理念当成一个口号、一个固定不变的模式，而是在沉淀历史文化传统的基础上，把它扎实地渗透在办学目标、办学模式、办学特色、校训、校风中，使之成为"广附人"的铿锵之音。根据广附的办学历程，这一办学理念的内涵有如下三个层次的内容。

一是"以生为本"。它是广附办学理念的价值体现，是广附对"把学生放在首位"的办学理念的又一次升华。广附始终把学生看成是教学过程的终端，是教育的本体，把"一切为了学生"作为教育价值的原则。它纠正了过去把教育本体定位在知识、能力、工具、教师等方面的偏差，从伦理观上重新把学生当作一个独立的生命体去尊重。因此，"以生为本"的教育理念，就是要把学生的未来发展放在首位，高度尊重学生。对学生的尊重是"以生为本"教育理念的基本原则。这一理念要求教育者需全面了解学生，充分认识到学生的学习主动性和学习潜能，尊重学生的独立人格、独立的精神生命和独特的内部自然规律。其实，尊重学生，就是保护学生最大发展的可能性。"以生为本"的教育方式，是全面依靠学生，不仅把学生看成是教育的对象，更看成是教育教学的重要资源。在教师教的方面体现"以学定教"，根据学情决定教法，先学后教，不教而教；在课程设置方面，主张小立课程，下大功夫，全方位拓展学生的发展空间，增强学生的综合素质。总的来说，在办学理念的第一个层面，"以生为本"是办学理念的价值观；"高度尊重学生"是其伦理观，"全面依靠学生"是其行为观。

二是"与时俱进"。从广附办学历程来看，从东北到广州，从部队学校到地方学校，从地方学校再到高校附属中学，办学时空在不断变化，但"与时俱进"的精神一直是"广附人"办学的重要精神内涵。几代"广附人"，本着"与时俱进"的思想，适时调整着学校的办学目标和方向。"与时俱进”与创新是密不可分的，不创新就谈不上与时俱进，不与时俱进就不可能创新。教育创新包括教育理论创新、学校制度创新、教育方法创新。当代的社会环境，科学技术的发展日新月异，学校的教育对象所处的环境、身心发展特点、思维发展水平等都在发生变化，新一轮的课程改革也是在摸索中前进，所有这一切都要求学校要有与时俱进的教育品质。

三是“培养面向未来的人才”。“以生为本”是广附办学理念的价值取向，“与时俱进”是广附办学理念的精神品质，“培养面向未来的人才”则是广附办学理念的归宿。培养面向未来的人才，就是要全面落实素质教育的思想，以培养“完整的人”作为基础教育的出发点。

未来，并不是我们要去的地方，而是我们共同创造的地方。未来不是已经预设好了的，通向未来的道路上什么都可能发生，教科书上的经典知识不可能解决未来的一切。未来社会，价值观的单一性被多元化所取代，科技发展的周期迅速缩短，知识价值初见端倪。传统学校单一的知识教育，越来越不能满足未来社会对人的素质的要求，世界各国面对急速发展的社会，都寻求教育改革的良方，力求在下一轮世界竞争中享有人才优势。从世界教育发展的潮流及普遍的教育价值观来看，基础教育的目标和任务，就是教给学生“学会生存、学会学习、学会创造”，这是面向未来的人具有的诸多品质中最基础、最重要的三个品质。这三个品质也是我国目前正在进行的新课程改革目标的具体要求。“学会生存”的核心就是学会做人，学会做一个符合社会不断发展进步所需要的社会化的“完整的人”，能正确处理人与人、人与社会、人与自然的关系，并使之能协调发展的人。树立起人与人相互关爱，良好沟通；人与社会和谐发展；人与自然相生相长的意识。“学会学习”的本质是要教会学生不仅能不断提出问题，还要学会不断解决问题。正如朱熹所说：“读书无疑者须教有疑，有疑者却要无疑，到这里方是长进。”学会学习是一个多层次的渐进过程，让学生逐步明白学习的过程和特点，最终把学会学习当成自己的责任。“学会创造”就是要求学校提供各种平台，培养学生的创造勇气、创新精神，开发他们的想象力。中华民族是一个富有创造力的民族，世界高端科技都可以在中华文明中找到它们的雏形，我们要传承好这种优良传统，使我们培养的人才能够在世界舞台上展露风采。

不管是学会生存，还是学会学习，或是学会创造，都需要通过教育者的教育、学生的自我养成及多元化的社会实践，才能逐步完成，并逐步的化为受教育者的相对稳定的思维和行为习惯，即多问好思的习惯、读书好学的习惯、革新创造的习惯，最终使我们的学生成为适应 21 世纪社会发展变化所需要的那种会生存、善学习、敢于创造的复合型人才，这是我们所有教育理念、教育过程和教育方法的落脚点和归宿。

二、理念之践行

实践出真知。广附办学理念的确立，是广附多年来办学精神的提炼。广附的办学历史就是一部革命传统教育的光荣史，无论办学时空如何变化，广附一直把学生的未来发展放在学校工作的重要位置上。今天，我们提出“以生为本，与时俱进，培养面向未来的人才”的办学理念，正是广附几十年来办学实践的概括和精神所在。而理念是行动的先导，行动是理念的体现。我们要真真切切地把理念落实到行动中去，才能化期待为现实。

说起践行，倒不得不提邓云洲校长亲身经历的一件小事：“有一天中午，到了午睡的时间，学校沐浴在冬日的阳光中，一切安静得让人心醉。我一边踱步，一边巡察着教学楼里学生们午睡的情形，不觉间走到了教学楼后边的地理园。一位女生端坐在地理园的一角，全神贯注地读着一本书。她读得那么专心，还不时地往手边的本子上记些什么，直到我走到她面前，她也未发现。原本我是想上前批评她为什么不按学校规定午休的，但眼前的景象实在让我不忍打搅她，我悄无声息地转身离去。回头望着她沐浴在冬日斑驳阳光中的安静侧影，我的心充满了感动。我常常发现，在平凡的背景下，哪怕是一点不起眼的灵魂生活的迹象，也会闪放出一种很动人的光彩。”要做到“以生为本”，我们就应该懂得去尊重生命，捕捉学生们带给我们的光彩和感动的瞬间。

在学生的生命历程中，原本他们的心灵就纯洁得像早上刚刚显露的一缕清白的晨曦。在他们的生命历程中，他们渴望的只是成长、再成长。如果没有那些扭曲的家教和无效的教学，他们是可以成长为像原始森林中让人为之震撼的参天大树的，他们原本可以成为自己亮丽的风景。但我们某些不正确的训导和教育，硬是把千姿百态的幼小心灵，修剪成了实验园中的“花圃”，虽然整齐划一，但不能抵御“风寒”。这种教育形态，是由诸种因素促成的。我们一方面感叹，我们的学校培养不出有个性的人才；另一方面，我们丝毫不肯给这些稚嫩的“小苗”以成长的空间，让他们以他们独有的方式生存。

自然的教育，就是要顺应学生生命的本性。“以生为本”的教育，无论如何评说，都是革命性的。西方有句谚语：“自然是神造的，城市是人造的。”凡·高在一个名叫阿尔的法国南部田原里承受阳光烈日的炙烤，在旷远无边的静寂里感受生命深切的跃动，他的画凝聚成阳光般燃烧的笔调。梭罗感叹于湖边的静美，就搭起了简陋的木屋，除了垦荒渔猎，就是在屋里写作，最终以《瓦尔登湖》引得后人凭吊膜拜。回归自然，便拥有了陶渊明“采菊东篱下，悠然见南山”的浩然；陆放翁“小楼一夜听春雨，深巷明朝卖杏花”的雅致；杨万里“儿童急走追黄蝶，飞入菜花无处寻”的情趣。人是自然的一部分，只有顺应自然的教育，才是最符合人性的教育。

开展符合人性的教育，就要求我们教育者要有符合自然的心境和精神状态，顺应儿童自然的成长规律，激发他们内在的学习动机和创造欲望。这是前提，也应该是一切教育工作的出发点。在教学上是这样，在教育上也应该是这样。德国有一所中学的校长，养了一条爱犬，有一天这条爱犬被一个十分调皮的同学整死了，任课老师及其家长十分紧张，这个孩子也在等待着校长严厉的处理。几天后，处理结果出来了，校长责令该同学对狗进行解剖，画一张狗的生理解剖图。这一处理结果让所有人都大感意外。一周以后，一张详尽的解剖图放到了校长的办公桌上。这个学生最终成为了生物学上第一个摘取诺贝尔奖的科学家。不能说这样一个处理结果与学生日后获得诺贝尔奖有必然的联系，但一定可以这样说，这名校长的教育理念及其对他的教师团队的影响是深刻的。所有的教育如果都能围绕儿童的兴趣与成长加以开展，那才是完美的。

广附尊重学生生命的本性，提倡符合人性的教育。在践行广附的办学理念之时，学校总结出了如下几点办法。

第一，突出管理的人本化，实现学校管理的民主性，是实现办学理念的制度基础。

“以生为本”，体现在学校管理上，就是要突出管理的人本化，通过校园文化引领整合师生的价值观。在学校管理上，我们不仅要思考如何落实依法治校、依法治教、按章办事，更要思考怎样充分发挥师生主人翁的精神，使全校师生在“以生为本，与时俱进”的办学理念引领下，把实现学校的办学目标当作自己立身创业的人生理想。在实际操作中，在用制度规范管理的同时，更注重以情感为纽带，用高尚的精神感染人，用真实的事例教育人，用真诚的情感凝聚全体师生。广附对教师予以关爱、欣赏，使每个教师切实感到力有所用、才有所展、劳有所得、功有所奖，从而勤奋工作。学校力求对学生付出更多的关怀和爱心，把学校管理“以人为本”的效能，真正转化在“以生为本”的办学实践中。从而构建一支团结合作、无私奉献、敬业爱生、积极向上的教师团队和一个勤奋好学、感恩乐群的学生群体。

学校管理的民主性是实施现代化学校制度的重要一环。学校在实施校长负责制的基础上，充分发挥党委的政治核心作用和监督保障作用，形成完善的决策程序、监督机制和校务公开制度。“以生为本”的学校管理的民主性，还要落实到课堂上，体现在师生的交往中和学校各项活动中，使学校成为学生好学、乐学、会学的殿堂。

第二，培养充满人文气息、与时俱进的校园文化，是践行办学理念的重要文化环境。

校园的精神文化和物质文化，是学校精神和学校传统的重要文化载体，学校文化传达出有益于师生发展的智慧，在教育实践中，广附注重学校精神文化和物质文化的重要育人功能。在精神文化方面，我们组织全校师生对办学理念、校训、校园文化精神、办学模式、学校制度等进行深入的讨论学习。每年通过举办各种文化节和教师节活动，提升全校师生对学校文化的认同感，为师生营造和谐发展的精神乐园；在物质文化方面，我们本着“让每一块墙壁说话，让每一寸土地育人”的原则，使学校景色设置、文化修饰动静结合，科技园、艺术长廊、教学楼主题字画、班级名片等，都彰显教育性。我们精心培植每一棵树，爱护每一片草，努力为师生营造和谐发展的人文环境。在充分注重经营学校物质文化和精神文化的同时，我们还努力构建学校师生的行为文化。学校持续进行学生各类社团的建设，深入挖掘各类课外活动的德育意义和审美意义。学校设置了“博士讲坛”，请大学获博士学位以上的专家学者来校讲课。学校通过三个层面的文化，感染师生、激励师生、陶冶师生、塑造师生。所有的“广附人”置身于这样一种文化氛围中，产生了一股蓬勃向上的精神力量。

第三，“三位一体”构建德育工作新模式，努力培养“完整的人”，是办学理念的最终归宿。

在长期的办学实践过程中，广附始终把德育放在学校工作的首位，使受教育者不仅具有扎实的学科知识，还具有高尚的品德、健全的人格，对社会有责任心和使命感。广附的德育工作一直是学校的金字招牌，在社会上享有良好的美誉，优良的校风是广附的历史传统。学校从育人着手，确立“端庄品行、健全人格、诚信守法、富于理想”这一德育目标，以活动为载体，知、情、意、行结合，提高德育工作的针对性和实效性，通过多元、多层的各类活动，把德育目标落实、分解到各项活动之中。

学校本着三个“三位一体”来建构德育工作新模式。一是构建“社会、家庭、学校”三位一体的大网络，学校成立了各级家长委员会，定期跟家长进行沟通交流；同时成立了家长学校，请来专家定期给家长进行授课；还借助社会资源建成了各种校外社会实践基地，师生经常深入社区、孤儿院献爱心、做好事。二是“亲情、友情、爱情”的三情教育。通过亲情教育培养学生知礼感恩的品质；通过友情教育培养学生的交往能力、协调能力和集体荣誉感；通过爱情教育渗透青春期健康知识，养成学生的健康心理和健全人格。三是“三个渠道”，即通过校园文化、学生社团、专题活动来培养学生高尚的道德情操。为了营造多元的校园文化平台，我们开办了学生电视台、校园广播站、《广大附中校报》、心理辅导室等多个文化载体和学生活动场所，成为校园德育的重要文化平台。

六十七年的薪火相传，“广附人”继往开来。在红色文化的哺育下，学校成长为参天大树，枝繁叶茂、桃李芬芳、英才辈出。今天的广附，在回望厚重历史的基础上，展望未来的发展道路，本着“以生为本，与时俱进，培养面向未来的人才”的理念，在新的岁月长河里，奋发图强，勇往直前。

第三节　校训的演变：做最好的自己

一、校训之由来

1996年，由雅克·德洛尔任主席的国际21世纪教育委员会向联合国教科文组织提交了《教育——财富蕴藏其中》(*Learning: The Treasure within*)的研究报告，在这份报告中，国际21世纪教育委员会着眼于广阔的国际经济、政治、文化背景和未来21世纪的发展目标，既从各国实际出发，又注意可行性，向高层决策者提供了一系列教育改革和行动依据的建议。该报告中一个特别引人注目的观点，是提出了21世纪教育的四个支柱：学会认知(learning to know)；学会做事(learning to do)；学会共同生活(learning to live together)；学会发展或学会成长(learning to be)。其中学会发展或学会成长最为关键，如何做到？做最好的自己(Be your personal best)。

这四个学习是相辅相成的，前面三个“学习”都学好了，我们才能学会更好的发展或成长。学会发展或学会成长，给我们教育者的启发是：教育应当促进每个人的全面发展，即身心、智力、敏感性、审美意识、个人责任感、精神价值等方面的发展。应该使每个人在接受教育，尤其借助于青年时代所受的教育的情况下，能够形成一种独立自主的、富有批判精神的思想意识，以及培养自己的独立判断能力。到21世纪，教育的基本作用，不再是单纯地培养受教育者为服务于某一特定的社会而做好准备。而是比任何时候都更在乎保证人人享有他们为充分发挥个人才能和尽可能牢牢掌握自己的命运而需要的思想、判断、感情和想象方面的自由，应向青少年提供一切可能的美学、艺术、体育、科学、文化和社会方面的践行机会。学会发展，就是要更充分地发展自己的人格，增强判断力和个体责任感。教育不应忽视人的任何一种潜力：记忆力、推理能力、美感、体能和交往能力等。教育的目的在于促进学生成为最好的自己。

是的，教育是一笔财富，作为一所名校，要学会挖掘和运用这笔财富，使之如泉涌动、焕发活力，滋养更多的生命。广附继承了一代代军人的优良革命传统，严于律已、作风高尚、不畏困难、积极向上。因为与中国人民解放军结下的这份缘，这种军队的精神也深深地影响着一代代的“广附人”。这种精神就是广附走向名校之路的财富所在。

因此，广附把“做最好的自己”作为校训，时刻谨记并警醒自己。在六十多个春夏秋冬里，广附像麦田的守望者一样，辛勤耕耘、播种希望。在这份耕耘与守望之间，她始终坚信，做好自己，才能引领他人。每一个部分都做最好的自己，学校这个大整体才能发挥出最大的效用！

二、校训之意涵

校训是全体师生应共同遵守的行为规范，是广附教风、学风与校风的精神指南，是校园文化建设的行动纲领，更是广附办学理念和育人原则的集中体现。

校训是广附的文化标识。“做最好的自己”，用简明易懂、洋溢着青春气息的话语，诠释了学校办学的目标诉求。它既是对学校文化的一种引导，也是对全校师生的一种劝勉。“做最好的自己”，不仅是学校精神文化的体现，也是学校面向社会的精神标签。

“做最好的自己”，作为广附每位师生坚守的精神指南，对师生的成长发展具有重要的指导意义。一方面，是教师成长的最佳向导，另一方面，也是学生发展的最佳动力。

首先，作为老师，做最好的自己，就是在原有的基础上有所进步，树立自己和自己比的强烈意识——今天的自己比昨天好，明天的自己要比今天好，不断地超越自己，要求自己每天前进一小步，每阶段登上一个新高度，所以，要做最好的自己，就要不断加强学习，不断完善自己，不断超越自己。

其次，对于学生而言，就是做最好的学生。多元智能理论认为，每个人都同时拥有七种智能，不过智能在每个人身上的结合方式各不相同，所以由于年龄的差异、爱好的不同、个性的差别，学生“做最好的自己”不能是一个统一的标准。广附提出“做最好的自己”的理念，是“以生为本”的，希望每个学生能根据自身的特点，积极主动地、有专长地发展，无论何时何地，都能勇敢地挑战自我、实现自我、超越自我，做最好的自己。

因此，崇尚“做最好的自己”的“广附人”，责任是我们的品质，刚强是我们的习惯，创新是我们的气质，超越是我们的常态，卓越是我们的追求。

三、如何“做最好的自己”

“做最好的自己”，就是要承认每一个学生的个体差异。天生我材必有用，我们做的最重要的事情，应当是超越自己，做最好的自己。不但要学会对自己负责，而且要努力超越自身和环境的局限，实现生命价值的最大化。

“做最好的自己”，就要有足够坚强的意志。无论起点有多低，离目标有多远，只要我们的方向明确、意志坚定，就一定能实现我们的梦想。但凡成功之人，都具有两个特征，第一是坚持，第二是单纯。所以，我们要有足够的激情，而且能够持之以恒地去追求，不因受到其他事情纷扰而失去目标。

“做最好的自己”，就要学会在挫折中成长。人生难免有挫折，但挫折本身并不重要，重要的是我们面对挫折的态度。如果我们能够从挫折中发现自己的局限，认识到自己的不足，那么这种挫折并不算坏事。优秀的人必然是千锤百炼而后成钢的。遭遇挫折而退缩，只能收获痛苦而失去机遇，如能保持斗志锐意进取，则成功可期。因此，面对挫折的时候，关键在于我们怎样去面对。

校训是长者之善言，但更应是少年之自勉。在对广附的历史传统和现今的校园文化的理解和把握之上，邓云洲校长就“做最好的自己”，列举了十六条劝导规约，以供师生自省。

第一条，从简单的事情做起。

人们常说，无论做什么事情只要把握大方向就行了，至于那些细枝末节就不要去管了。殊不知“千里之堤，溃于蚁穴”，小事不注意往往会酿成大问题。最聪明的人可以设计出最伟大的计划，但执行时还是须从小处着手，并且，整个计划的成败就取决于这些细节。大事须从小事做起、从细微之处入手。如果说不拘小节拥有的是豁达的人生，那么，那些注重细节的人往往成就非凡的事业。

第二条，做一个受欢迎的人。

人有百好，各有所好，广附的学生要勇敢自信，但也要学会欣赏他人的长处，让人喜欢自己。融洽的人际关系是顺利开展学业的重要条件。一个能让同学打心眼里喜欢的人，必然获益良多。做一个受欢迎的人是一种能力。拥有了这种能力，才能更快更好地实现自己的追求，并获得他人的认可。所以，做一个受欢迎的人，是做最好的自己的重要内容。

第三条，做一个富有激情的人。

激情是每个少年都应具有的精神，因为它是生命对少年的馈赠。学校是以少年人为主的场所，而少年人如朝阳、如乳虎，一切事无不可为；少年人风华正茂、挥斥方遒、问天下舍我其谁。因此，校园理应是少年人挥洒青春、燃烧激情的天地，校园中最需要的是富有激情的人。有激情，就可以登高一呼；有激情，就可以纵情奔跑：有激情，就可以奋发图强，做最好的自己。

第四条，学会欣赏自己、悦纳自己。

对理想的虔诚追求，可以让一个人超越肉体；对时代的崇高责任，可以让一个人忘记自我。但是，广附倡导“做最好的自己”，是要学生们既要实现精神强大，也要保持身体健康。当意志一路前进、“攻城拔寨”的时候，我们需要身体具备相应的条件，以支持我们的“精神冒险”。所以，要珍惜自己、悦纳自己，尤其在自己觉得痛苦无助、孤立无援时，绝不能自暴自弃、作践自己。待到披肝沥胆终有成时，务必要有健康的身体以享受成功的快乐，因为唯有那等境界，才是生命至高至善至美的境界，唯有那种自己，才是真正的自己，最好的自己。

第五条，给自己正确定位。

庙堂有九卿，民间百家姓；江湖有商旅，河边垂钓翁。虽说天下如此大，但只要两脚站定，便有了自己。所以，做最好的自己，需要给自己正确定位。自己的位置，有理想中者，那是奋斗的目标；有现实中者，那是立身之本。混淆了这两点，难道不是颠倒人生吗？观看秦始皇出游时，项羽说，彼可取而代之，刘邦说，大丈夫当如此也。前者狂躁，后者从容；前者过早燃烧了自己，后者生命渐入佳境。这就是正确定位的反、正案例。只有建立了正确的自我定位，才可以制订可行的目标，才能有勇气改变可以改变的事情，有胸襟接受不可改变的事情，不把自己局限于狭隘的小世界里，才能拿得起、放得下，享受内心的祥和、充实与平静。

第六条，具有良好的团队精神。

诸葛孔明善用谋略，他的锦囊妙计却需要精兵良将去布置实施。爱因斯坦长于思考，他的研究价值却仰仗于实验物理学家的验证。21 世纪是充满竞争的世纪。敢于冒险，善于合作，是 21 世纪对人才的基本要求。科技的飞速发展，使当今社会的分工日益细化；细化的社会分工，已然使单枪匹马成为不可能。因此，具备良好的团队合作能力，是生存必备之能力、创业不可或缺之资本。毕竟，个人的力量是有限的，只有实现了资源的优化组合，与志同道合者合作，才能更好地实现自己的目标。

一群优秀的人组成的团队是拥有最强生命力和竞争力的团队，而在这个团队背后起支撑作用的，便是可贵的团队精神，一种深入灵魂、指引心灵、激人奋进的精神。如果非得说有什么是无坚不摧的，那么就是具备这种精神的最强的团队了，而个体也只有存在于这样的团队中，才可能发展得更好。

第七条，永不言败的“亮剑”精神。

古今成大事者，无轻易服输之人。其坚忍的意志，强大到不但可以不惧任何敌人，而且能够不惧任何失败。这种意志，使他们敢于向任何对手亮剑；使他们敢于拼搏到最后一刻。这种意志，是超越时代的。永不言败者，非为嘴硬，实为心中根本没有失败；敢于亮剑者，非为自戕，实为坚信战斗就是胜利。“广附人”，绝不能是面对敌人或者困难就主动放弃的人，因为广附来自军营，广附的每一个角落都有刚毅的精神。面对强大的对手，只有拥有这种毅然亮剑的精神，才能有更为持久的竞争力，才能占据主动地位。

第八条，以身边的人为榜样。

正所谓人外有人、山外有山，正因为有比自己强的人存在，才有自身不断进步的动力。“三人行，必有我师”，所以遇到强者是件幸运的事，意味着新的机遇的到来。对于值得自己学习的人和事，务求将其可学之处“榨取干净”，这才是正确的学习态度。以身边的人为榜样，是积极获取信息的能力的体现，也是学习能力的体现。

第九条，把职业当成事业。

崇高的目标可以给我们带来无尽的快乐和激情。如何创造这样的境界？答案就是把职业当成事业。工作随着志向走，志向随着工作来。既然工作是志向所指，那必然要竭尽所能去做。做一个踏实的做事者，是实现自己的正途。用自身的积极行动，去证明自己是个不可或缺的人。

要知道，任何一个双手插在口袋里的人，都爬不上成功的梯子。只有对事业全身心投入的人，才会获得事业的成功。

第十条，确立一种向上的荣誉感。

荣誉感，首先是对自我归属的认同，其次是对自我实现的肯定，最后才是因为生存环境对自己的接纳而产生的喜悦。无论个人荣誉感还是集体荣誉感，莫不如此。是否有荣誉心关系到事情的成败，而荣誉心是由自己的心决定的。世上不知道有多少安于现状的人，只因没有强烈的荣誉观念，所以他们得过且过，既不提升自我归属感，也不促进自我价值的实现，更不思考对集体有益或者无益之事，自弃于“平庸的荒漠”之中。

第十一条，恪尽职守，全力以赴。

曾子曰：“吾日三省吾身，为人谋而不忠乎？与朋友交而不信乎？传不习乎？”其“忠”“信”二字，正所谓恪尽职守也。尽职尽责，这不仅是工作原则，也是人生的信条。在其位则谋其事，谋其事则尽其力，否则，与尸位素餐无异。

为事必竭尽全力，能培养严谨的品格，它既能带领普通人往好的方向前进，更能鼓舞优秀的人追求更高的境界。一个人一旦领悟了全力以赴地工作能消除工作上的辛劳这一秘诀，他就掌握了打开成功之门的钥匙，即使从事最平庸的工作，也能增添个人的荣耀。

对于梦想，留有余地还是全力以赴？答案浓缩在这两句歌词中：“把握生命中的每一分钟，全力以赴我们心中的梦，不经历风雨，怎么见彩虹，没有人能随随便便成功……”

第十二条，发自内心的积极主动。

所谓的主动，指的是随时准备把握机会，展示超乎他人要求的工作能力，以及拥有“为了完成任务，必要时不惜打破成规”的智慧和判断力。我们的人生好比一份考卷，单选、多选、不定项，无奇不有。什么是必须做的，什么是可以做的，什么是可做可不做的，都应心知肚明。主动一些，多比别人做一道，就会多学一点，多一分成功的可能。

第十三条，做一个敢于负责的人。

拥有积极的态度，乐观面对人生，是做好事情的前提。责任是人立身处世的脊梁，负责任，才挺得起腰，抬得起头。看一个人是否成熟，不是看他年龄有多大，而是看他能担起多大的责任。有责任心的人，能够做到不因事大而难为，不因事小而不为，不因事多而忘为，不因事杂而错为。责任心有多大，人生的舞台就有多大。

第十四条，理念至上，从今天做起。

有什么样的想法就有什么样的选择，有什么样的选择就有什么样的生活。这是个充满竞争的时代，要想走向成功卓越，必须学会在起点之时便赢得先机。在瞬息万变的各色竞争中，作为智慧之光的理念，是制胜的“尚方宝剑”。理念就是财富、就是资本，所以，拥有了它就拥有了成功的契机。

个体一生的时间是有限的。今天你在二十四小时内无所事事，就意味着在明天的二十四小时会焦头烂额。时间对每个人而言都是公平的，人生最大的成功就是在最短的时间里达成最多的目标，实现最大的价值。所以，要过有意义的人生，就不要耽搁，立即行动吧！

第十五条，培养一个终身受用的兴趣。

知之者不如好之者，好之者不如乐之者。兴趣，是激情的重要来源。想要爱你做的事，就去做你爱的事。努力培养一个艺术或体育类的兴趣，选你所爱，爱你所选。认真把握每一个选择兴趣的机会，忠于自己的兴趣，在工作和学习之余找到最佳结合点。

第十六条，立目标，给自己一个引领人生的罗盘。

目标是引领人生的灯塔，没有目标，工作和学习就没有坚定的方向，没有方向就没有充实的生活，就会感觉生活无意义。确立目标既要富有挑战性，又要尽量结合自己的实际；既要放眼未来，又要明确具体。

奥斯特洛夫斯基曾说，人最宝贵的是生命，生命属于人只有一次。一个人的生命应当这样度过：当他回忆往事的时候，他不会因为虚度年华而悔恨，也不会因为碌碌无为而羞愧；在临死的时候，他能够说："我的整个生命和全部精力，都已经献给了世界上最壮丽的事业——为人类的解放而斗争。"人应当充实地度过每一天，因为意外的疾病或悲惨的事故随时都有可能突然夺去人的生命。因此，在人生的舞台上，请做最好的自己。

如果你不能成为大道，那就成为一条小路；如果你不能成为太阳，那就当一颗星星。决定成败的不是尺寸的大小，而是在于做一个最好的你。

如果，每一个"广附人"都做了最好的自己，我们相信，广附的明天一定会更美好灿烂！

第四节　校歌校徽校旗：红色根系永葆青春

一所学校的校徽、校旗、校歌，是这所学校精神文化的象征，通过这些文化标识，能够唤醒、激发这所学校中的每一名成员的使命感、归属感，增强凝聚力。广附的校徽、校歌、校旗，传承了部队子弟学校的红色底子，是"广附人"的精神向导，它们的来源都有着一段段动人的故事，它们的背后都蕴含着深刻的寓意。

首先是校歌。

岁月变迁，最初的校歌随着老一辈校友的毕业，渐渐淡出了"广附人"的耳际。

广附建校 60 周年之际，邓云洲校长在思考：一间走过了一个甲子的名校，文化的根到底在哪里？为了此次校庆，邓校长亲上北京，请学校历届著名校友回校参加庆典。当从学校走出的 26 位将军一齐唱响当年建校的校歌时，这段尘封在历史记忆里的声音再次被唤起，歌声嘹亮、朗朗上口、振奋人心！邓校长深深地被这段歌声感动，为这些老一辈的革命校友的爱校之情所感动。一首校歌，当这些六七十岁的校友还能一字不漏地唱响时，校歌弥久的文化功能彰显无遗。邓校长决心回去后要恢复并弘扬这首校歌。校歌的曲调沿用了最初建校时的调子，邓云洲校长重新填词。优雅欢快的音律，每天都在校园响起。

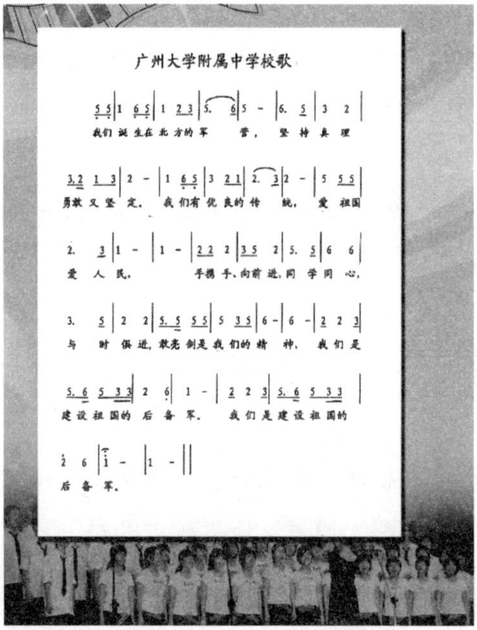

广州大学附属中学校歌歌谱

校歌作为广附的精神名片，已经融入师生日常生活的方方面面。在学校的重大仪式上，在学校获得全国乃至全球的一等奖荣誉时，全校师生即为获奖学生升校旗、唱校歌。

其次，是校徽。

广州大学附属中学校徽

广附的校徽是一个类似于在海上航行的船只的“风帆”的形状。它预示着一帆风顺，预示着希望，预示着披荆斩棘，预示着一路前行。

最后，是广附的校旗、吉祥物、校花和幸运色。

广附的校旗是由黄蓝绿红四种底色组成的，表示学校经历的四大主要历史阶段，即“八一”时期、53中时期、广州师院附属中学时期、广州大学附属中学时期。

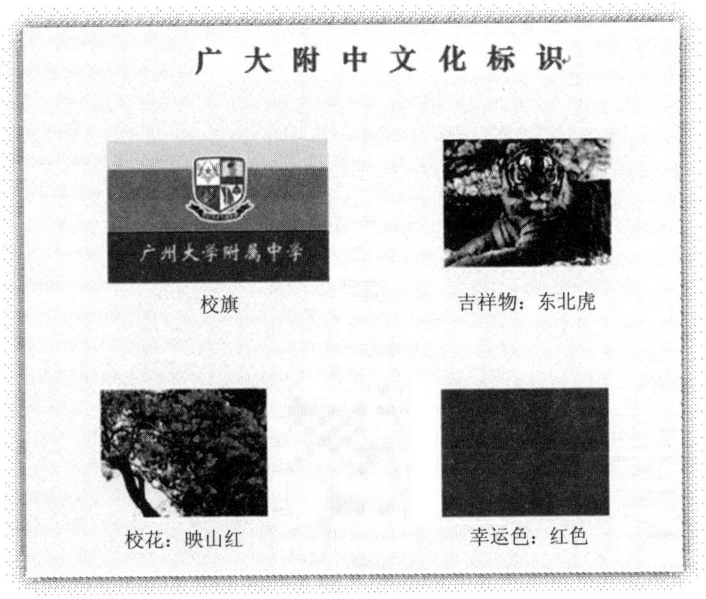

广附文化标识图示

广附的吉祥物为东北虎。表示这所从东北军营诞生的学校，跟随第四野战军南下，犹如猛虎下山，一路披荆斩棘，最终在广州落户。

广附的校花是映山红。红艳艳的映山红象征着革命先烈为祖国的革命事业流血牺牲的精神。

广附的幸运色为红色。红色代表着学校诞生的红色根基，寓意着学校具有光荣的部队文化传统。

第二章　未来发展：而今迈步从头越

怀揣教育情怀，伴着脚踏实地的践行，欲追求理想的教育，还须与时俱进、力求发展。当下的广附正处在一个发展的“高原”期，可谓“雄关漫道真如铁，而今迈步从头越”。今天，广附正朝着“省内一流、国内知名”的现代化名校的目标前进，如何才能在这大好的基础上实现更高更强的目标，是“广附人”必须认真思考的重大问题。每一个“广附人”都身负重任，扮演着重要的角色，在攀登高峰的征途中，越到高处越是艰险，越到高处越考验人们的斗志和毅力。作为“广附人”，必须继续发扬亮剑精神，充满信心、迎难而上，努力铸造新的辉煌！

第一节　自我评估：学校发展的关键问题

从 1948 年至今，学校走过了六十多个春夏秋冬，经历了六十多年的风雨。由北到南，从最初的一所解放军干部子弟学校，发展为现在的广东省一级名校、全国基础教育名校、广东省国家级示范性普通高中，这些肯定与荣誉，体现了“广附人”一步步的努力与成长。广附凭借着她独特的精神与情怀，在逆境中成长，在转折中蜕变，实现了学校的重大转型与发展。在取得成绩的同时，学校也不忘思考如何在现有的高度上实现更大的飞跃。

一、学校发展的关键问题

这些年来，广附在不断地建设，学校的规模也不断壮大，目前已经成功实现了以黄华路校区和大学城校区的“一校两区”为核心，辐射白云区、黄埔区、花都区、南沙区四所实验学校的战略布局，并成功创办广州大学附属小学和广州大学附属幼儿园。同时，本着“环境育人、服务育人”的宗旨，学校的办学环境越来越优美，不仅风景宜人，而且充满了人文气息。学校注重办学条件的提升，不断改善教学设施，坚持现代化走向，努力和国际接轨。此外，学校形成了从幼儿园到高中的完整的基础教育办学链条，奠定了“大广附”的办学格局。

未来几年，是广附集团化发展的关键时期，很多困难和挑战摆在面前。

第一，是学校规模扩张的科学控制和规范化管理问题。广附有从幼儿园到高中各自不同的办学模式，有刚建立的年轻分校，也有拥有几十年历史的校本部。学校工作如何开展与组织，如何加强沟通与协调，如何规范管理，如何提高教学质量和工作效率等，都是我们需要解决的问题。

第二，是高中生源优化与教育教学策略应对的问题。随着学校的发展，广附的高中生源不断优化，这也引发了我们思考：一是高中的这批优秀学生，我们怎样把他们培养好，怎样处理好全面发展和学科拔尖的关系？二是学科竞赛的指导，怎样制订三年规划，怎样具体实施才更有效？三是学生向往的几所著名高校，它们的自主招生需要怎样的资格条件，我们又怎样有针对性地指导学生在三年学习中获得这样的资格？这些问题，都是迫在眉睫、需要认真研究解决的问题，也是广附高中部工作上档次的关键所在。

第三，是学校软硬件建设与一流名校的目标追求如何匹配的问题。一所好的学校不仅要有好的硬件设施，更要有高质量的“软件”与之相匹配，即一所好的学校更重要的是要有好的校园文化和管理水平。随着时代和科技的进步，学校校本部的两个校区，各种教育教学设施在不断更新提升，校园环境也在逐渐美化。但如何让这些冰冷的设施设备、建筑赋有生命和活力，充满人文气息，如何构建书香诗意的校园，如何塑造有中国素养、有广附精神、拥有良好品质与魅力的人才，这都是学校发展进步过程中要解决的关键问题。

第四，是要进一步建立科学、完善的校本课程，同时打造精品选修课程。广附一直在寻找适合自己的发展路线，构建适合自己的特色课程体系。经过近几年的努力，学校目前虽已有一部分自己的校本课程和选修课程，但从课程的质量和数量方面看，仍需进一步完善和扩大。我们要从校本课程入手，以生为本，面向未来，努力建立和完善我们的课程体系。同时，在高中部要继续尝试开设多元的、高质量的选修课，让学生既能学到知识，又能开阔视野。

第五，是培养人才、吸引人才。在这里，“人才”不仅指学生，更指教师。教师是学校发展的核心，把教师训练成人才，才能让教师去培养、塑造人才。随着学校规模的扩大，需要的教师越来越多，但教师不能滥竽充数，我们需要优秀的教师，需要建立一支有素养、有知识、有能力、有战斗力的教师队伍。因此，吸引优秀教师、培养优秀教师，也成了广附发展的关键。

李白有诗云：“长风破浪会有时，直挂云帆济沧海。”“广附人”在人民解放军优良作风的熏陶和影响下，一直秉承“纪律严明、作风高尚、不畏困难、积极向上”的优良传统，有着坚毅的精神品质。在既有成绩面前、在困难面前，我们要继续秉承“不高调，踏实埋头苦干；不骄傲，认真反思得失；不停歇，勇于攀登高峰”的工作方针，迎接新的挑战。我们相信，有着光荣传统的“广附人”，一定能以大无畏的“亮剑”精神去直面挑战，去达成我们的目标，去争取更大的光荣。在关键时期，面对广附发展中的关键问题，广附人有勇气和决心沉着面对，化挑战为机遇。

二、面对问题，迎难而上

1. 强化学校的规范化、科学化管理

(1)依法治校，不断提升规范化办学的水平。

广附目前已经基本形成了“一校八区”的发展格局，盘子大了，就更要重视制度和规章建设，就需要进一步加强决策统筹和协调指挥，使各校区政令畅通、协同发展，发挥出更大的凝聚力和辐射作用。我们要以“依法办学，规范管理”为工作的总原则，制定相关的管理规范。一方面要努力把事办好，另一方面要依法依规办学。规范管理要重点突出三个方面的内容：一是明确层级管理和办事的规矩、原则；二是加强财务管理和项目建设管理；三是加强民主管理和监督制度的建设。

为了更好地协同管理各校区的工作，广附成立了校务管理委员会，并通过例会制度加强沟通、布置工作。在这个基础上，要进一步落实各校区办事的原则，明确校区负责人的职责和权限，强化层级管理制度，形成从下向上负责，从上到下管理监督的良好运行机制。对权力的限定和约束，目的是保护我们的干部，有了良好的运行机制做保障，我们的事业才能实现可持续发展。

(2)成立学校民办分校工作领导小组，加强广附系列学校的管理。

目前，广附“一校八区”格局，涵括幼儿园到高中。学校规模越来越大，管理的难度也会逐步增加，但是我们要勇于克服困难，明确奋斗目标，即所有的广附系列学校都必须以高标准去打造，发扬“广附人”要做就做到最好的优秀传统，要充分发挥校本部的辐射作用，进一步擦亮“大广附”的品牌。

为了更好地理顺民办各校区的管理，加强本部对民办分校的指导，学校成立了民办分校工作领导小组，大胆而有智慧地开展工作。成立民办工作领导小组以后，学校还要进一步研究民办分校的管理运作机制和财务规范问题，这些都是摆在我们面前的新鲜事，也是事关广附教职工福利待遇改善的重要问题。学校希望，在广附品牌不断提升的过程中，让教职工分享学校发展的红利，让大家的福利待遇能够不断改善，奖教奖学的力度能够不断加强。既要严格按照中央“八项规定”的要求规范我们的工作，又要切实关注教职工的核心利益。

2. 根据生源优化和高考调整的客观情况，科学有效地推动教学改革

广附近几年在社会上赢得了两个非常好的口碑，一是“广州市进步最大的学校”，二是“广州市教育加工能力最强的学校”。这两个良好口碑的得来，归功于教师们的拼搏和学生的努力，更是我们“广附人”十年磨一剑、苦练内功的结果。其中，优势学科教学水平的突破，科学备考策略的实施，竞争协作氛围的营造，是我们的制胜法宝。面对即将到来的高考内容和形式的变化，面对生源优化带来的压力和挑战，我们该怎样保持我们的优势、捍卫学校的荣誉呢？这就要求学校必须进一步强化“教学质量是学校工作生命线”的意识，认真总结成功的经验，以优化课堂教学为抓手，开展新一轮的学科教学改革研究，推动教学质量不断提升。

(1)学科教学优化反思，在改革中求突破。

广附的多个学科在近年的高考、中考备考复习过程中，形成了一些很好的做法，积累了一些针对性很强的复习资料，也培养了一批教学效果突出的教师。这些是成功的诀窍，也是必须坚持和发扬的长处和亮点。学校要求，各学科组作为教学质量提高的基本作战单位，要认真总结和梳理成功经验及做法，组织有经验的教师对备考复习的资料进行筛选、整理、编辑，形成具有广附特色的、集中体现科组教师智慧的“广附教学案”“广附复习手册”和“广附作业本”。科组长要有强烈的责任意识和使命感，要有敢于“亮剑”、敢于胜利的精神，带领全科组教师认真

开展总结和研究，继续寻找学科改革的可行方向，以及促进学生成绩进步的突破口。要充分发挥科组名牌教师、教学效果好的教师的引领带动作用，努力使学科组成为广州市的先进，成为广州市中学的“排头兵”。

(2)加强学科竞赛和高校自主招生的应对策略研究。

广附目前的高中生源已经得到比较好的优化，高一的创新班、课改班、国防班的学生中考平均分都在740分左右，班里都集中了不少潜力巨大的优等生。在培养优等生方面我们仍需进一步努力，我们要在原来成立的学科指导小组和高考改革研究小组的基础上，加大领导力度和人才使用力度。一方面，在数学、物理、化学、生物、信息、天文等优势学科中，优选有热情、有能力的教师作为专职指导教师，同时考虑从各高校聘请相关的专家做兼职指导教师，由教务处统一安排辅导课程和辅导时间，切实做到定计划、定人员、定目标，务必使广附的学科竞赛成绩在几年内实现大的突破。各学科组要发动全组的力量来支持这项工作，在指导教师负责制的基础上，安排在学科领域有教学专长的教师给学生上专题辅导课。

另一方面，要加强对高考改革方向的研究，特别是对名校自主招生政策和应试策略的研究。要遴选一批富有高考备考经验的教师组成研究小组，收集和整理自主招生的政策信息，研究名校自主招生的考试形式和方向，以便更好地指导学生应对自主招生考试。未来几年，广附能够获得顶尖名校自主招生资格的学生，将会从目前的个位数向十位数发展，进行高考政策研究和有针对性的自主招生应试研究，一定会越来越显现出重要的价值。

3. 加强综合统筹，提升学校软硬件的建设

人的成长和发展，离不开周围的环境。广附为了让每一个学生得到良好的熏陶和健康的教育，想方设法调动各方面的教育力量，创设了学校、家庭、社会三位一体的有现代化特色的育人环境。在学校硬件设施

建设提升的同时，不断促进“软件”建设，在环境中陶冶情操，孕育和发扬广附精神。

(1)通过军民共建，加强优良传统教育。

广附的前身是部队子弟学校，有着优良的革命传统，部队官兵一向关心广附的工作，关心广附学生的成长。我们抓住这个有利条件，借助部队的力量，努力构建“革命传统教育”的育人环境，通过组织新生军训，磨炼学生的意志，培养学生严格遵守纪律的作风和敢于战胜困难的精神，通过请校友中的将军回校与学生交流等活动，对学生进行爱国主义教育、革命传统教育，收到了很好的德育效果。

(2)通过警民共建，创设安全的育人环境。

随着社会主义市场经济的深入发展，社会上也出现了一些不良的思潮和不好的现象，对中学生的安全和成长产生一定的负面影响。为了保证学生的安全和健康成长，学校与其所属辖区内的派出所和巡警中队紧密合作，努力创设安全的育人环境。一方面，在派出所和巡警中队的支持下，努力使学校周边的环境得以净化。在广附学生上学、放学期间，警察同志加强学校周边地段的巡查，大大减少了事故的发生。另一方面，学校借助公安部门的力量，在各年级开展生动活泼的法制教育，使学生学法、知法、守法。

(3)通过组织社会实践活动，培养学生的健全人格。

为了让学生有更多的机会接触社会、认识社会，在社会活动中形成健全的人格，学校从学生的实际情况出发，经常利用假期组织学生参与一些公益性的社会实践活动，如为“希望工程”募捐，组织青年志愿者扶助孤寡老人或智障儿童，与贫困地区学生开展“手拉手”等活动，充分发挥学生自我管理、自我教育的潜能，让他们在活动中感受“奉献、同情、责任、义务”等名词的内涵，并使这些内容内化成自身的自觉行为。学校与湖北洪湖市的学生共同组织的“手拉手”活动，让两校的学生交流学习，同吃、同住、同生活，学生在活动的过程中不但能培养与人交往的能力和团结互助的精神，又能设身处地的感受另一种生活模式，所产生的教育意义是无限深广的。

(4)重视校园文化建设，给学生提供一个和谐、向上的生活环境。

为了提高学生的道德认知水平，养成文明的行为习惯，让学生受到良好的校园文化环境的熏陶，学校十分重视校园文化建设，努力为学生营造一个高雅、宽松、和谐、勤奋、向上的校园文化环境。一方面，我们投入了大量的人力、物力和财力，努力改造校园的硬环境，对教学大楼进行了全面装修，绿化工作获“省绿色学校”的殊荣。另一方面，学校调动各方面的积极性，努力营造校园的软环境。学校要求全校教职工提高对加强和改进学校德育工作的重要性和迫切性的认识，增强德育意识，进一步提高做好德育工作的自觉性。在教育和管理中，要真正做到教书育人、管理育人、服务育人，不失时机地对学生进行“今天我为广附自豪，明天广附为我骄傲”的专题教育。在教室、运动场、食堂、宿舍等地设置文明标语，让学生处处受到文明礼貌、尊师守纪、勤奋进取等德育规范的熏陶，促进学生良好行为规范的内化。同时，充分发挥共青团、少先队等学生组织的作用，深入开展“校园文明使者”等活动，组织学生参与校园文化建设和环境卫生的维护，使学生的文明行为成为校园内一道亮丽的风景线。

(5)推动教学技术现代化。

广附在教学技术现代化方面已经初具规模，完全能适应时代发展的步伐。目前广附已经把信息技术的应用引入课堂教学，教师制作教学课件，使用先进的教学媒体进行课堂教学蔚然成风，对推动广附的教学改革、提高教学质量产生了不可估量的作用。

不单在课堂教学方面，在学校的其他教育教学工作中，我们都大胆尝试使用现代化的技术和手段，力求提高工作效率。图书馆实现了师生资源共享，建设了全自动借、还书系统，为师生自主借阅图书提供了方便；每个教室都配置了多媒体平台和网络教学系统；新建的“慕课”制作室，纳米实验室、数学建模实验室等高科技教学场所，为师生浏览信息、收集资料、开展教学实验和研究提供了良好的条件。

4. 坚持“质量第一”的观念，推进新课程改革

教育教学质量始终是学校工作的重要目标，也是社会各界评价学校教育成效的第一指标。广附秉持“一个原则、二个依托、三个坚持”，全面推进新课程改革。“一个原则”，就是“抓早、抓巧、常抓不懈”。抓早就是从起始年级抓起，“三年抓，抓三年”；抓巧就是抓方法，切实研究学生的心理特点和学习风格，探讨新课程、新课标、新教法，以学情定教法。“二个依托”，一是依托教师，二是依托学生，充分调动师生工作、学习的积极性。“三个坚持”，就是坚持集体备课，坚持教学质量的过程评估，坚持在学生中进行培优和补差工作。

同时，学校成立了教学指导委员会，本着“成熟—发展—科学”的原则，逐步研究建立富有广附特色的、适应新课程发展方向的现代教学模式。

5. 打造高素质的教师队伍

教师专业素质和教学水平的高低，不但决定学校教学质量的高低，也决定学校的发展水平。针对广附教师平均年龄年轻化，新入职的教师偏多的实际情况，学校决定采取有效措施，完善教师专业发展的培养机制，坚持不懈地开展师德师风建设，全面提高年轻教师的师德素质和业务素质，为学校的可持续发展打下良好的基础。

2015 年，学校八个校区共有 150 多名新入职的教师加入广附大家庭，这批新教师的成长和进步，将会决定“大广附”未来的发展。面对这样一支过于年轻的队伍，学校要求教务处和教科所拿出切实可行的校本培训办法，抓好“园丁之星工程”建设，通过“师徒结对”等方式，更好地

实现“传、帮、带”，目标是使年轻教师尽快“站稳讲台，提升素质”。近几年，广附开展的课例研究实验取得了非常好的效果，在“一课多磨”“同课异构”方面取得了许多成果，为教师的专业成长发挥了重要的作用。学校根据各科组的实际情况，采用在新教师培养过程中推广“课例研究”的方式，使年轻教师尽快站稳讲台，尽快成为教学骨干。

学校要求各学科组都要有相应的培养计划，通过组织各种教研活动，激励教师以各种方式自主发展。各学科组还要通过输送优秀的年轻教师到市、区教研会或各年级中心组任职的方式来培养骨干教师。同时，科组长要主动向区、市教研会、教研员争取机会，争取有更多的教研活动在我们学校开展，让学校的教师，特别是年轻教师有更多上公开课、做中心发言的机会。从最近几年的情况来看，广附青年教师的发展进步是令人满意的，他们积极向上、虚心好学，教学业绩突出，深受学生欢迎。

在未来的发展之路上，我们相信，有着光荣传统的“广附人”，一定能够不辱使命，坚定不移地坚持“以生为本，与时俱进，培养面向未来的人才”的办学理念，心中铭刻“亮剑”精神，继续“做最好的自己”，实现学校的可持续发展。

第二节　发展愿景：凝聚各方力量

习近平主席提出实现中华民族伟大复兴的中国梦，这个中国梦也走进了广附，走进了“广附人”的心里。作为一所学校，要实现可持续发展，首先应当体恤国情，把自己的理想信念与国家的伟大复兴相结合，与时俱进，为国家事业、为民族振兴培养人才。作为教育事业的第一线，教师和学生是教育教学的核心，广附一直以来都把学生放在第一位，以学定教、因材施教，重视学生各方面能力的培养。基于此，广附对未来有一个愿景：将自己建设成为省内一流、国内知名的现代化名校，秉承中国教育之精神，为祖国培养面向未来的人才。

一、办学目标：广附梦

在2015学年开学之际，邓云洲校长提出了学校新的办学目标：以优质的教育和优质的服务树立学校形象，全面提升学校的综合实力，为学校的可持续发展奠定雄厚的物质储备、师资储备和文化积淀，使学校成为广东省内一流、国内知名的特色学校，成为有效落实现代教育理论、办学质量优良、办学特色鲜明的国家级示范高中。同时，他强调，广附要为社会培养具有中国素养、身心健康、“又红又专”的现代化人才。

柏拉图曾说过，教育有“真正的教育”与“错误的教育”之分：人若受过真正的教育，他就是一个最温良、最神圣的生物，但是他若没有受过教育，或者受过错误的教育，他就是世间最难驾驭的家伙。什么才是真正的教育，我们认为，“使自知者明、自强者胜”，便是真正的教育。

其一，自知者明。“明”即“认识你自己”，这是理智教育的第一步。中国古代典籍中明德、明诚、度德量力一类的话，指的就是自我认识的能力。然而，在现代化的浪潮中，在技术知识与工具理性的促进下，“认识自己”转变成了“改变自己”。由此，教育由内在向度的人性培植与德性提升，转变为外在知识与技能的习得、文凭资格的获取与文化资本的投资。这是教育容易走进的一个误区。教育有其限度，其用在于“修道之谓教”，人既有自然的限度，还有社会的制约，更有道德的皈依。教育合度之用，在于剪裁润色。然而，剪裁过度、润色过度，便是教育的过度，渐渐从“修道”的局面变成“害道”的局面，甚至形成一个尾大不掉、危及人生的局面。教育对人性应有必要的尊重与谦卑，这体现为传统教育中的自求自得的态度，教育的立足点在“内”而非“外”，在“为己”而非“为人”。教育重在自求多福，由是，教育是春风化雨，教育是教人做人。孔子以六艺设教，但所教更重在教仁、教恕、教乐。钱穆说：最高的教育理想，不专教其人之所不知不能，更要乃在教其人之本所知、本所能。外面别人所教，乃是我自己内部心情德性上所本有本能。所谓教，是一种“指点”，又称“点化”，如孟子曰：“如时雨化之。”教是以人事行外面之教，育是于人生施内在之育，育才是重点，即春风化雨中内在生命化育而成。

其二，自强者胜。“强”则是意志教育与情绪教育的第一步，要使个体能够对自己的情绪加以控制。“强弱”不是指一个人的力量，而是指能在意志、能力与欲望之间建立平衡。不了解自己的天性而任意蛮干的天使，比按照自己的天性和平安详快乐地生活的凡人还弱。我们应当把欲望限制在能力之内，同时意志能控制住欲望，这也就是“无欲则刚”。与“强”相对的是“弱”，即便征服了全世界，却不能约束一己的喜怒爱憎、私情物欲，这种人终究是一个弱者。

因此，教育应当是教予人自由的、明智且独立的判断，足以自立与自尊，能不为外物所役，不为权威所吓，不为谎言所欺，而持有清明平和的心境。这是“广附人”所追求的教育理念，即坚持“真正的教育”。广附在教育上不仅教授学生知识，同时重视塑造和培养学生的道德、心理和个性，教会学生理解和运用知识，学会思考，成为一个独立而完整的人。

中国文化博大精深，在中国传统文化中，也有那份值得我们挖掘和坚持的“真”。广附发展目标上尤为重视培养学生的中国素养。中国的传统教育有三项重要的功能：品鉴人性、涵养人心、安顿人身。蔡元培先生曾写过一本《中国人的修养》，此书不仅论述了现代中国人应该具有怎样的道德素养，而且从多方面谈到了该如何培养中国人的道德素养。在这些方面，广附做了非常多的努力。

二、筑梦之路

“梦”不能仅仅只是一个“梦”，实现“梦”才是我们的奋斗目标。要将它转化为我们勇往直前、努力向上的内在动力和目标，以支持我们走向理想彼岸。要实现“广附梦”、广附的发展愿景、办学目标，就要踏踏实实地走好脚下的路，凝聚各方力量，共同奋进。

1. 创新教育模式

培养学生的创新精神和实践能力是实施素质教育的主要内容。学校开展创新教育，就是追求教育在观念、手段、目的等方面的现代化，使整个教育过程被赋予创新的特征，注重学生创新意识的养成，以达到培养创新型人才，实现人的全面发展的目的。在有关教育专家、广州大学教育学院、广州市教育研究院等教学科研部门的帮助下，广附将“创新教育模式”确立为学校的办学模式，全面推动学校的教学改革，探索中学教育的现代化道路。

(1)开展创新教育试验班的实验和创新教学研究。

广附在七年级确定了两个班为创新教育试验班，全面开展创新教育的实验研究，要求试验班的教师认真学习创新教育的相关理论，按创新教育的要求实施全新的教育模式。同时，要求各个学科在各个年级进行“创新教育特色”的专题教学研究，开设的研究课题有：“高中语文阅读教学创新模式探索”；“平面解析几何的优化教学”；“英语交际能力在课堂教学中的培养”；“化学分类剖析的功能”；“调控物理课堂教学互动密度，提高教学效率”；“历史科学生评价新架构”以及“综合课程课堂教法探究”；等等。在实验研究的基础上，由专家指导构建创新教育的评价体系，增强创新教育办学模式的可操作性。

(2)构建创新课程教育系统。

通过创新教育办学模式实验，学校建立了具有广附特色的、由基础型课程和研究型课程组成的创新教育课程体系。基础型课程主要通过教师教学设计和课堂教学的优化，使学生扎实地掌握基础知识和基本技能，获得解决问题的方法，以实现教学质量的提高。研究型课程是在创新教育实验过程中从基础型课程和活动课等隐性课程中发展而来的新型课程。通过指导学生发现问题、研究问题和解决问题，开展研究性学习，培养学生的创新意识、研究能力和实践能力，尤其是在信息技术教育中培养学生获取、整理、应用信息知识的能力。

在具体的教学管理的探索方面，广附正逐步探索一些可行的路子，如重视诚信教育，有计划地逐步开展“无人监考”，即相信自己的学生、培养“广附人”的诚信；解放早读，即提倡学生自主朗读，不仅要读，更要理解文章的优美和动人之处，达到“你中有我、我中有你”的境界。广附提倡改革以往的统一作业任务，让优等生根据自己的学习状况自主选择和安排要做的作业，以提高学习效率。同时，广附还建有属于学生自己的书吧，可供学生在晚自习时有选择地看书。

(3)着力开发校本课程及增设和完善选修课。

为了使学生更好地开展研究性学习，充分发挥学生的学习主动性，学校根据《国家基础教育课程改革指导纲要》的精神，结合本校的传统和优势，考虑学生的兴趣和需要，努力开发适合本校校情的校本课程。为此，学校成立了课程改革领导小组，组织教研人员和教师编写教材，并组织力量实施教学。

在选修课方面，学校目前已有30多门选修课，主要由校内教师进行授课。面向未来，学校计划开设100门左右的选修课，同时邀请在各领域有名望的专家、学者开展讲座，进一步完善和扩大选修课程体系，开拓学生的知识面，培养学生的兴趣爱好，培养学生的文化素养，让广附的孩子们成为面向未来的栋梁之才。

2. 进行有特色的心理健康教育

创建一个在德育、教研和管理等方面和谐渗透的心理健康教育综合系统，是广附创新教育办学模式实验的主要内容之一。学校有多名心理专业的专任教师，设立了直属校长室领导的“心理测控中心”，中心在学校德育工作领导小组的指导下开展各项心理健康教育活动，如开设心理教育必修课，开展教师、学生、家长心理教育培训和咨询活动，成立学生心理协会和课外活动小组等。目前已经建立完善了各年级学生的心理档案。“心理测控中心”组织编写《广附心理健康教育专辑》《心理健康教育教案集》《心理咨询案例集》等心理教育资料，并制作了一批心理教育多媒体课件，为把广附办成全国心理健康教育特色学校奠定了坚实的基础。

3. 强化办学特色和品牌效应，引领学校科学发展

“国防班”的建设，是我们弘扬学校历史和办学特色的重要举措。2015 年 3 月挂牌成立的“广东省青少年军校大学城基地”，为特色办学的发展提供了更好的机遇。着眼学校的长远发展，广附正在努力打好国防教育特色这张牌，继续高举国防教育这面特色办学的旗帜，进一步弘扬学校的“红色传统”，并把它作为学校发展的突破口，带动学校各项工作实现跨越式的发展。

学校的核心精神文化，也是她的品牌，是引领学校师生阔步前进的动力之源。比如，广附提倡的“亮剑”精神，是“广附人”精气神的突出标志，是一种不服输的精神，是一种敢于挑战、勇于战胜困难的斗志，是我们实现伟大目标的强大动力。学校通过不断地、潜移默化地教育和渗透，通过一系列的活动，让每一个“广附人”的灵魂都带有勇于“亮剑”的特质，都流淌着敢于胜利的血性。又如，学校的校训“做最好的自己”，已经成为“广附人”特有的做人做事的行为准则和精神追求。我们要继续下大力气对这些优秀的精神文化加以弘扬，让它们广泛地、深入地被师生接受和认同，继而成为我们“广附人”特有的精神风貌。

学校一直非常重视品牌学科的建设，充分发挥品牌的辐射效应，带

动各学科不断突破和超越。在品牌活动方面，学校一直强调两个重点。一是要重视各种“仪式”在校园文化建设中的作用；二是要给具有广附特色的一系列品牌活动加上创新的元素和时代的色彩，使之更受师生欢迎，更具感染人的力量。

4. 进一步提高德育工作的实效性

管理严格、校风优良一直是广附的金字招牌，也是广附饮誉社会的重要办学品质。经过多年的探索实践，广附的德育工作已经形成了以“端庄品行、健全人格、诚信守法、富于理想”为德育目标，融汇“知、情、意、行”等因素与一体的良好的“大德育”局面；形成了“以文化建设为内核，以品牌活动为载体，以量化考核为抓手，以主题班会为阵地，以校纪班规为保障，努力使人人‘做最好的自己’”的德育工作特色。在广附未来的发展中，学校将继续秉承“在传承中求创新，在总结中求优化，在规范中求精细，在创新中求特色”的工作目标，不断提升已形成的德育特色文化、德育特色品牌，努力使广附的德育制度更科学，管理更规范，特色更鲜明，亮点更靓丽。

(1)以生为本，构建德育工作新思路。

“以生为本，与时俱进”是我们的办学理念，在具体的教育教学实践中，我们要切实贯彻这一理念，使之落到工作的实处。“以生为本”主要体现在两个方面，一是给学生提供广阔的活动平台和充分展示才华的空间，二是为学生的学习和生活提供周到贴心的服务。

广附拥有不同类型的社团和众多的品牌活动，为学生发展兴趣和特长提供了平台和空间，如学生文化创客空间的建立，为激发学生的创作灵感和创业热情提供了锻炼的机会和场所。现在，两校区的学生文化创客空间已经进入实质的运作阶段。在德育处和团学会的推动下，学校还专门组织了一次学生商业领袖训练营，邀请了“新浪广东”的副总为学生作了主题为“如何创新与创业”的讲座，选拔了 10 名学生到新浪进行暑期商业见习，对推动学生的主动发展起到了积极的作用。学校希望借助学生文化创客空间的平台和运作，更好地激发学生创新的精神和主动创造的欲望。学生的素质不断提高，学校在主题活动和教育策略的设计方面就应该更突出学生的主动性和创新性，引导学生主动发展，立志成才。

我们不仅要重视对学生的严格管理，我们还要努力加强服务学生的职能。面向未来，学校考虑成立“学生服务中心”，把学生日常要办的事情进行统筹整合，给学生提供更贴心方便的服务。同时，要加大学生宿舍管理的力度，提高宿舍管理人员的素质，变批评教育为关心爱护，让学生在宿舍中能感受到家的温馨和师长的关爱。学生宿舍就是学生的家，让学生住得安心，住得开心，是学校宿舍管理的任务和目标。

加大力度优化班级育人环境，打造家庭式的温馨班级氛围，也是学校的一大特色。广附在开展“班级名片”设计、“我爱我班”微视频创作、“我的班级我的家”班容设计等活动的基础上，正在筹划开展“我的班服我做主”的班级礼仪服设计及制作活动。在升旗仪式及学校、年级的各种大型活动中，鼓励各班学生统一穿着具有本班个性色彩的礼仪服，进一步打造个性化班级，推动“一班一品”的个性化班级建设。

(2)创新培养模式，加强德育队伍建设。

学校德育工作的主体，是全体辛勤的班主任教师。他们对德育工作的理解水平和工作技巧，很大程度上决定了德育工作的效果。所以，面对日新月异的社会发展和千姿百态的学生成长个案，学校必须加强班主任队伍的培训和学习，增强德育队伍的战斗力。一是要进一步丰富、拓展班主任的培训学习方式，通过举办班主任沙龙，邀请专家做专题讲座，通过举办班主任团康拓展活动等方式提高班主任的工作水平。二是要以德育课题研究为推手，推动德育队伍的专业化发展。要鼓励班主任积极申报德育校级课题、市级课题、省级课题，通过课题研究提升德育工作的科学性和实效性。三是继续推进“班主任分级培养工程”，落实“班主任新秀、骨干班主任、名班主任”的评选和培养方案，建立德育队伍快速、健康成长的长效机制，提高班主任队伍的整体水平。四是创新性地筹办广附“班主任节”，增强班主任教师工作的自豪感和荣誉感。

(3)品牌活动力求更加感人、动人。

“活动育人”一直是广附德育工作非常突出和亮丽的特色。“广附好声音”“广附达人秀”“社团开放日”“DJ 大赛”“高考加油站”“毕业典礼”等品牌活动深受学生的喜爱，并博得家长、社会的赞誉，“八节一坛”——“艺术节、科技节、数学文化节、语言文化节、英语文化节、体育文化节、书香阅读节、狂欢节、博士讲坛”的有序开展，让广附学子在“节节生花”中快乐学习、快乐成长。但是，面对快速发展的社会形态和喜欢新潮变化的年轻学生，学校也在经常总结和反思，从活动的教育价值、学生参与的热情度、活动的结果预期、家长和社会的认同及评价等多个方面，对我们以往的活动以及准备设计的活动进行科学评估，力求使我们的活动更能走进学生的内心，更受学生的欢迎，更具有感人、动人的魅力。

广附在社团建设上也独树一帜。学校要求七年级、八年级、高一、高二全体同学必须参加一个社团，学生社团的建设和管理要以学生为主体，尊重学生的意愿和选择，最大限度地给学生提供便利条件，也可以尝试让学生社团自行聘请指导教师。大学城校区具有得天独厚的校园环境，学校要求要重点打造几个有影响力的社团，学校的篮球队和足球队的水平要努力提高；体育科重点打造的手球队、巧固球队已经有了一些经验，出了一些成绩，要努力提高档次和影响力；模联社团、管乐社团、合唱社团、舞蹈社团、天文社团、观鸟社团等要努力成为广州市，乃至全国的名牌社团。同时，各年级、各班级要充分利用班会课、体育课、各类节日，结合学生的年龄特点，因地制宜地组织策划丰富多彩的主题活动，在活动中引领、促成学生文明有礼、坚毅勇敢、团结合作等综合素养的形成和内化。

5. 凝聚家长与社会力量

家庭是学生主要的生活地方，是影响学生成长的一个重要的环境因素。家庭教育的作用能得到正面的发挥，学习教育与家庭教育就能相得益彰；家庭的影响如果是负面的，就会抵消学校教育的成果。因此，要实现我们的“广附梦”，除了师生同心协力、奋发向上以外，还必须联合广附家长团，发挥家校合作的强大合力，形成目标高度一致的大教育团队，让家长们都成为真正的“广附人”，全方位地为广附的教育擂鼓助威。

学校成立了三级“家委会”平台，建立了学校家委会、年级家委会、班级家委会等多层面的家校沟通网络，通过QQ群、微信群等网络平台，打破时空束缚，建立高效沟通协作机制。学校要求各年级要积极主动地邀请家长参与到学校的各类文化活动的组织策划中，既让家长走进学校，了解并支持学校的教育管理理念和举措，又让家长亲身感受孩子在校的成长点滴，从而更好地跟教师联手，做孩子成长路上的良师益友。成立家长教育团，进一步拓宽教育的内容和渠道。邀请家长中身处各行各业的特色人才，到学校和班级给学生开讲座或者开展座谈交流，让能为学生成长提供服务的家长到学校来，走进班级、走进课堂，跟孩子们零距离接触。

学校还通过举办家长学校课程讲座等形式，提升家长与学校协作和与孩子沟通的水平；通过定期更新官方微信、校园网家长学校栏目信息，定期出版发送校报和家长报等方式，强化示范家长学校的常态建设。通过强化对教师家访工作的组织管理，积极开展“教师家访”“家长来校”活动，要求各年级的班主任教师，根据学生的年龄特点经常性地进行电话家访或直接家访。

家长和学校达成“统一战线”了，就能为孩子的健康成长更好的出一份力！作为学校而言，如果能够在加强自身建设与改革的同时，凝聚各方力量，学校就能向着更好的方向发展，实现飞跃。

积跬步以至千里，聚小流以成江海。要实现“广附梦”，离不开每一位“广附人”的努力，离不开点点滴滴收获和成长的瞬间。筑梦路上，我们勇敢前行！

第三节　价值观整合：团队领导力

一所名校的发展与进步，离不开一个优秀的团队及一名优秀的团队领导者；好的教育，离不开有一位让师生在精神上追随的好校长。今天，广附的集团化发展之路，离不开各方力量的支持，离不开一个运作良好的领导团队，来沟通、组织和协调上上下下所有教师和学生的日常工作，并带领他们成长。邓云洲校长在管理自己的团队时有自己的一套办法。

第一，一个好的团队领导者，应该有战略眼光。

在学校发展方向上，能够总体策划，设置清晰、适度的目标，带领团队前行。什么才是“清晰、适度”的目标？用邓校长一句幽默的话说，就是使人“跳起脚来摘桃子”的那种感觉，即总体目标设置不能太大、太宏观，让人可望而不可即；又不能过小，让人不屑一顾。例如，广附的发展，由北到南，由新中国的“红孩儿”成长为今天的“参天大树”，是一步一步发展起来的。

1981 年转办广州师院附属中学后，广附沐浴改革春风，师生员工在继承和发扬革命优良传统、保持令社会和家长满意的优良校风的基础上，订立“抓三年，三年抓”的办学原则，理直气壮抓教学质量，于 1985 年和 1987 年连续两次腾飞，使学校顺利从广州市 D 类学校进入 B

类学校的行列；1993 年和 1995 年又经历了两次腾飞，使学校迅速跻身于广州市重点类中学。1994 年，学校通过广东省教育厅的评估验收，成为广东省首批省一级学校。2000 年，学校易名为广州大学附属中学后，又成功迈向国家级示范高中。这些成长和进步，是“广附人”一步一个脚印走出来的，我们不好高骛远，但心怀理想，凭着那份坚持，步步经营，摘得“桃李”。

第二，一个好的团队领导者，要能制定达成目标的策略。

在明确学校的发展方向后，应当制定一些达成目标的策略，这样才能做到“心中有数”。广附每进步一次、每腾飞一次，都离不开背后的苦心经营与策划。从教学到教育、从教师到学生、从教材到课本、从后勤到家长、从硬件到软件等，每一个部分都要有一份规划，才能有序的指引团队前行。

第三，一个好的团队领导者，要具有强大的执行力。目标有了、策略有了，最重要的是将它们转化为行动，有行动才能够出成果。如何提高团队的执行力？一方面要营造良好的凝聚力，另一方面要加强团队成员的责任心。首先，可以通过精神文明建设，将广附的精神内化，再落实于行动；其次，要培养各小团队的大局观，构建和谐大团体，提升战斗力。与此同时，还要加强干部队伍的素质提升，完善工作方法。当然，做到这些，还要考虑到很多其他方方面面的东西，但最终目的是要能落实于行动。

第四，一个好的团队领导者，要有反思能力。

没有哪个目标可以设置得一步到位，没有哪种方法可以完美无缺。在实践目标的过程中，要能够及时地发现问题，进行反思，才能及时做出调整，精益求精。

第五，一个好的团队领导者，要有独特的个人魅力和良好的品质。

俗话说，和优秀的人在一起，自己也会变优秀。一个好的团队领导者，应当有这种强大的感染力，不仅自身才华横溢，更要有一颗能爱人、能容人、能助人的心。在邓云洲校长身上，我们能体会到他的个人魅力和领导才能。他能够知人善任，重视干部的培养，敢于“放权”，给教师机会去锻炼，鼓励教师放手去干；他善于用人所长，允许人犯错误，鼓励教师在错误中反思、成长，学会扬长避短。

现代学校管理的重心，已从物质资源配置转向学校文化引领和师生价值观的整合上。学校管理是一门科学性与艺术性较强的学问，科学性讲的是计划、落实、协调、创新，它涉及学校发展的战略布局；艺术性则关乎学校整体的人际氛围、精神品格与校园文化。在创办一流学校的前进之路上，在落实依法治校、依法治教的基础上，广附将毫不动摇地瞄准自己新的发展目标，引领全体“广附人”把学校的发展目标当成自己的事业来追求，在规范制度管理的同时，以情感为纽带，以活动为中介，用真诚的情感凝聚师生爱校、荣校与强校的意识。在“尊重热爱与严格要求”的原则下，建构一支具有协作与创新精神的教师团队，建设一种自信乐观、勇于挑战、敬业和谐的校园文化。

以邓云洲校长(左四)为核心的团结、创新、奋进的学校领导班子

(左起：王守亮副校长、李卫副校长、欧卫国书记、邓云洲校长、黄翠婉副校长、席长华校长助理)

小故事之师生眼中的好校长：

桃李不言，下自成蹊

——成长路上说邓校

黄翠婉

十年来，伴随我耳边的总是同事们这样褒奖的话语：“翠婉，太厉害了！仿佛总有用不完的劲。”“她的脸上从来都是灿烂的阳光，没有云翳。”“她好像铁人，这么多的事压身，却没有被打倒。”是的！每天只要在迈向广附的路上，我就仿佛被打了鸡血一样，总是充满着干劲。天天如此，周周如此，月月年年如此，乐亦不疲。而立至不惑的十年弹指一挥间就过去了。这十年，是广附意义非凡的十年，更是我筑梦圆梦的十年：让广附德育既有山的沉稳，又有水的灵动。

是什么让我充满干劲，又是什么让我筑梦圆梦？

是一个如家般和谐亲切的工作环境，是一位位不计较、共苦乐的同事，更是一位如兄似父的领路人，让我总被一种情怀感动，总有一种境界可追求，让我成为能把幸运写成幸福的人。他就是广附腾飞的筑梦人、“广附人”挚爱的邓云洲校长。

对我而言，邓校的角色很复杂：老师、领导、如兄似父。二十年前，他是我的大学老师，教给我为人师表的学识。十年前，他成为我的领导，点亮了我德育梦的指路灯。如今，成长起来的我更是得以以更近的距离跟他学习，并肩作战。

他是一个怎样的人？好校长、好导师、好长者……不管如何形容，都离不开一个“好”字。好在哪里？好在他创造了一种“桃李不言，下自成蹊”的境界。

“他是一个前卫型风格的领导者。”

无论是工作生活还是学习生活，邓校的思想、言语、行动无不体现前卫型风格的特质：时尚、创新、立异、智慧。尤为凸显在与时俱进，勇于创新方面。2005年至2015年的十年，是广附建校以来，最为巅峰的十年，可谓是扶摇直上的十年。许多的从无到有，许多的由有至优：办学理念的厘清、办学目标的明确，校歌、校旗的追根溯源，校训、校花、校吉祥物、校幸运色的确立，等等，一系列体现大校根文化沉淀的元素呈现在校园的每一角落、扎根在每个“广附人”的心中。如果说寻根文化的革新，仅体现了邓校于传承中创新这一面的话，那么“八节一坛”“六大主题年级活动”等品牌活动的创造，则是体现了他是一个时刻站在创新浪潮上的弄潮儿。十年过去了，这些活动不仅成为了广附的传统活动，更是成为被各大媒体争相报道，省市兄弟学校争相学习的学校文化品牌活动。十年来，邓校不仅身体力行践行着在创新中搏击的思想，更重要的是，作为领军人物的他，时刻不忘把这种光辉的思想不遗余力地根植于每个“广附人”的心中，打造一支具有创新意识的团队。

作为受他直接领导的德育队伍中核心成员的我，是其中受益最大者，甚至可以用破茧化蝶来形容。原来的我，刚刚接手德育工作时，只是想着如何循规蹈矩地接好棒，不让广附德育的金质招牌尘封。却不知一味的墨守成规，不革新、不思变，可能会成为一只泡在温水中的青蛙，在貌似舒适中，慢慢窒息，乃至死去。幸运的是，邓校的不断点醒：“翠婉啊，要记住，一定不能把学校办成一所学监。”“感人心者，莫乎先情。德育育人，莫乎育心。德育不在说教，在于感悟，在于知情意行合一。”“德育必须扎根在丰富多彩的、师生喜闻乐见的活动中。”“在活动中育人，育人才有声。”这些醍醐灌顶的智慧之语，时刻唤醒我，让固有的习惯和惰性的思维不再禁锢我的头脑。“这个教育诉求可用怎样的活动才能有效落实?”“这个活动还可以有更好的形式吗?”“还能举办怎样的活动可让德育落地有声?”这样的拷问式思考如今已成为我的惯性思维。

事实证明，只有打破陈规、勇于创新，一切才能有另一番天地。毕业典礼、高考加油站、狂欢节等从无到有，从开始的“年年岁岁花相似”到“岁岁年年各不同”。从学生“八节一坛”到班主任队伍的“一赛一节”（班主任技能大赛，班主任节）的诞生，“广附人”在“节节”中生花，在“节节”中优化，营造了情趣、收获了学识、创造了文化。

“他是一个总能点石成金的智慧者。”

每一次活动进行完，较之于邓校表扬肯定的话语，我更期待他的“但是，如果……”之后的部分。因为这一部分往往是我们活动中美中不足的，或者是想而未达的智慧点，是此类活动下次举办的创新点、亮点。体育文化节的开幕式由单一的运动员入场式演变为个性化的表演方阵；班主任技能大赛情景答辩的辩题由散乱走向专题化、聚焦化；学生社团活动一个又一个地产生精品，甚至唱响国内外等，无一不是在邓校的“但是，如果……”的智慧点化下，促使主抓团队开动脑筋、谋求突破使然的。邓校在不同的场合多次说道：“一所学校，不能不折腾，不折腾会倦怠。但绝对不能瞎折腾，瞎折腾是害人。”“干部，干部，先干一步，一定要有‘五干’意识：想干、肯干、敢干、能干、巧干。只有这样，才能让团队义无反顾地追随。”这些压力与动力并存的话语，一直深深地影响着我和德育队伍成员们：每完成一项活动，一定要及时的反思总结，肯定闪光点，更要找出不足点、找出破解点。争取在来年的活动中，把缺点变成亮点，让亮点成为特点。

“他是一个勇于担责的好领导。”

“没事，你们大胆地想，大胆地干。做成了功劳是你们的，失败了，责任我来担。”这是邓校在听取我们汇报工作构想时常常说的“定心丸”般的话语。这样的话语，他绝不是说说而已。而是言必诺，行必果的。记得2012年，是广附新生军训的破茧年，这一年，我们大刀阔斧地进行改革，规划了广州市中学用时最长(高中10天，初中7天)；课程最丰富；规格最高的新生军训。这一创举突破传统，更突破了相关文件的指导条例。当时，我们的着眼点只专注于如何保证学生军训期间充足的营养，于是定位每位学生一天的伙食费30元，但却忽略这费用不符合物价局制定的有关军训收费的指导要求。结果一年一度的物价审核，我们被问话了。年轻的我们都慌了神。后来，事情好像就过去了。事后，我们才知道，邓校全力扛下这责任。为了不让我们受委屈，邓校跑教育局、物价局、财局，层层汇报，详细解释我们的做法与效果，最终以真诚与实效说服了领导。类似这样的事情还有很多很多。我想，邓校是言传身教地启迪着我们：做干部，必须敢担当，且能担当。没有敢于担当责任的好领导，绝对不会有拼命干活的下属。

“他是一个有人情味的领导者。”

“没有架子，有人情味，有魄力更有魅力”是大家给予邓校最为朴实的评价。“有困难，找邓校。找邓校，没困难”成为了很多“广附人”的本能。记得，在一次爱心嘉年华活动中，高二年级的小宁同学兴高采烈地奔走相告：“号外，号外！邓校一口气买了20件我设计的文化衫。我的爱心基金刷新啦！”的确，印象中的邓校从不高高在上，他会很真诚地聆听述说者的困惑，并从思想或行动上，为困难者排忧解难。春节买不到火车票的老师找他求助，家庭闹矛盾的教职工找他诉苦，老师的孩子读幼儿园、小学有困难都找他。“‘爱自己的孩子是人，爱别人的孩子是神。’我们的老师应该且必须努力成为这样的‘神’。”这是邓校在德育会议上常说的话。事实上，他也是这样做的。“教育的真谛是爱与信任。”他时刻施行这样的爱的感动。2013届考取了台中朝阳科技大学的小杨同学，在教师节发来短信，让我务必帮忙转发给邓校，长长的短信如下：“邓校长，您好！我是杨某某。两年前那个跑去办公室找您，说我很想回广附读书，然后又在您出差时间打电话给您的，不知天高地厚、很烦很烦的学生。很抱歉到现在才发短信给您，而且这么晚。但我真的很想感谢您！谢谢您让我回来广附，让我重新拥有了快乐的高中生活。您打电话给我说‘可以回来读’，依然是我至今为止最最兴奋的时刻。您现在还好吗？现在我已经到达台中科技大学了，临出发前一天，我回到广附，见到了翠婉主任、文学主任，还有史爸爸(级长)。上六楼找您，但您不在。翠婉主任叫我以后有时间常‘回家’。真的，广附承载了我5年，不，是6年，尽管有一年我徘徊在门外，但我从未离开过。广附是我的家。因为我太爱这个地方了。再一次谢谢您！是您让我失而复得。这6年，广附真的很优秀。高三时我选择了艺术生这条路，但在高三艺考集训前，我在广附最后一次考试才290分，那时我哭了，我觉得对不起父母，更辜负了当年让我回来的您的爱与信任。但老师和同学没有因为我是挂读生而放弃我，而是给予我父母兄弟般的鼓励与信任。我想，我必须全力拼了，为了爱我和信任我的所有人。高考时我考了500多分，达到了艺术类重点线，也有了我来台湾读大学的机会。现在站在台中朝阳科技大学的六楼，写下这一条长短信。不知邓校您是在何种场合看到它，如果还是在办公室的话，不知您是否还记得这样一个画面？那时我站在您的面前，战战兢兢地向您说我真的很想回广附读书，最后您留给我一张名片。您把原本的号码划掉写上了一个号码。我如获至宝地捏着它，手一直颤抖着。三年了，我换了四个钱包，但我一直留着这张名片。今天我将它带到台湾来了，明天无论到哪里，它都与我如影相随，因为它承载着您对我的爱和信任！我将带着它，努力走好每一天的路，充实自己，有朝一日，像您一样有能力将爱和信任无私的给予有需要的人。再一次谢谢您，我的校长！”

这就是一位学生眼中的好校长，也是我眼中的好校长，更是众多人眼中的好校长。桃李不言，下自成蹊。

中　篇

实践与反思

第三章　因材施教：重新认识课程

生活中，我们曾因为孩子的懂事守礼而欣慰，也曾因为孩子沉迷于电脑游戏而失望；曾被孩子的纯真善良而打动，也曾因孩子的无知调皮而愤怒。由幼稚逐渐变得富有自己的个性，并因为这些个性而变成他们自己，这就是孩子的成长。那么，作为孩子成长的主要场所——学校，究竟在孩子的成长过程中起什么作用呢？

其实，每一个孩子都是一个独立的个体，学校教育就是要在尊重每个孩子的基础上，让孩子们能在学习的过程中有所收获、有所成长，实现全面均衡发展，培养孩子们的素质与气质，塑造人格，使其成为有价值的、完整的人。学校应该通过设置丰富多彩的课程，重视人文精神建设，提供给学生一个科学、多元化的学习生活环境，真正促进孩子们的成长与发展。广附的办学理念一直强调不仅要让孩子们学好书本知识，更要让孩子们学会观察、学会思考、学会生活。在这一思想的指导下，广附着力开发校本课程，增设选修课，以生为本，探索适合自己的一套教学方案，使学生们能够“读好书、好读书”，而不是为了“读书”而读书。

第一节　课程反思：以生为本的课程才是好课程

广附的校训是“做最好的自己”，办学理念是“以生为本，与时俱进，培养面向未来的人才”。这就要求一切工作以学校、学生、教师的发展为最高目标，竭尽全力做到最好。在新世纪、新时代、新特征、新任务、新挑战的环境下，广附对课程体系做出新思考和新定位。

“以生为本”是广附办学理念的价值体现，广附始终把学生看成是教学过程的终端，是教育的本体。把“一切为了学生”作为教育价值的原则，从伦理观上重新把学生当作一个独立的生命体去尊重，凸显了德育的新高度。这一理念要求全方位了解学生，充分认识到学生的学习潜能，尊重学生的独立人格、独立的精神生命和独特的内部发展规律。“以生为本”的教育方式，便是全面依靠学生，不仅把学生看成是教育的对象，更看成是教育教学的重要资源。在教师方面体现“以学定教”，根据学情决定教法，先学后教，不教而教；重视实践能力，在实践中与学生互动，充分了解学生的个性与特长；因材施教，在实践中把握教学真谛。综合活动课程正是贯穿这种精神的最佳载体。它是在教师的指导下，由学生自主进行的综合性学习活动；它是基于学生经验，密切联系学生的生活和社会实际，体现对知识综合应用的学习活动。

一、多彩文化节，赋课堂知识于活动

广附大力开展各种校园活动，落实素质教育，促进学生全面发展，令学生在课堂中学习的知识能够运用到课外生活中去。

学校于 2009 年在广州市中小学首次创新性地举办了“数学文化节”，通过设置数学问答环节，让学生积分闯关，关卡设置一关比一关难，不过依然有“学霸”一路“过关斩将”，整个活动过程引人入胜，让其他同学看得大呼过瘾，同时也激发了学生想要学好数学、用好数学的心。其后又举办了“语言文化节”和“英语文化节”，采取更加贴近生活的方式，让平时课堂上死板的语言教学，摇身一变，化为了生活中必不可少的技能。很多同学在语言文化节上表现突出，引经据典、妙语连珠；英语文化节中，也不乏口语地道、滔滔不绝者。这些优秀的同学，为广大同学树立了很好的榜样，同时也将课堂知识践行于生活中。通过一系列的文化节，将数学、语文、英语这三大科目，融入学生的课外生活中去，达到学有所用的实践效果。文化节主题明确、内容新颖，充满了脑力与魅力的碰撞，使得学生切身体会到他们在课堂中所学到的东西是那么的广博，如若完全领悟，将会是那样的帅气！通过文化节活动，寓教于乐，提高了学生的兴趣，开阔了学生的视野，使学生能够真正地践行自己所学，从而更好地爱上学习。

广附从2012年起，将一年一度的田径运动会改为为期一周的“体育文化节”，把体育竞赛、体育知识竞赛、体育文化节会标设计比赛、吉祥物和图案设计比赛、文化衫设计比赛、手抄报比赛、摄影比赛等活动融为一体。

此外，学校每年都举办广附“书香阅读节”，2014年还承办了广州市中小学“书香阅读节”，以“书香广附　诗意校园”为主题，形式包括：图书漂流、阅读竞赛、专家讲座、征文比赛、演讲会、话剧表演、诗文诵读、手抄报评比、专题展板展示、文化游园会、文艺汇演等。活动非常成功，受到媒体的高度评价和赞扬。

“科技节”“艺术节”均是广附延续了20多年的传统校园节日。“科技节”的目的是展现广附的科技理念、科技教育的水平，引导更多的学生积极参与到科技活动中，推动学生全面发展。科技节的主要项目有车模比赛、机器人比赛、无线电测控、化学趣味实验、生物解剖、血型鉴定、纸飞机比赛、拼地图比赛、数学趣题比赛等精彩项目。艺术节主要有合唱、舞台表演、社团精华展示等活动，展示广附学子朝气蓬勃的精神风貌，营造向真、向善、向美的广附校园文化氛围。

“博士讲坛”从开办以来，已举办了20多讲，它依托广州大学雄厚的学术实力，聘请大学内各专业领域的学者，用通俗易懂的方式，对中学生进行学术知识和人文启蒙教育。这一“开广州市中学先河”的活动，已成为了广附学子的骄傲，它因知识丰富、视野开阔、思维活跃而深受师生的喜爱，被师生誉为广附的“文化大餐”。

广附的活动因“创意新、项目多、体验强、规格高、影响大”而广受赞誉，学生在追求理性之美的过程中，感受到浓厚的人文气息，受到了情感的熏陶，增强了爱校意识。这些，正是“以生为本”的典范。

二、精品社团多，寓兴趣爱好于活动

学校还建立了近百个学生社团，涵盖科学、人文、艺术等方面，主要有影视社、天文社、摄影社、模工坊、英语听说能力社、素描社、书法社、吉他社、体育社团(羽毛球＋乒乓球＋田径＋手球)、文学社(书友会＋小说社＋文学社)、同萌会、焕绿社、桌游社、棋乐社、动漫社、飞羽社、物理社、烹饪社、车模社等。其中，机器人俱乐部、车模俱乐部、合唱团、模拟联合国社团、古诗文吟诵社等先后获得了许多国际大奖，全国、省市一等奖或特等奖。广附还创办了《广州大学附属中学校报》，开设了学校电视台和校园广播站，学生社团刊物《皇华》在全国中小学优秀报刊评比活动中获得“最佳社团刊特等奖”。

三、特色活动全，树立广附特色品牌

我们不希望将学校变成读书的牢笼，学校尊重学生的个性发展，全面依靠学生、锻炼学生、培养学生，因此学校还开展了一系列特色活动。一年一度的七年级、高一新生军训会操表演，是广州市中小学规模最大、气势最恢宏的军训活动，还有高、初中毕业班毕业典礼，以及环大学城拉练，高三毕业班的高考加油站、成人礼等，每一个活动，都牵动着全体师生和家长们的爱校感恩之心。还有冬、夏令营是广附的一个传统德育品牌，至今已开展了 20 多届，其目的是“挖掘学生潜能、提升自我素养、做最好的自己”。每年 1 月和 7 月，学校从各年级中选拔优秀学生，采取德育论坛、专家讲座、远足游学、团队拓展等方式，开展为期 1～3 周的户外活动。

广附的综合活动课程丰富多彩，进一步补充和完善了课程体系。通过综合活动课程，将学生和老师们的关注点由课堂引向课外，又由课外引向生活。不将学生局限于小小的课堂、狭窄的书本知识上，而是将他们置于大自然和社会中去，让他们体验、感受，让他们从实践中感悟到大自然中生命的使命，以及社会赋予我们每个人的责任和义务，以便于学生更好地形成正确、积极的人生观与价值观。

广附丰富多彩的课程体系，使得学生不但可以通过实践来深刻记忆和理解国家要求的学科知识，也可以在实践的过程中锻炼、发展自身的特长，增强学生的社会使命感，以及与人交往的沟通能力，让学生全面发展。作为“完整的人”，不仅是有健康的体魄，更要有完整的灵魂，是会思考、知礼节、爱生命、能感恩的人，就像做有“温度”的教师一样，做一名有“温度”的学生。

第二节　课程体系：丰富完整的选修课程

广附有着自身特有的文化背景与历史背景，俗话说：适合的才是最好的！那些从其他学校生搬硬套来的治学理念与课程体系，对广附而言，是毫无作用的。为此，几代“广附人”摸着石头过河，自立根系，探索搭建出了一条独具广附特色的课程体系。

自新课程改革开展以来，国家越来越重视学生的素质教育，学科课程体系方面，要求少理论，多试验，提升学生的动手、探索能力；综合素质方面要求学校开设选修课，鼓励社团发展，提升学生的交流、协作能力，培养学生书画、舞蹈等多方面的才艺，鼓励学生全面发展。为此，广附开设了丰富多彩的选修课程，其目的在于培养学生的兴趣爱好，杜绝传统的满堂灌的教学方式，真正让学生成为主体，在选修课上发现自己、展示自己。

在现代教育蓬勃发展的今天，完全统一的教学内容与教学安排，是绝对不能满足学生的个性化需要的，也满足不了学生日益增长的想了解世界、了解自己感兴趣领域的知识的愿望。因此，广附着手组织老师开设选修课，这是统一教材之外的一个重要补充，其宗旨是为了充分挖掘广附的教学资源，拓展学生的知识与技能，发展学生的兴趣和特长，培养学生的个性，同时也为了促进教师的专业发展、学校特色的形成与办学模式的多样化。选修课的开设，对促进学生的个性化发展、提升专长、开阔视野、培养兴趣与气质等方面具有非常重要的作用。

广附选修课课程的排课、选课突出以下五大特点：(1)让学生学会规划人生，要求学生选课要进行 3 年规划，避免从众心理盲目选择。(2)既重视共同基础的课程，也提供较大的选择性让学生根据自己的兴趣和特长选择，兼顾学生学习的可发展性。(3)注重与必修课之间的内在逻辑关联，使学生在选修课中不仅能横向地扩充知识面，而且可以进行纵深的探究学习。(4)深入挖掘学校校本资源，鼓励老师发挥特长、优势，积极开发校本课程，充分利用所有软硬件设施，培养独具地域特色和学校特色的优质学生。(5)基于“学科交叉对学生进行专业学习有很大的帮助，而且将来学科发展、行业发展的大趋势也是学科的交叉与融合”这样一种判断，指导那些将来学习文科的学生多选些理科基本课程；而将来学习理工科的学生多选些文化艺术类课程。

广附开设的选修课课程有以下五大类别：(1)知识拓展类选修课程。包括必修内容的拓展课程、介绍学科最新成果的课程和学科应用型课程等，旨在让学生形成更为扎实的学科知识基础。例如，语文、英语学科，结合学校推动开展的课堂教学改革，开设了诸如“小说的魅力”“英语影视文化赏析”等创新选修课，探索学校教改新方式、新方法。(2)科技特色类选修课程。是从科技教育引入的科技类课程，旨在让学生掌握一定的科技创新技能，培养其创新精神和动手能力。例如，结合青少年科技创新大赛和青少年科技创新项目设置选修课课程，如“指尖上的物理”“生活中的化学”等。(3)兴趣特长类选修课程。主要是艺术、体育以及其他兴趣课程，旨在培养学生各方面的素质和潜能，以提高学生的综合素质。例如，深受学生喜爱的选修课课程“旅游地理”，以及颇具广附特色的“广附经济论坛”等。(4)社会实践类选修课程。指社会调查、社团活动、社会实践等活动类课程，旨在引导学生接触社会、了解社会，提升其服务社会的意识和能力。例如，学校组织的“垃圾分类”环保小分队、“废旧电池污染的研究性学习”活动等。(5)职业技能类课程。这些是与大学等单位合办的课程，内容包括探究实验、技能等。例如，和广州大学合作，开设了“立体生态鱼塘”“3D 绘画”等课程。

广附两校区一共开设 100 多门校本选修课，进展情况较好。这些校本课程让学生自主选择，满足了学生的各种需求，对学生的全面发展和个性发展都起到了良好的作用。新课程要求提高学生的综合素质，而校本课程与新课程的目的和理念不谋而合，广附正是通过丰富多彩的校本课程，让学生能在课程学习之余，学习到我国博大精深的文化传统以及世界各地的文化。

组织学生参与到广阔开展的课程体系中，对于促进学生良好个性的发展将起到非常重要的作用。这一作用的机制在于，由学生共同参加的校本课程活动，要求大家共同遵守其活动规则，并要求参加者具有一定的能力和素质，它强调每一位成员的配合、协调和互补。因此，在校本课程中，学生积极的、良好的个性可以得到发展，而消极的、不良的个性会受到抑制和排除。

选修课的教师考核从课程材料和教学方式方法两方面来进行，以学生评价和学校评价相结合的方式来开展。学校注重和鼓励选修课教师开设特色课程，编印校本课程教材。选修课的学生考核，由承担课程的指导老师组织实施，其考核方式一般不予限制，可以采取论文、调查报告、作业等方式进行考核。考核合格及以上者取得选修课学分，计入学生档案。

小故事之一：王国富老师的“旅游地理”选修课

王国富老师的旅游地理选修课是在非常轻松的氛围下进行的，上课期间，学生边听边记边找地图，记录相关地理知识，补充地理原理和地理规律，课堂上，王老师给学生们直观展示地理景观，尤其是人文地理景观，注重自然地理原理和规律的视频展示，弥补地理课野外实习的不足，加深学生的理解，有益于学生自然地理的学习，为高考打下扎实基础，同时提高学生素质，开阔视野，放眼世界，胸怀天下。

其课程分主题进行，每一个主题都包含了诸多国家和地区，将这些国家和地区的地理景观，全面地展示给学生，激发学生遍历美好山河的情感，并在体验中见识世界，塑造世界观。

其课程设置的“旅行者”系列，涵盖澳大利亚、新西兰、英国、巴塞罗那等地的极致旅游体验，着重介绍国外人文旅游资源的开发模式，包括古建筑的保护维修、生物资源的开发和保护。“奢华之旅”主要介绍泰国和墨西哥等地，着重介绍旅游配套设施的完善，特别是种类繁多的酒店和购物体验。“玩转星球”包括墨西哥、马达加斯加、阿拉斯加等六个地区的野外徒步探险游，涉及攀岩、翻越冰川等。“孤独星球”全面介绍全球1000个终极考验，每学期介绍20个，包含海边悬崖跳水、赶牛、游艇滑伞、火山取野鸡蛋等。“人文地图之法国”详细介绍法国的多元社会、不同阶层的生活状态等。

小故事之二：廖韵斐老师的“法国文化”选修课

说起全世界最浪漫的国家，相信很多人第一反应就是法国。的确，法国是一个历史悠久、文化丰盈、风景优美的国家。“法国文化”是为高中学生开设的选修课，强调趣味性和实用性，旨在通过每周的课程学习，让学生了解一定的法国文化，开阔视野，提高国际化意识，并具有一定的欣赏和评判文化的能力。

学生最感兴趣的是法国的旅游业。法国平均每年接待外国游客8200多万人次，是世界第一旅游接待国，接待人口超过该国人口。全国有两万多家旅馆和一万多家各类小旅店、野外宿营地、青年之家等，餐馆和咖啡馆达18万家之多。2010年，法国连续五年被评为全球最适合居住的国家。巴黎、地中海和大西洋沿岸的风景区及阿尔卑斯山区都是举世闻名的旅游胜地，此外还有一些历史名城、卢瓦尔河畔的古堡群、布列塔尼和诺曼底的渔村、科西嘉岛等景点。

另外，学生也对法国的饮食文化和葡萄酒文化很感兴趣。法国菜注重新鲜、原味。法国菜选料广泛，主要偏好牛肉、禽类、海鲜、蔬菜等，特别是烤蜗牛、松露菌、蘑菇、龙虾、鹅肝、鱼子酱；在配料上，酒、橄榄油、鲜奶油以及各式香料是法国人的最爱。一顿标准法式大餐的上菜顺序主要为冷盘菜、汤类、主菜和甜品。法国是全球最大的葡萄酒生产国，也是全球最大的葡萄酒消费市场。法国出产的葡萄酒举世闻名，波尔多、朗格多克、勃艮第，这些名酒产区都在法国。

“法国文化”校本选修课课堂情境

整个学期的课程，廖老师都尽量向学生展示法国最美好的一面。然而，任何一种文化都具有多面性。文化没有先进和落后之分，也没有好与坏之分，任何文化都有其独特性，这才是此选修课的终极意义所在。因此，在最后一节课的时候，廖老师会给学生观看一部法国大片《无法触碰》，来诠释两种不同文化的相互交融、相互对比。

小故事之三：政治校本选修课“经济学家趣谈”

政治校本选修课，我们是从经济学角度出发的，首先从经济学的开创者亚当·斯密开始，介绍了萨伊、马克思和大卫·李嘉图，上课的基本思路是从他们的趣闻逸事开始，之后介绍其在经济发展史上的地位，然后再介绍其基本的理论观点与主张，最后是选取其经典名言与学生分享。最初的想法是将趣味放在首位，通过趣闻逸事调动学生的学习积极性，然后再不断深入地介绍他们的学说，拓宽学生的视野，“谈”是放在第二位的。依照最初设想，我们可以通过老师与学生一起对话、交谈的方式，在分享中令学生不断学习更多的经济学知识。课程开设之初，我们还计划每个经济学家介绍完之后，由学生用一句话来简单地加以概括。然后，将学生的智慧也融入课程之中，使本课程成为一个开放式的课程，在师生的共同努力下，让其不断完善与完美。

在课程实施的过程中，趣闻逸事这一环节的确调动了学生的学习热情，让学生对该经济学家产生了解的愿望，但“谈”的过程则不尽如人意。一方面，为了完成相应的教学目标，老师给学生交流的时间不多，更多强调的是自己的介绍与讲解；另一方面，学生对课程的准备与了解也不够，真正让其交流与分享时，往往对要谈论的经济学家不够了解，所以也谈不出什么有价值的内容。

反思一下本课程的实施，我们可以得到以下一些感受与启发，即一个成功的选修课应该具备的几方面的因素。

一是要强调互动性。选修课本来就是一个展示学生才华、增长学生多方面才能的大舞台，所以必须将这个舞台充分交给学生。如果说平时的课堂教学由于受到教学大纲的制约，学生无法也没有机会充分展示自己的个性与特长的话，选修课就是一个很好的平台。对老师而言也是如此，很多教师的个人特长与人格魅力，在平时的课堂教学中没有充分施展的空间，但选修课就为其提供了一个这样的机会。学生在选择时其实也已经考虑到自己的兴趣与特长了，因此，老师在课程实施过程中，一定要给予学生充分展现自己的机会，否则，学生就会载兴而来、败兴而归。这里要注意的一个问题是，学生虽然有兴趣、有特长，但也需要课前准备，因此，老师要安排学生去准备，这样到展现的时候学生才会胸有成竹，老师与其他学生也才能有看点、有收获。经济学家趣谈实施过程中一个重要的教训就是要给学生准备时间，如果有了准备，学生在交流时一定会有很多让我们惊喜的地方，因为缺少了这个环节，所以学生与老师在交流时就没什么精彩的发挥了，不仅老师失望，学生也失望。

而如果学生都做了充分的准备，在交谈的过程中就会有思维的碰撞，就会有灵感的交汇，也就会有创造性的成果与作品出现。这样的选修课，不仅学生受益良多，老师也会从中受益匪浅。

二是要强调实践性与操作性。理科类的选修课，如果能有机会让学生动手操作，一定要让学生亲自参与。比如化学选修课，可以让学生自己动手制作饮料、制作洗涤剂；生物选修课，可以让学生自己动手酿造葡萄酒等。通过自己的操作，将书本的知识变成现实的产品，学生的成就感大增，与此同时对知识的认同与理解也会得到深化。文科类的选修课，如果可以让学生动手的时候，也可以大胆放手让学生自己去实践，比如可以让学生自己去搞个社会调查，或者进行某些研究所需要的数据统计等。至于我们开设的经济学家趣谈，则可以考虑让学生自己动手收集相关资料，上课时让他们就自己的成果向同学们展示，甚至可以考虑让其他同学对某些问题进行质疑与辩论，这样的选修课，一定能更加锻炼学生，更好地提升他们各方面的能力。

三是要有积累。作为选修课，没有现成的教学大纲，也没有成熟的教材，一切都要靠老师自己来设计与安排，因此，必须注意资料的积累。一方面，通过积累，增加教学内容的丰富性与趣味性，在教学过程中可能会发现之前没有注意到的、非常有价值的教学资料与素材，需要及时将其保存下来，并在后来的教学过程中将其补充到教学中来。另一方面，可以积累来自学生的智慧与成果。如果说老师的教学内容是相对固定的，那么来自学生的智慧与灵感的作品则是无限丰富和多样的，若能将这些智慧的火花及时收集整理，经过一段时间，也一定会大大丰富课程的内容，增强课程的趣味性与人文性的。就经济学家趣谈而言，要明确要求学生在每学习完一个经济学家后，必须用一句话来概括这个经济学家，每个学生都从不同角度去看待与评价一个经济学家，汇集起来，对这个经济学家的认识就一定会更加丰富、生动和准确。并且在下次校本选修课中，如果将上届学生的评价与同学们进行分享，相信他们也一定会兴致盎然。

第三节　课程教学：学校发展的重中之重

教学质量是社会评价一个学校的晴雨表，而课程教学，更是一个学校的重中之重。一直以来，广附领导及全体教师，高度重视教育质量，秉承课程是学校有计划、有目的地提供的，有利于学生发展的一切教育影响的总和的观念，不断丰富课程教学内容，使教学质量不断提升。

课程教学体系改革，就是要破除陈旧的“讲授式”教学模式，实现由以教师为主体向以学生为主体的转变；建立由教学化的学习向学习化的学习转变的新的教学模式。在构建课堂教学模式中，我们以改变学习方式为目的，以形成知识结构、训练创造性思维为中心，以培养创新精神和实践能力为重点，以发挥学生的主体性、营造民主和谐的气氛为保证，来探索、构建新的课堂教学模式，并逐步形成学科的特色活动教学课。如数学课的“导学——点拨教学模式”，语文课的“以活动带动阅读和写作单元教学模式”，外语课的“口语交际训练教学模式”，物理、地理课的“媒体辅助教学模式”等。活动课教学模式的构建对学科教学的改革起了很大的推动作用。无论什么模式的课堂教学，就其教学过程而言，应该是学生自我完善的过程，因此，充分发挥学生的主体作用是新的教学模式的主要特点，即让学生成为课堂的主角。

一、课堂设计

课堂是实现课程教学的第一现场，我们首先重视课堂设置，坚持推动课堂教学的改革和优化，通过合理的课堂设置，充分利用课堂时间，向课堂“40 分钟”要质量，实现课堂教学的最优化。

教务处注重加强对老师课堂教学的效果评估，制订了“广大附中课堂教学优化指导细则”，及时总结课堂教学效能高的老师的优秀经验，通过示范课、专题讲座、优秀教师工作室等方式加以大力推广。学校提倡以“学案教学”等有效的教学模式为抓手，认真落实“以生为本”“以学定教”的原则，真正把学生的“学会”“会学”放在教学的重要位置。学校要求老师们要重视激发学生的学习兴趣，最大限度地调动学生主动学习的积极性。要求老师一定要明确教学中的“产出”比“投入”更重要。教务处加强了教学工作的过程管理，认真落实指导、检查和督促职能，引导教师树立教学效能观，向课堂教学效率要成绩。

短短的课堂 40 分钟，体现的是课堂教育价值。因此，把课堂还给学生，让课堂充满活力，转变教师自身角色，由教学的操纵者、主宰者变为引导者、激发者、组织者，让学生由被动地接受知识，变为主动、愉快地学习。

教育教学是学校的中心工作，其他各项工作应有利于教育教学工作的开展。广附的教学工作以“加强基础，突出素质，注重能力，引导创新”为指导思想，以“学生为主体，教师为主导”为原则，重视因材施教，开发学生潜能，使他们具有自主发展和可持续发展的能力。这是我们在理解“高效教学”理论的基础上提出的教学思想。如今推行的素质教育，就是要把课余时间还给孩子，让他们充分发展个性，拓展思维。此举一出，立刻深受广大师生的欢迎，但同时带来了另一个问题，就是教学时间减少了，可教学任务却没有变。于是，如何利用有限的时间，高效地完成教学任务，就成了亟待解决的问题。针对这些问题，我们在课堂设计上做了如下努力。

(1)合理安排课题学习时间。

根据学习规律，学生们能集中注意力的时间为 20 分钟。因此，我们在 40 分钟的时间安排上，要重点突出，把重难点内容尽量安排在前半节课内，这时学生的注意力集中，理解和记忆的效果最好。剩下的时间，可以安排讨论、练习、拓展思维等，当堂巩固、当堂消化。

(2)巧妙创设课堂教学情境。

中学生极容易被新鲜的事物吸引并产生想象，如果我们的课堂有令他们新奇的情境存在，他们的注意力就会加倍提高。例如，学习“合理膳食”时，假设他们是厨师，要为一家人设计一份营养健康、安排合理的食谱；学习“英国文化”时，假设他们是英国中学生，向来访的中国学生介绍英国文化。这些情境符合他们的年龄特征，极易引起他们的学习兴趣，带着兴趣去学习，学习效率自然明显提高。

(3)充分利用各种课堂资源。

举个例子，生物学是一门应用学科，很多知识可以在实践中、生活中得到印证，从而开阔学生视野、提高学习兴趣。例如，学习“激素”时，课本上有几张人体因激素分泌异常而生病的照片，非常直观，学生看到都会恍然大悟，加深了对这一内容的理解。再如学习“消化和吸收”时，演示实验“唾液对淀粉的消化”，也使学生充满了学习兴趣。此外，小黑板、模型、课外资料、生活小常识、小试验等，都会起到吸引学生兴趣、提高学习效率的明显效果。

(4)总结教学经验整合资源。

学校各个学科在多年的高考、中考备考复习过程中，形成了一些很好的做法，积累了很多活跃课堂的可行办法，也培养了一批教学效果突出的教师，这些教师以学科组为单位，相互交流教学经验、资料，充分整合优质资源，使得学科组成长迅猛。其中数学、物理两个科组近年成绩稳步上升，不断实现超越；历史、政治、地理、生物等学科在最近两年的高考中也有非常突出的表现；语文、英语两大核心科目的改革正有条不紊地展开。学校组织各学科组作为教学质量提高的基本作战单位，总结和梳理成功的经验和做法，组织有经验的老师对备考复习的资料进行筛选、整理、编辑，形成具有广附特色的、集中体现科组老师智慧的《广附复习手册》。全体科组长都有强烈的责任意识和使命感，有敢于打硬仗的精神，积极带领全科组老师认真开展教学改革实验，寻找学科进步的突破口。

(5)严格服从总体教学规划。

着眼于学生长远教育的大局，针对高中各高考科目，由科组长领头跟富有备考经验的老师一起组成课程优化研究小组，把三年的课程内容进行统整、增删和优化，对三年的教学内容做好科学的规划，要把高中阶段的所有知识点进行清点、分类和研究，要具体到每学期多少节课，每节课上什么内容，知识点如何实现阶梯式的进步，等等；科学合理的教学规划制定以后，要组织全科组老师进行学习消化，强调必须按此规划实施教学(特别是年轻教师)，不能换一个教师就自搞一套，三年规划不能落实，会导致基础年级的教学质量得不到保证。并且要求以备课组为单位，根据学科的三年教学规划，写出每学期的具体教学规划和目标，编写每节课的学案，学案最好能包括预习要求、导入方案、课堂例题、课堂检测题、课后反馈作业等；通过实践和优化，争取建立富有广附特色的、高效科学的各学科《学案集》和《广附作业本》。努力改变课堂教学的模式，要求每一位老师把每一节课按照“课前、课中、课后”进行规划，要坚决落实“以学定教”“先学后教”“教学互动”等理念，对课堂40分钟进行科学观照，要求老师不能“一言堂”和“死灌输”，规定课堂必须有学生消化、互动、思考的时间。具体的课堂时间规划和模式要求，要组织学校名教师和骨干教师进行研讨，并加以制定。

我校开发的寒假作业

我校开发的暑假作业

课堂教学是实施课程改革的基本途径。教学过程则是师生交往、共同发展的互动过程。教师作为教学过程的组织者和引导者，要面向全体学生，了解和研究每一个学生的需要及其发展的可能性，注重个别指导，尽可能满足学生的不同需要。我们提倡要把“以教师为中心设计课堂教学”的观念转变为“以学生为中心设计课堂教学”，充分体现教育以人为本、教学以学生为本的思想。学生是学习的主体，教学设计要为学生在教学过程中的自主选择和主动探究创造条件，为学生的发展创造条件，在教学中培养学生的创新意识和创造精神。教师的责任就是引导和鼓励学生自我发展、追求成功。教学过程应是使学生学习成为在教师指导下的主动的、生动的、富有个性的过程，同时反过来促进教师的发展与提高。课堂教学的时间对于学生和老师来说都是非常宝贵的，只有做好充分的准备，才能将课堂的每一分钟都有效地利用起来，正如著名的教育学家陶行知所言："要给学生一杯水，教师首先要有一桶水。"利用好课堂上的这 40 分钟，是实现教学质量提升的最有效的途径。

同时，学校每年都以征文的形式举办有关"高效课堂"的研讨会，以供教师们交流合作，互相吸取经验。例如，教务处提出构建复习课堂的高效二维循环模式，高三复习备考策略研究，对英语"任务型"课堂的反思，关于开展高效阅读教学的探索等。各个学科的教师针对高效课堂教学也纷纷总结出了自己的教学经验，并通过评选一、二、三等奖，来对教师进行鼓励。下文以韩智明老师的数学高效课堂为例加以详解。

小故事之一：韩智明老师的数学高效课堂

数学科任老师韩智明的"从一课例谈谈如何提高高中数学课堂效率"，获得了一等奖。他以"方程的根和函数的零点"为例，通过三个精彩的教学片段，向学生讲授了该课的内容。

片段一，他对本堂课教学内容进行铺垫和引入，从学生已学过的知识入手，唤醒学生的记忆，并打开学生的知识结构体系，选用几个简单的一元二次方程的根的问题设置，过程十分简单，基本是一步到位，这里没有华丽或新颖的情境，仅几个简单的填空，耗时不多，却又迅速进入主题，然后抛出问题让学生思考，激发学生对新知的探求欲望。

片段二，讲授的是"零点存在定理"，在新知的传授过程中，他用 17 个问号预设一连串问题，以链接新知识，让学生带着问题去探索和发现知识，体验知识发现的全过程，激发学生的兴趣和热情，真正让学生在课堂动起来、活起来。通过精心设计，韩老师提炼出了"问题引领，自主建构”的数学教学模式，即老师在教学过程中将教学内容进行问题化设计，以问题为载体贯穿教学过程，学生在感受问题、提出问题、探究问题、解决问题的过程中萌发学习动机和欲望，形成积极主动的学习态度，成为信息加工主体和知识意义的建构者。总之，在整个教学过程中，强调问题为过程的载体，强调突出学生的主体地位和老师的主导作用，强调学生自主建构知识。这堂课韩老师设置的问题简单轻快，活跃了学生的数学思维，让学生很快进入了数学学习的状态，在口答的过程中，绝大多数学生都能参与其中，能在解决问题的过程中收获一定的成就感，最重要的是，这些问题设置的目的就是让学生能根据问题抽象概括出零点存在定理。

片段三，课堂小结，即老师对整堂课内容的一次整理过程，将前后知识纵横联系，是对数学思维方法的再应用提高的过程，更可以开拓学生的思维，激发求知欲，所以课堂小结尤为重要。韩老师在这堂课的小结过程中，一改口述整堂课知识脉络的形式，而是通过提问让学生自主回顾和总结所有知识，让学生对所学新知识再进行一次整理和提升，把小结时间交给学生，“放任”学生自由总结，韩老师的“收”与“放”的度掌握的恰到好处。

通过上例，我们可以得出以下反思和总结。

第一，要明确本节课的核心是什么。上课前教师要做到三个明白：哪些学科知识是学生可以通过自我梳理自我贯通的；哪些思维能力是学生需要通过有意识的培养才能掌握的；哪些学科思想是学生必须通过师生对话慢慢养成的。教学中首先要解决“教什么”的问题，这个解决不好，课堂教学就像无米之炊，无论你的教学方法多么好，结果都是竹篮打水一场空。课堂上只有教货真价实的知识，教知识蕴含的思维过程和思想方法，改进教学方式，才有意义，才能提高课堂效率。

第二，注重问题的创设情境，设疑问引悬念。思维永远是从问题开始的，教学过程是在提出问题和解决问题中动态持续的。有位特级教师说得好：“数学课堂应该让学生带着问题、带着兴趣走进教室，带着更多问题、更大的追求走出教室、走出校门、走向生活，‘问题’成为动力，‘解决问题’唤起学生探索的激情。”老师设置合适的教学情境和问题阶梯，根据学科的知识脉络和学生的认知水平，因势利导地让学生通过相互讨论，在自我领悟的基础上获得知识、培养能力。只要老师有意识的设计出悬念，就能从“悬”中激发学生的求知欲，吸引学生的注意力。

第三，以“问题链”组织课堂教学，有效展开探索性学习。可以说问题设计是一堂课的“灵魂”，因为问题设计决定着教学的方向、顺序，问题设计关系到学生思维活动的广度和深度，以及影响着课堂教学效果。因此，设计“问题串”是关键，好的问题能搭建起“适切”的“脚手架”，有利于突破教学难点，能够引导学生自主探究，并在学习过程中形成相应的课程思想。

第四，实施有效的课堂训练策略。注重教学内容的难度选择应当符合学生实际，强调对学生的训练应当以有效掌握课堂教学内容为主，让学生在内容领悟、知识掌握、过程规范、运算能力和思维能力上有所提高。

第五，水到渠成的课堂小结。课堂小结要顺其自然地引导学生从知识、技能、方法、思路、反思入手，然后有感而发，而不是追求形式、表面化地迎合老师需要的所谓的体会和小结，要把握知识之间的内在本质联系，引导学生用扩展、深化等方式提出新问题，并用问题链引向课外或后续课程。

第六，适量、科学的课后巩固与提升。结合本堂课的知识内容精选习题，注重习题质量，以巩固所学知识为目的，适当进行习题的变式训练，让学生真正感受到学有所用，增强学习的信心和成就感。课堂教学是一种具有创造性的乐趣，是一种学生与教师共同达到的和谐境界。下文以杨硕老师的课堂教育为例，来说明学生与教师之间的和谐，对课堂教育而言，何等重要。

小故事之二：杨硕老师的课堂教育

泰戈尔在诗中写道："花的事业是甜蜜的，果的事业是珍贵的，让我干叶的事业吧，因为它总是谦逊地低垂着它的绿荫。"三年前，杨硕老师带着对中学老师的向往和憧憬，满怀期待地进入了这所神圣的学府，成为了广附一名语文老师。

不过在她教书生涯的最初一段时间，发怒却成了杨老师课堂上出现得最多的行为。因为课堂总是有人不专心，不认真完成课堂作业。每次遇到学生在课堂上吵闹，杨老师都会大声呵斥犯错的学生，以此来起到威慑作用。经过一段时间，课堂上的纪律得到了有效的控制，可杨老师总觉得课堂上哪里不对劲，好像每个学生看自己时的目光都畏畏缩缩的。面对课堂上死一般的沉寂，她开始思索办法。

由于经常在课堂上大声呵斥，同学们都很畏惧她，所以课堂上学生并不能自由地发挥。杨老师经过分析，不遵守纪律的就两三个孩子，呵斥的话，会对其他孩子造成心理阴影，不管的话，又怕带坏其他同学。针对班上的头号淘气包姚某某同学，杨老师决定剑走偏锋，出奇招。首先，杨老师任命经常迟到、上课调皮捣蛋的姚某某同学为纪律委员，负责考勤和记录课堂纪律。姚某某听到决定后觉得不可思议，一个老师眼中的"坏孩子"也可以"当官"？宣布决定之后，他不咸不淡地回答："你信得过我的话就让我做咯！"言语中充满着不自信，甚至有一些挖苦。不过杨老师肯定地回答他："绝对信你！"这时，姚某某的眼神中露出了一丝诧异和感激的神色。之后姚某某迟到的次数明显变少，即使迟到，也会愧疚的主动在考勤表上减去一分，这在以前是根本没有的情况。课堂上也认真听讲，周围有同学说话，他也会轻声制止。通过杨老师的积极培养，课堂上再也没有不遵守纪律的同学，而杨老师也不会采用大声呵斥的办法，课堂又充满了孩子的笑容。

美国教育心理学家曾总结：“如果孩子生活在批评中，他便学会谴责。如果孩子生活在敌视中，他便学会好斗。如果孩子生活在恐惧中，他便会忧心忡忡。如果孩子生活在鼓励中，他便学会自信。如果孩子生活在受欢迎的环境中，他便学会钟爱别人。如果孩子生活在安全中，他便学会相信自己和周围的人们。如果孩子生活在友谊中，他便会觉得他生活在一个多么美好的世界。”杨老师通过姚某某的事情，意识到老师不论在课堂上还是课堂外，都应该对孩子多一点关爱，这样才能打开孩子的心门，从而使他们快乐成长。

总之，课堂，是以学生为主的课堂。我们采取的教学方式、方法，都要以提高学生学习兴趣，吸引其注意力为目的；再辅以合理安排教学内容，即可达到高效、优质的课堂效果。

二、特色教学

广附在课程教学中，并不走循规蹈矩、一成不变的老路，而是结合自身特色，走求实创新、与时俱进的新路，开拓出了一系列富有广附特色的教学课程，比如说依据广附“部队学校”前身所流传下来的“红色血液”而开设的高中国防班，其特色的教学课程，得到了许多中将级别校友的肯定，还有初中数学基地班、初中课改实验班、高中创新班、高中零班等特色教学班，其教学课程经过精心选定，所呈现的内容丰富多彩，满足了不同特长学生的具体需求，延拓了教学课程体系。

广附在课程方面，针对各学科成绩拔尖的学生，成立了学科奥赛指导小组，其中包括数学、物理、化学、生物、信息、天文等学科，筛选出有热情、有能力的老师作为指导老师，由教务处领头，统一安排课程和辅导任务、辅导时间等，对学生进行专项辅导。学科辅导工作也不负众望，不断创造出新的成绩。近几年，我们的高中学生五次获得全国数学奥赛一等奖，六次获得全国信息奥赛一等奖，多学科、多人次获得全国奥赛二等奖，实现了奥赛获奖方面的多个突破。广附近年在各级各类学科竞赛上屡获殊荣。

广附通过设置以上特色教学课程，取得了丰硕的教学成果，其中每一堂课都是广附领导及教师们付出心血精心打造而成的，极富特色。课程教学较多尝试自主、合作、探究的方式，利用分层评价机制调动学生积极性，充分展现学生的个体生命的活力。并尽量多采取互动的形式，用教师的思维去激活学生的思维，用教师的情感去激活学生的情感，使教学真正深入学生的心灵。关心教学的每一个环节，用心进行教学设计，使课堂成为师生的天堂。

近年来，学校高考本科上线率稳定在98%以上，2015年高考重点大学上线率高达72%，2016年重点率达79.3%。同时学生在全国各级各类比赛中屡创佳绩。今天的广附，已发展成为一所校风优良、师资力量雄厚、教学设备先进、教学特色鲜明的现代化名校。学校坚持“特色办学，特长发展”的方向，以特色办学提升学校的品位，以特长发展促进学生综合素质的提高，成绩斐然。

第四章　德行广大：百年树人传佳话

《大学》开篇有云："大学之道，在明明德，在亲民，在止于至善。"在学校教育中我们可以这么理解这句话："做学问、教学生的方法，在于推广德行，与人为善，追求至善至美。"古语亦云："怀瑾握瑜""德厚流光"，即拥有高尚纯明的道德，才能流传深远。可见，"德"在做人、做学问中是居于先导地位的，具有举足轻重的作用。学校教育中应该重视德育，明德育之广崇，才能树人传佳话。广附，在她多年的教育教学中，一直秉持"德育为先、在活动中育人"的德育理念，大力倡导爱的教育，用善心感化学生，用善行引导学生。

广附"八节一坛"及主题活动的举办、家长学校深化建设等，都是学校化德为行的具体体现。让教师、学生和家长都参与到活动和学习中，亲身体验，化德于行。"高山仰止，景行行止"，在德行之路上，广附不止步，希望通过这份真，传递一份善，通过这份善感动学生，同时被学生感动。好的教育需要这份感动。

第一节　"八节一坛"相辉映

广附的德育工作，一直是学校领导及全体老师的重心所在，为了深化品德教育，学科教学需要与德育工作融合发展。在"德育为先、在活动中育人”理念的引导下，学校开展了一系列有声有色的活动——“八节一坛”。“八节一坛”是广附德育工作的主打活动，“八节”是指：“语言文化节”“英语文化节”“数学文化节”“体育文化节”“书香阅读节”“科技节”“艺术节”“狂欢节”，“一坛”是指“博士讲坛”。“八节一坛”是全校性的活动，通过举办各种文化节，让学生们从做中学。

一、“八节一坛”的由来

自2000年我国全面推行新课改以来，学生的素质教育受到了越来越多的关注，这也为广附带来了机遇与挑战。为了更好地完成学生素质教育的使命，广附领导协同广大教师，不断地进行素质教育方面的探索。2007年，邓云洲校长提出“活动引领，润人有声”的指导思想，并举办“数学文化节”，让学生们走进数学、玩数学，从而克服一些学生对数学的畏惧。同年10月，学校成功举办了首届“数学文化节”，为期一周。活动大获成功，受到了来自学生、家长以及社会各界人士的普遍赞扬。经过“数学文化节”活动的举办，学校领导一致认为做好、做强“文化节”活动，是广附学生素质教育的创新点和有力的突破点。继“数学文化节”之后，学校又陆续开展了“语言文化节”和“英语文化节”，这三大节的举办，取得了显著效果，师生们在其中都受益匪浅。在这三大节互动的引领下，学校又继续推出“体育文化节”“书香阅读节”“科技节”“艺术节”“狂欢节”等，同时，推出每月一次的“博士讲坛”，邀请博士、专家、学者为学生进行专题知识讲座，广附“八节一坛”说法由此而来。

二、“八节一坛”丰富多彩

“活动引领，润人有声。”广附每次举办的文化节和“博士讲坛”都有一个主题。例如，以“奇趣数学　智慧人生”为主题的数学文化节；以“文化广附　悦读人生”为主题的语言文化节；以“Be the best you can be”为主题的英语文化节；以“悦读阅有趣”为主题的书香阅读节；以“遨游科技，放飞梦想”为主题的科技节；以“点燃激情，追逐梦想”为主题的艺术节；以“校园狂欢，放飞青春”为主题的狂欢节；以“我运动，我健康，我快乐”为主题的体育文化节；以及旨在拓宽学生知识面，培养学生科学素养与人文素养的博士讲坛等。围绕这些主题和内容，师生们群策群力，共同参与，同时通过这种形式达到寓教于乐的目的，全面深化学生素质教育。

1. 数学文化节

培根说：“数学使人精确。”爱因斯坦说：“只有方程才是永恒的。”数学，吸取自然之精华，孕育幻想之海洋，退一步则是科学，进一步则是艺术。

广附于2007年10月成功举办首届数学文化节。活动的目的是提供机会，让学生在丰富多样的活动中感受数学的魅力，在小组合作中展示与提高数学学习能力，激发学习数学的热情；搭建平台，关注数学学科的发展，加强科组教师间的合作与交流，增强科组凝聚力，同时提高广附数学科在广州市的影响力。

首届数学文化节以来，数学科组老师们勇于开拓、锐意创新、积极加强教学研究，收到了很好的效果。高考、中考成绩在广州市名列前茅，2011年，高三文科数学高考贡献率超过所有A类学校，2011年中考数学平均分列广州公办学校的第一名。指导学生在全国奥数比赛中屡获殊荣，从2007年奥数基地班成立至今，数学竞赛累计获奖734人次，其中七年级学生参加“华杯赛”，四年来共有16人获一等奖、76人获二等奖，99人获三等奖，获奖人数列广州市第一。

2011年12月，2015年12月学校相继举办了第二、第三届数学文化节。

文化节的活动形式不断创新，学校给参与的每位同学印发一张《广附数学王国通行证》。若积极参加各项活动，累计获得一定积分，可获得广附“数学王国”(特级、高级、优秀)荣誉公民称号，并取得相关纪念证书。

广附第二届数学文化节开幕式现场

通过数学节吉祥物征集大赛、数学相声、数学术语大串烧、数学趣味书籍推荐、优秀数学电影欣赏、数学文化服饰设计展示、数独乐园、数学谜语、数学对联、数学魔术等丰富多彩的活动，让广附学子树立学好数学的信心，在活动中感受数学的神奇魅力，加深对数学的理解和认识。在挑战一道道数学难题中培养坚忍不拔的学习毅力，在攻克一道道数学题后享受辛勤付出获得成功的喜悦。

数学文化节嘉年华

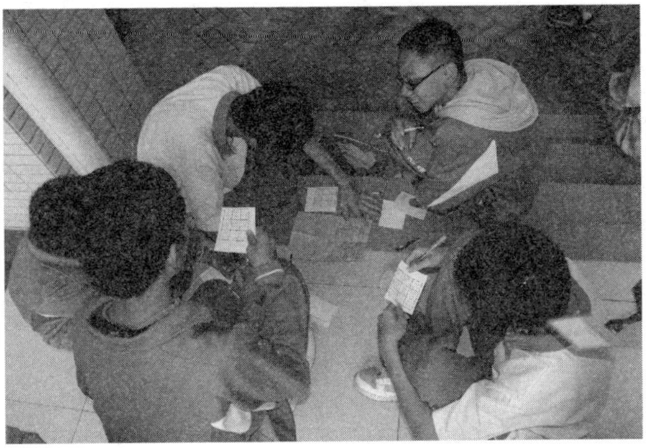

让人着迷的数独游戏

数学文化服饰设计

2. 语言文化节

广附语言文化节是继数学文化节后的又一校园文化节日。语言文化节通过丰富多彩的文化活动，展示了广附学生的才能和风采，营造了浓郁而活跃的文化氛围，师生们用高尚的情操、多彩的活动、美丽的语言装点了广附的诗意校园。

搭建一个读书平台，建设我们的精神家园。中外文学名著是人类文化和思想的精华，阅读经典，能让同学们聆听先哲的教诲，感受美的熏陶，吸取精神的养分，获得进取的动力。

搭建一个竞赛平台，让同学们在良性竞争中成长。书法比赛、诵读比赛、演讲比赛、征文比赛、阅读比赛、手抄报评比等。在多种多样的竞赛中，一件小小的奖品，一张鲜红的奖状，一阵响亮的掌声，都能激发同学们的兴趣，激励同学们的斗志。能说的就尽情地说，会写的就奋力地写，善画的请随意地画。在各种竞赛中，绝大多数同学都找到了表现自我的机会，挖掘出自身的潜能，展现了自己的才华。

搭建一个表演的舞台，展示我们的青春风采。语言文化节汇报演出是整个活动的高潮，是师生们展示魅力的平台。这是一场精彩纷呈、曼妙绝伦的校园盛会：充满童真、激情、伤感、豪情的诗词朗诵；妙趣横生，生活气息浓郁的相声；惟妙惟肖、可以乱真的英语配音；表演稚嫩又特别投入的英语剧《白雪公主》；还有动听的歌声，动人的舞姿，高超的口技，精湛的琴艺。在绚丽的舞台上，我们舞动青春，亮出风采，尽展才艺，尽显风流。

语言文化节游园活动

广附的语言文化节每一届的主题可以自行设计，如之前有以“书香广附　诗意校园”为活动主题的，也有以“文化广附　悦读人生”为主题的。语言文化节的活动形式主要以专家讲座、摄影比赛、征文比赛、演讲比赛、辩论赛、专题展板展示、文化游园会、墙报评比、大型文艺汇演暨颁奖大会等组成。

语言文化节，内容丰富，形式多样，不同年级会针对不同主题学习中国的传统文化，品读经典。例如，有的年级的语文活动主题为“戏剧大舞台”，有的活动为“走进唐诗”“感悟人文景观，领取历史馈赠”，还有的活动为“漫步宋词，沐浴馨香”等，各备课组用图片和文字记录了同学们的活动过程，各年级活动的精彩画面在校道的橱窗里展出，引来了同学们长时间地驻足观赏，反响热烈。

语言文化节之汉字听写大赛

语言文化节之戏剧表演大赛

语言文化节之古诗文诵读比赛

3. 英语文化节

随着经济全球化的发展，英语的使用越来越频繁，掌握好英语也越来越成了我们了解别的国家、别的文化的一项技能。为了加强学生们对英语学习的兴趣，帮助学生们学习和了解更多的外国文化，广附于2012年举办了首届英语文化节。在广附，英语学科组名师云集，他们带领学生在中考、高考和各种竞赛中斩获殊荣。英语文化节是以英语学科组为主力，为学生打造一个“爱英语、学英语、用英语”的平台，其宗旨主要有以下三点：首先，凸显广附英语教学特色，加强科组集体凝聚力，体现科组团结、互助、向上的精神面貌。其次，营造良好的校园英语文化氛围，提供与西方文化碰撞交流的机会。最后，提高学生学习英语的兴趣、运用英语的能力，让学生在活动中感受英语、应用英语、享受英语，为学生提供展示英语才艺的舞台。

英语文化节开幕式现场

英语文化节内容丰富多样，既有趣味活动，也有专业研究；既有文化交流，也有舞台展示。具体来说，它的形式和内容如下。

第一，文化传播。

英语文化节展板为大家介绍了六方面的知识信息。

其一，四大英美广播公司：美国广播公司(简称 ABC)，英国广播公司(简称 BBC)，哥伦比亚广播公司(简称 CBS)，美国全国广播公司(简称 NBC)；

其二，四大英语词典：《牛津英语词典》(*The Oxford English Dictionary*)，《朗文当代英语辞典》(*Longman Dictionary of Contemporary English*)，《剑桥国际英语词典》(*Cambridge International Dictionary of English*），《柯林斯中阶英汉双解学习词典》（*Collins Cobuild English-Chinese Learner's Dictionary*）；

其三，四大英文报纸：《华尔街日报》（*The Wall Street Journal*），《华盛顿邮报》（*The Washington Post*），《泰晤士报》（*The Time*），《纽约时报》（*The New York Time*）；

其四，四大英美作家：杰克·伦敦（Jack London），威廉·莎士比亚（William Shakespeare），查理·狄更斯（Charles Dickens），欧内斯特·米尔·海明威（Ernest Miller Hemingway）；

其五，四大英美歌手（乐队）：迈克尔·杰克逊（Michael Jackson），麦当娜·西科尼（Madonna Ciaone），莱迪·嘎嘎（Lady Gaga），甲壳虫乐队（The Beatles）；

其六，四大精通英语的中国名家：梁实秋、林语堂、傅雷、钱锺书。此外，橱窗还展出了 12 所英美著名高校的简介。

第二，才艺展示。

学生可以通过制作手抄报、贺卡，英语配音，西方文化介绍，模仿西方明星，英文演唱，英文戏剧、美文翻译等形式，通过演出、比赛等方式，相互评比、相互展示，以达到提升英语能力的目的。

英语文化节之才艺秀决赛现场

第三，趣味活动。

英语文化节期间会举办英文电影观摩、英语阅读比赛、单词大比拼、趣味英语、英语角、英语文化小铺等趣味活动，这些活动让同学们在娱乐的同时学习英语，感受英语文化的魅力。

第四，专业提升。

英语文化节期间，学校会邀请英语专家来为学生开展英语学习方面的讲座，如“如何学好英语”和“高中英语阅读策略”。同时还会邀请外籍教师为大家献上主题风格各异的精彩公开课。

英语文化节的举办，是对学校英语教学教研成果的一次集中展示，是英语教学的实际应用。

4. 其他文化节及博士讲坛

(1)体育文化节。

广附从2012年起，将一年一度的田径运动会改为为期一周的“体育文化节”，把体育竞赛、体育知识竞赛，体育文化节会标设计比赛，吉祥物和图案设计比赛，文化衫设计比赛，手抄报比赛，摄影比赛等活动融为一体，传承“运动·健康·梦想”的体育文化节精神。

体育文化节班级入场式

学生在田径场上为胜利拼搏

(2)书香阅读节。

1995年4月23日，联合国教科文组织将这一天定为“世界图书和版权日”，鼓励人们发现读书的乐趣。广附亦举办“书香悦读”系列活动，倡导“悦读阅有趣”的阅读理念，培养学生良好的阅读习惯，丰富学生们的精神世界，营造广附书香校园的氛围。“书香”阅读对象包括《论语》《弟子规》以及唐诗等古代文化经典，还包括世界名著、时评等。此外，还举办图书“漂流”、晨读、读书笔记评选、阅读竞赛、专家讲座、征文比赛、演讲会、话剧表演、诗文诵读、手抄报评比、专题展板展示、文化游园会、文艺汇演等活动。

书香阅读节汇报表演《春江花月夜》

建设书香校园，让学生在浓浓书香中健康成长，是我校不懈追求的目标。读书不止“读书节”，广附举办这个读书节，目的是对师生起到带动引领作用，让对文字的品读成为师生们生活中的一部分，提升自己的精神气质，成为高尚的人。

(3)科技节和艺术节。

“科技节”和“艺术节”均是广附延续了30多年的传统节日。其中科技节的目的是展现广附的科技理念、科技教育的水平，引导更多的学生积极参与科技活动，推动学生全面发展。科技节上设置的项目主要有车模比赛、机器人比赛、无线电测控比赛、化学趣味实验、生物解剖、血型鉴定、纸飞机比赛、拼地图比赛、数学趣题竞赛等。

科技节开幕式现场

科技节活动之水压发射

科技节活动之装配电器和机器人比赛

科技节活动之认识鸟和观察鸟

艺术节主要有合唱、舞台表演、社团精华展示等活动，展示广附学子朝气蓬勃的精神风貌，营造向真、向善、向美的广附校园文化艺术氛围。

校合唱队精彩献唱

舞蹈别出心裁

(4)狂欢节。

狂欢节更是让同学们兴奋的节日。学校围绕不同主题开展庆典活动，如以“童年·童趣”为主题，或以“放飞青春·奉献爱心·尽享狂欢”为主题。总体设计思路是师生们根据个人意愿乔装打扮成童年时所看过的动画片、电影、电视剧中的主角，或者进行原创设计与装扮，在校园游行展演。游行后盛装的各位师生自由参加狂欢节各板块的活动，有劲爆广场舞、温情微电影、欢乐连环转、快乐寻宝等，老师、同学和家长可以一同参加、一同狂欢。狂欢节里，师生们在活动中开发潜能、锐意创新，在创新中分享快乐，在快乐中提升自我，在分享中进一步融洽亦师亦友的师生关系。

主题狂欢节

狂欢节活动现场

(5)博士讲坛。

广附的博士讲坛迄今为止已开展了近50讲，它依托广州大学雄厚的学术实力，聘请大学各专业领域的学者，以通俗易懂的方式，对中学生进行学术知识和人文启蒙教育。这一“开广州市中学先河”的活动，已成为了学校的特色活动，深受师生的喜爱，被师生誉为广附的“文化大餐”。

《宇宙学与现代时空观》讲坛

博士讲坛——刘晓明博士《文学的眼光》

主讲博士的宣传海报

广附的“八节一坛”活动“创意新、项目多、体验强、规格高、影响大”，广受师生及家长们的赞誉。每一次的文化节活动，都能让师生有所思、有所获，正如邓校长所言“活动引领，润人有声”。

第二节　主题活动添光彩

在开展好常规活动的同时，学校还积极开展一系列富有特色的主题活动。这些主题活动大多是由学生策划、参与的活动，充分锻炼了学生们的组织、协作、沟通能力，提升了学生们的执行力。通过各类主题活动，为学生们的学习生活增添光彩。接下来，让我们一起走进他们的主题活动吧！

一、军歌嘹亮，扬帆远航

七年级、高一新生入学，迎接他们的不仅是新的环境、新的教师、新的同学，还有那必不可少的新生军训！这是一次最严酷的考验，既是对身体的锻炼，又是对意志的磨炼。

广附新生军训是广州市中小学中规模最大、气势最强的，它已经有30多年的历史。广附的军训特点突出：目标明(增强学生体质，培养学生精神，锻就优秀团队）、周期长（训练时间至少持续十天）、要求高（教官来自正规部队，要求严格）、范围广（每位广附新生都必须参加）、收效显（军训后学生在行为习惯和意志品质方面有很大进步），关注度高（接受军区首长、全体家长、媒体的检阅）。

广附新生军训汇报表演

参加军训的学生接受媒体采访

广附新生军训上国防班表演军体拳

学生经过富有广附特色的军训之后，个个都更能吃苦耐劳、团结协作，不仅执行力提高了，适应能力也明显提高。学生家长普遍反映，经过军训之后的孩子，在家里更加懂事，以前养尊处优的宝贝，现在会体谅家人了。

小故事之家长心声：军训——懒散终结者

懒散，每个孩子都会有，关键要看你怎么教育孩子，帮助孩子改掉坏毛病。

我儿子从小就被爷爷奶奶宠惯着，凡事不用自己动手。可是现在大了，自己的事情总该自己做吧，但他已养成了懒散的坏习惯。比如叫他收拾玩具他不肯，理由是等会儿还要玩。吃完饭，碗筷一扔就走人，连送到厨房都不肯。放学回家，书包一扔先喊："我累死了，头晕。"然后往沙发上一躺半天叫不动。老师也反映他做事没有责任心，作业丢三落四。

经过认真的分析，我认为儿子的懒散主要有三方面的原因，第一是因为缺乏责任心，对自己的东西不爱护，总认为什么事父母都可以帮他做；第二是缺乏毅力，做事有始无终，遇到麻烦就退缩，喊累逃避；第三是缺乏年轻人应该具有的活力，体力太差，以至于嗜睡，但睡得越多越疲惫，根本起不到缓解疲劳的作用。不过原因是分析出来了，可是具体改善却没有好的措施，加上孩子爷爷奶奶的娇惯，收效甚微。得知进入广附要进行军训，对我来说则是久旱逢甘霖，说服了长辈们，我决定趁军训的契机，改掉孩子懒散的习惯。

广附的军训非常正规，请到了军区富有经验的军人作为教官，对学生实行严格管理，第一天下来，孩子就叫苦不迭，我一方面从旁安慰，另一方面则给他讲道理。孩子说他不想去军训，想请假，我则坚决反对，早晨硬是将他送去了学校。之后几天，孩子逐渐适应了军训的节奏，并且在军训后的拉练、唱军歌等环节，认识了很多新朋友，也得知自己的方队是一个整体，渐渐有了集体意识，也培养了他的责任心。

经过军训的磨炼，孩子的气质有了明显的改变，养成了早睡早起的习惯，人看着也精神了很多，做起事来不再拖拖拉拉，能够利索地完成自己的事情，吃饭时也吃得更多，非常感谢广附的军训，我以后也要以军训教官的姿态，严格要求孩子，将懒散杜绝掉！

二、大爱至美，爱心义卖嘉年华

经历过军训的洗礼，新生褪去了稚嫩，黝黑的脸上，透露着坚毅，他们已经变得不同，变得更加能体会美好生活的来之不易。而接下来举办的爱心嘉年华，则是一个基于生活、富有爱心的活动。

如果有人问："什么是广附参加人数最多的活动？"那么答案一定是"爱心嘉年华"。如果还有人问："什么是广附最火热的活动？"那么答案依旧是"爱心嘉年华"。

"爱心嘉年华"为什么会如此火爆呢？因为它是一项完全由学生策划、组织、实施的活动。

琳琅满目的商品、新颖独特的招牌、动感十足的歌舞表演，这些场景，都在“爱心嘉年华”的舞台上上演。最精彩的莫过于，“胸怀天下”的未来“商界精英”摊主们现场的高超营销：一个个巧舌如簧、要宝卖萌，为他们的商业帝国添砖加瓦。还有凭借着高超的商界头脑，“老谋深算”地布置一些吸引人的小把戏，让路过的同学感觉十分新奇、大呼过瘾，真是“走过路过，千万不能错过”。

当然了，“爱心”才是爱心嘉年华的最高宗旨，已经走过十二个年头的广附“爱心嘉年华”，不论是“买家”还是“卖家”，其实都在尽其所能的为广附希望基金爱心公益事业献一份力。他们都是爱心天使的化身，如为地震灾区募捐，为希望小学筹款。他们努力用他们的双手，托起一个美好的明天，让爱心之花，开遍大江南北。我们坚信广附人一定会秉承“爱心嘉年华”的宗旨，一路举办下去，二十年，三十年，四十年……

邓校长光顾学生的摊位

学生原创的广附特色义卖品

三、春秋苦读书，冬夏乐行路

经过一学期辛苦而又充实的学习生活，终于迎来了难得的寒暑假了。这个假期这么漫长，做点什么好呢？参加广附的冬(夏)令营主题活动会是个不错的选择。

古语有云：读万卷书，不如行万里路。

学校通过举办冬、夏令营，创造机会让孩子们更多地去接触大自然、接触社会。参加冬、夏令营的孩子们的足迹，遍布祖国的大江南北，以及世界各国的风景名胜。他们登上过长城，攀过阿里山、泰山，畅游漓江，参观过息烽集中营，瞻仰过红军烈士陵园；他们曾沐浴过美国加州的阳光，游览过英国剑桥、牛津大学的宏伟，体验过意大利民族的风土人情，感受过澳大利亚的自然生态之博美……在这一系列的实践活动中分享、感悟，无形间，增长了见识，锻炼了社会能力，收获了快乐。

风光那样美好，笑容那样灿烂，广附的夏令营和冬令营，给了广附学子们一个个奇妙无比、难以忘怀的夏天和冬天！

2015 学生干部冬令营，欧卫国书记寄语学生干部

澳大利亚游学，在悉尼大学合影

四、挖掘潜能，砥砺意志

为了激发学生的进取心，培养其乐观向上的自信心，除了常规的高考助跑和高(中)考百日宣誓活动外，学校还打造了两大特色主题活动：九年级环大学城行军拉练和高三高考加油站活动。

1. 九年级环大学城行军拉练

环大学城拉练，是广附九年级学子第一次模拟考试前后的一次重要活动，深受广大学生和家长的喜爱。大学城的外环全程 15.1 千米，学生拉练途中自带干粮、水，喊着口号，挥舞着红旗，唱着嘹亮的军歌，历时约 4 小时，途中经过 10 所高校。他们迈着步子、唱着歌，趁着青春、趁着阳光，去尽情地释放他们的激情。途中经过的中山大学、华南理工大学、广州大学等高校，必将成为广附学子们心目中的下一个目标，通过拉练，可使他们认识到：再艰难、再长的路，只要坚持，目标终将会实现！

九年级环大学城行军拉练，既磨炼了学生的意志，增强了其战胜困难的勇气，又让学生领略到各大学的风采，激起他们战胜自我，考上名校的决心。

校领导领队踏上拉练征程

环大学城行军拉练活动现场

2. 高三高考加油站

高三高考加油站活动，采取“活动搭桥、多方互动、益智激趣”的方式，在“勇闯魔王关”“星空夜话”“智翻名校牌”等活动中，学生释放了压力，砥砺了意志，提高了必胜的自信心。

为时两天的高考加油站活动，是为了给广附考生们注入信心与力量，一扫考生的考前压力，鼓励他们要持有坚定的信念而举办的。“放飞梦想”，展现了他们的自信；“决战高考”展现了他们的决心；“友谊万岁”是他们对青春的共鸣。两天的时光虽然短暂，但在他们的心中却留下了深深的烙印！艰难的“沼泽骑兵”让他们领略到了坚持和毅力的力量；“勇闯魔王关”让他们懂得了自信与方法的重要性；“星空夜话”让他们体会到了吐露心声之后的轻松与畅快；“智翻名校牌”让他们体会到人与人之间信任的重要性；“风雨同舟”让他们体会到了在危险和困难的时候，相互帮助是多么的重要和可贵；一系列生动活泼又富含深意的活动让他们明白，高考就像一场没有硝烟的战争，仅仅依靠单打独斗，是很难赢得最终的胜利的，我们必须紧紧依靠在周围的同学、老师身边，相互协作，共同探索前行的道路，少走弯路，才有希望赢得最后的胜利！

广附学子“高考加油站”活动现场

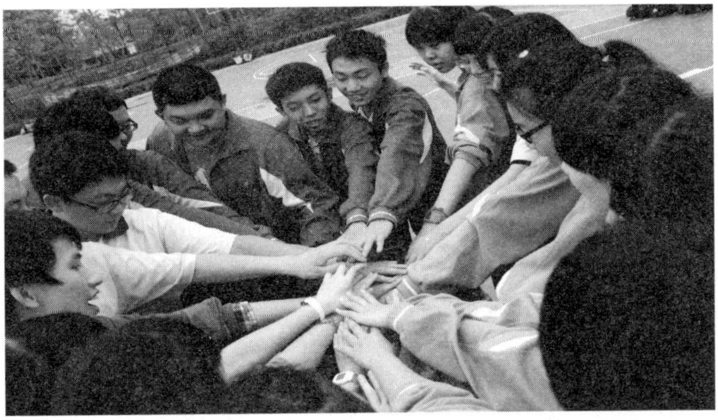

“高考加油站”活动上，同学们互相鼓劲

“高考加油站”总结会

五、回首来时路，“感恩的心”毕业典礼

书山学海的崎岖，他们一起走过；挑灯备考的时光，他们一起度过。时光虽不老，孩子终将成长，面对人生的下一个驿站，在临别之际，学校会为毕业生精心策划一个盛大的主题活动：我们的爱不毕业——“感恩的心”毕业典礼。

“感恩的心”毕业典礼，是学校倾全力打造的独具匠心的品牌活动。在毕业生离校之际，学校为学生上最后一节德育课——举办隆重的毕业典礼，邀请家长、老师、社会各界人士参加，分享学生成长的喜悦。活动包括行拨穗礼，回顾一起走过的日子，系红丝带等环节，让感恩与爱的文化基因扎根在学生的心灵深处。

毕业典礼上邓云洲校长为学生拨穗

毕业典礼上欧卫国书记为学生拨穗

“毕业”(graduation)一词，在英文的词根中，没有“结束”的意思，而是蕴含新的开始。每个人到了这个时候，都会感慨光阴荏苒、时光如梭。广附的毕业典礼上，我们有很多经典的、含义丰富的节目。比如说“一起走过的日子”，毕业生们一起回顾了在广附的青春岁月；“只因有你”环节中，毕业生们道出了对父母、家人的感激之情；“祝福明天”环节中，恩师们携手唱响了对毕业生明天的美好祝福。一系列寓意深刻的节目结束后，毕业典礼上的不舍与感激之情，洋溢在每一位毕业生的祝

福声里、热情的拥抱中、湿润的眼角上。他们满怀深情地和老师道别、和朋友相拥。感动、欢笑、不舍，泪水弥漫在整个校园。

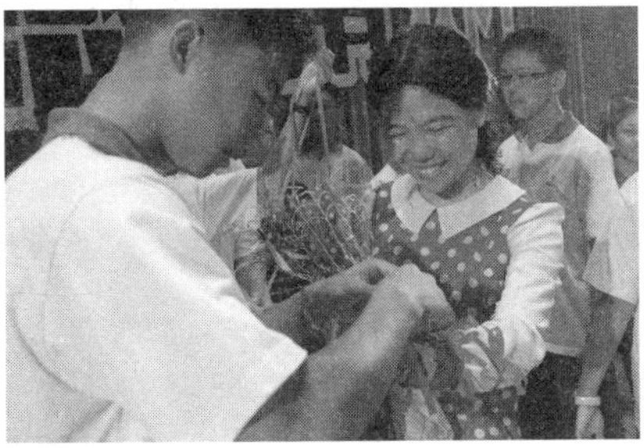

毕业典礼上学生给老师系上寓意感恩和祝福的红丝带

毕业典礼上孩子们给父母送上一束鲜花、一个拥抱

第三节　家长学校树新风

学校教育应该以学校为主，但要让一个孩子全面健康成长，就离不开家庭与社会的合力。广附不仅关心孩子们在学习上的收获，更关心孩子们的心灵健康、在生活中的成长。广附一直在探索如何调动家长及其他各方面的力量，最大限度地提高教育效果，并为这方面做了非常多的努力。家校联合，是广附一直大力倡导的，通过构建家长学校这个平台，让学校和家长更好的交流，共同探索教育孩子的教育模式。

学校是学生成长的一个主要教育阵地，而家庭教育和社会影响也对学生成长起着至关重要的作用。广附初中、高中学生总数众多，家长也来自社会的不同层面，由于职业背景、地理环境、文化程度以及经济情况的限制，在与家长的接触中，我们发现不少家长缺乏系统、科学的教育方法，不知怎样教育孩子。许多家庭都存在着严重的家庭教育问题，比如，有的家长长期在外打工，几乎从不过问孩子的学习生活情况；还有很多是单亲家庭，家庭的阴影严重影响着孩子的正常发展；更有许多家长在对孩子的教育过程中，存在着严重的“两重两轻”问题，即“重智育、轻德育”；“重结果、轻过程”，具体表现为过分看重孩子的学习成绩，一旦对孩子成绩有不满，便动辄打骂，或采取其他一些简单粗暴的方式，对孩子的身心发展造成许多极为不利的影响。

针对以上种种情况，为了让学生拥有一个健康、文明、积极、和谐的成长环境，更好地发挥家长的教育职能，广附利用家长学校办学这个平台，在家校联合教育方面做了一些尝试和探索。

一、重视家委会功能，开启家校合力模式

为增进家校之间的联系，最大限度地发挥家校协作教育的合力，为学生的身心健康发展创造更好的环境，2008 年 12 月 12 日下午，广附新一届家长委员会正式成立，并召开全体大会，同时也为广附家长学校举行了揭牌仪式。近百位学生家长经班级、年级、学校的层层推荐，参加了本次大会。会上，广附校长邓云洲作了“教育孩子的艺术”的精彩讲座。

本次会议明确了家长学校共同办学的组织结构，确立了以校长为组长，教务处、各年级组、家长委员会为牵头工作部门而共同努力办学的组织机构，并明确了各个职能部门的任务。广附校长邓云洲在公布新一届家长委员会委员的名单后表示：家委会应该成为家校联系的桥梁与纽带，成为家长民主管理学校的平台和空间，成为学校决策的智囊与参谋。

会议明确了家校合作的意义，并指出家长学校的主要任务是：指导、帮助学生家长学会“培养孩子良好的生活、学习习惯，科学指导孩子成长、学习”的本领。另外，邓校长也对未来家校联合的发展方向进行了设计与规划。

规划一：菜单式课程。针对家长们的不同需求，为家长提供“菜单式”授课内容。家长根据“菜单课程”，选好适合自己口味的“菜”，如“开

启智慧之门”“有了健康就有了一切”“站在最佳起跑线上”“做现代成功父母”等不同主题的家长学校课程，授课采取或办讲座、或咨询、或围坐在一起讨论等灵活多样的方式。学校设立“菜单课程开发”项目组，由老师组成的组员通过各种调查，了解家长的需求，再根据家庭背景和学生年龄的不同，开设各种专题课，家长们则按自己的需要，像进超市一样挑“产品”入“篮”。

规划二：体验式教学。体验式教学是家长和孩子共同参与的一种家校合作类型，有时学校会组织家长及其孩子共同参加联欢会、运动会；有时则专门设定一个主题，请家长和孩子一起探究；有时还会让他们走出去，从不同的视角看世界，交流观点。两代人在老师的引导下，共同学习、共同提高。

高二学生韩星鹭的妈妈高淑梅女士是家长委员会委员，她认为广附的老师们与家长合作融洽，是一件非常有时代意义的事情，其中最重要的意义在于沟通。“本届家长委员会会议拉近了学校与家长之间的距离，通过在家长委员会上的交流沟通，我们也知道了学校工作的不容易。”

此后每年的新学年伊始，成立新一届家长委员会，推进家长学校工作，打造家校高合力教育，都是学校教育管理常规工作中的重点。

这些年来，广附在“打造家校高合力，为孩子成长护航”的教育思想指导下，坚持把办好家长学校，作为加强和改进未成年人思想道德建设的重要举措，逐步形成了办学理念科学、资源整合良好、教学管理规范、师资队伍优秀、教学方式独特、教学效果显著、家长参与深入、科研成果突出、办学特色鲜明、示范辐射广泛的家长学校。2014 年，我校再次获得“广州市示范家长学校”的荣誉牌匾。

我校被授予广州市示范家长学校

二、建章立制，规范建设

几年来，家长学校逐步建立健全了各项规章制度，制订了《家长学校工作章程》《家长学校管理办法》《家长学校教员备课制度》，每一年都组织成立新一届家长委员会，制订全年工作计划、活动安排及家长培训专题等。在家长学校的管理上遵循“阵地共用、资源共享、因地制宜、借鉴办学”的原则，按照示范性家长学校的要求，做到“十有”，即有家长学校委员会，有挂标识校牌，有固定场地，有讲师队伍，有教材或讲稿，有工作计划，有工作制度，有活动开展，有档案资料，有专项经费。

广附的家长学校组织健全，责任明确，采用多种教育形式，做到了教育的有的放矢，事半功倍。

学校定期组织召开家长委员会会议

三、搭建互动平台，为孩子成长护航

每一届的家委会会议上，除了对新一届的家长委员会寄予厚望外，邓云洲校长都代表学校向家长们承诺三个落实点。

第一，要充分了解家长的心声。邓校长表示，“只有学校与家长之间相互了解与沟通，学校的教育才能得到家长的理解与支持，家长的心愿才能更好地得到实现”。为此，学校特意成立了班级、年级、校级的三级家长委员会，做到经常性沟通。学校有什么重要决定时，都请家长参与会谈，在家长学校中请家长走进课堂，一起评价教师的教学水平，了解学校的教学状况。通过发放全校性的家长问卷，了解了家长对学校的满意度、培养孩子的心愿、对学校的要求、参加家长学校的想法等。

第二，个别沟通做家访。学校老师们要做到对全班学生每学期上门家访一次，平时使用《家校联系本》及时向家长汇报学生在学校的情况。邓校长称，家长非常喜欢这种形式，大部分家长也能通过《家校联系本》向教师汇报孩子在家的情况，或提出合理的建议。

第三，提供网络互动平台。现在家长的素质越来越高，信息传播的方式也越来越广。学校除了定期提供一些教子有方的视频、文章，编写校本教材《与孩子一起成长》《家长报》《阳光心语》心理报及《广附校报》外，还通过网络建立了网上家长学校，在学校的网站、微信网中专门开设了“家长园地”、“教子有方”专栏，及时给家长提供家教理论与案例，同时还通过学校的网上论坛与家长进行沟通，家长有什么话都可以畅所欲言。

《与孩子一起长》

《做最好的家长》

《阳光心语》心理报

《家长报》

四、家长也上课，与孩子一起成长

一直以来，学校除了以《做最好的家长》《与孩子一起成长》读本为纲开展常规学习外，还根据家庭教育中存在的共性问题，有针对性地邀请家庭教育名师为家长们做系列专题报告或讲座，力争专题培训可以解决实际问题。

学校根据班主任、家长的建议，在深入调查研究的基础上举办专题讲座，努力提高家长学校教育的实效性，其中反响热烈的讲座有：广州大学教育心理学博士生导师郭斯萍教授面向高中学生、家长主讲的《尊重生命·珍爱生命》专题；广州大学教育心理学博士黄洁华教授给九年级家长开设的《莫做焦虑的家长——中考备战辅导》专题；中国家校合作教育指导师李美洁给七年级学生家长主讲的《携手并进赢在初一——献给所有七年级学生的家长》专题；广州市家庭教育促进会讲师团成员、北京四中网校广州分校周剑武校长主讲的《搞好家庭教育，促进孩子学习》专题；台湾学者朱学恒(《魔戒》中文译者)主讲的大型励志讲座《梦想成就人生》专题。

同时，学校还组织老师、家长"走出去"，参加市妇联等举办的家教公益讲座。2013 年 6 月 19 日，学校组织了 100 位老师、家长聆听了教育家刘树谦主讲的《当一名聪明的家长》；2014 年 3 月 16 日，学校组织了 50 位老师、家长聆听了新东方创始人俞敏洪主讲的《让爱成长》；2014 年 9 月 27 日，学校又组织了 100 位老师、家长聆听了全国著名教育专家陆士桢女士主讲的《新时代发展下，需要什么样的家庭教育》。

此外，家长学校以班级为单位，不定期举行老师、家长教育沙龙。除了以专题形式全面系统地向家长讲授家教知识外，还开展了形式多样的小型沙龙探讨活动。例如，"单亲家庭教育"；"学困生家校配合策略"；"孩子的青春期，家长的断奶期"；"怎样培养孩子的时间意识"；

家长学校讲座现场

“如何培养孩子学习的独立性”；“如何纠正孩子的双重性格”；“孩子阅读兴趣的培养”；“孩子自信心的培养”等，围绕一些难点、重点问题，以班级为单位进行讨论，引导家长回顾昔日的生活经验和体验，或者让学生、家长、教师一起倾听家长代表的发言，交流家教经验，为孩子健康快乐成长共谋科学有效的方式。

小升初衔接教育讲座

面向青春期专场教育论坛

五、立足欣赏理念，革新家长会模式

在每一次的家长会前，老师们都会充分准备，班主任和任课教师从本班的实际出发，向家长们进行汇报，以更好地让家长们了解其子女在校的学习、生活以及交友方面的情况。在每期家长会前一个星期，班主任都会发一份本班学生在家情况调查表，大概了解他们平时在家里的情况。根据调查了解到的情况，老师们会在家长会上和家长们一起探讨以上问题的解决办法，力图有效地解决问题。也正因如此，每次家长会，家长都迟迟不愿离去，有时原计划下午四点半结束的教育讲座或家长会，到六点还有家长在与老师或教育专家进行交流，用他们自己的话来说："我们来一次不容易，一定要多取点'经'回去。"

针对部分家长平时工作较忙，疏于与班主任联系，班主任定期将其子女的情况通过短信、微信、QQ的形式发送给他们。这样一来，家长能及时了解子女近期的情况，再结合教师给他们的建议，有的放矢地对子女进行教育，收到了较好的成效。而对于平时比较调皮的同学，教师会采用打电话的形式，将他们近期的情况详细地汇报给家长们，并与家长们一起探讨教育的方法。

对于后进生，我们倡导年级老师、班主任以约见他们的家长来学校，以及走进学生生活学习环境的家访的双轨方式，与学生家长形成共同的教育共识，并采用相应的措施，对这些学生进行零距离无缝隙的教育，让他们能够得到更多的关注、更多的关心。

通过这样多层次的家长会，许多家长转变了原来的教育观念，改变了原本简单粗暴的教育方式，孩子的心结慢慢地打开，有的家长看到孩子的转变，专程跑到学校，高兴地对老师们说：“以前孩子有什么情况在家里从来都不说，越这样我们家长越着急，看到他总想发脾气；现在知道了，这其实很大程度上是我们家长自己造成的，现在脾气发得少了，他的逆反情况比以前好多了，问他的时候能对我们说自己的情况了，有时候还主动和我们说自己的表现，咱们的教育讲座没白听。”

六、开设活动体验课程，见证孩子成长

自2008年起，我校又在家长学校课程中尝试同步开设家长活动课程，即邀请家长参与学校各类型的校园文化活动，如新生军训、体育文化节、男生节、女生节、环大学城行军拉练、成人礼、最后的“六一”节、毕业典礼等，让家长在组织、参与、观摩中陪伴和见证孩子的成长。实践证明这一举措是有效的，很多家长因为参与其中，从而与孩子有了共同的体验，有了分享的共同话题，使得亲子关系更融洽、家庭更和谐。

在活动现场担任拉拉队的家长热情高涨

家长参加班级生日会

“六一”游园亲子活动

通过家长学校联合办学，学生的综合素质显著提高，我们有理由相信，家长学校将树立起全新的风范，家校联合办学必将大放异彩！下文以两个家长学校的真实例子加以说明。

小故事之一：方军老师联合家长，为学生成长保驾护航

苏联著名教育家苏霍姆林斯基说：“若只有学校而没有家庭，或只有家庭而没有学校，都不能单独承担起塑造人的细致、复杂的任务。”在学生成长的过程中，家庭教育和学校教育缺一不可，而且两者应该紧密的联系，形成有效的合力。

高一第二学期，年级重新分班，我被安排担任高一(1)班的班主任，开学后不久，我发现女生小刘上课经常睡觉，课后也不交作业，查看她的成绩，发现她是我班分班成绩最好的女生之一，特别是物化生的成绩，在班里名列前茅。刚开始我还没有很了解这个学生，看到她上课睡觉比较多，我就提醒她注意上课不要睡觉，认真听课，可是后来慢慢发现她上课睡觉的毛病依然没有改，而且课后的作业也经常缺交。于是反复地提醒和督促她上课认真听课，课后及时完成作业，但是一段时间下来，情况依然如此，没有改善的迹象。

对于这样的学生怎么办呢？首先我想到的是了解这个学生上学期的表现，以前的班主任告诉我她上学期也是这个样子，这样看来，她现在的表现不是这个学期才有的，而是在较长时间内养成的不良习惯。于是我找了个时间，想就她上课睡觉及不能完成作业的情况进行沟通，结果小刘的回答让我非常诧异，“不想交，为什么要交?”一句话便体现出满不在乎的学习态度。很明显，这次的沟通没能达到我想要的目的，考虑到她的这种思想表现，我觉得如果同她再直接对话很难了，于是我打电话向家长求助，家长听了我的反馈也很是气愤，认为作为一个学生怎么能对老师这么无礼？同时也告诉我，她确实也是一向如此，在家里和长辈也是无法比较好的沟通，总是闹得不愉快。反过来家长向我寻求帮助，说老师你看有没有什么办法能够帮帮她。

于是我约请家长到学校来，我和刘婷及其爸妈一起沟通交流，整个谈话时间大约 3 小时，尽管不是特别的顺利，但是通过谈话，我清楚了为什么她会有之前的这些表现，我想这也是我应该关注的深层原因。

第一，学习惰性，没有时间紧迫感、很随意，做一点作业算一点，也正是这样，所以拖拖拉拉，下午放学后回到家已经 8 点多(回家路程也就需要 40～50 分钟)，回家后吃饭看电视，等到 10 点钟以后才开始学习，也就是晚上放学以后能用来学习的时间最多也就 2 个小时左右，所以完成所有作业是不可能的。

第二，晚上经常睡不着，一般都 00：30 以后才睡，早上 06：30 要起床赶回学校，中午一般不睡觉，用来做作业，所以每天睡觉时间其实就是 6 小时左右，依照一个人的正常休息时间来看，不困是不可能的。因此小刘上课就睡，白天上课睡得多所以午睡时间不睡，晚上回家也不困，很难早睡，长此以往，形成了恶性循环，养成了极其不好的习惯。

第三，确实缺乏自我反省的意识，不能够端正态度、正确分析自己的行为，也不觉得自己的行为有什么不好。

针对她存在的这些问题，我们给她提出明确的建议：

第一，要学习，先学做人，要多考虑自己的行为给家长、老师、他人所带来的影响，要考虑别人的感受，而不是只活在自己的世界里，要学会反思自己的行为，不能只看到自己的优点，自己有什么做得不好的地方，要加以改进，才会不断地提高。

第二，从现在开始，逐步调整自己晚上休息的时间，让自己养成早睡早起的习惯，而且上课不能再睡，再困也要坚持住(也可以站着听课)，中午午睡时间要休息。

第三，作业要保证完成，不能再随意做，一定要有紧迫感，充分利用好下午放学以后到晚上休息之前的这段时间，晚上回家的学习时间若很难保证，那就申请晚上在学校上晚修，晚修后家长再到学校来接。

第四，利用这次的事情反思自己的行为，写好保证书，保证以后做好，如果做不好，任由学校、年级处理(其实这个学生还是挺有上进心的，让她做出保证，也是一种很好的督促)。

第二天，小刘把保证书和晚修申请书交给了我，后来她在学校的时间，上课确实不睡觉了，作业也能比较好地完成，而且学期末还取得了不小的进步。看到小刘的这些良好的表现，我为自己的努力和付出感到非常的欣慰。

然而高二开学后，表面上看起来小刘的表现都比较正常，但月考成绩却非常差，查看交作业的情况发现缺交比较严重，于是我想正好利用月考完分析成绩的机会对她进行教育，将她从教室叫到走廊谈话，当她听说要把学习情况反映给家长时，情绪非常激动，立即大哭起来。我完全没想到她的情绪会这么激动。于是我问她："你为什么这么激动，为什么要哭？"

小刘回答："你不要告诉我爸妈，我今天晚上回去不用睡了？"我继续追问："为什么？"小刘的回答让我意外："上次我爸妈被你约到学校后，他们都不再信任我了，每天回到家都唠叨、骂我，质问我上课还有没有睡觉，作业都做了没有，我都烦死了，我在家每天都很烦很烦，我不想回家。""你在家一直都是这种心情吗，他们每天都骂你？"我问道。小刘非常激动，说："我想死，我想从楼上跳下去。"谈话到这里，我非常紧张，真不知道她接下来会有什么行为，我征求她的意见说："你现在这个样子老师非常不放心，我让你爸妈过来接你回家吧？"小刘表示坚决反对，她担心父母来了之后，在家的日子会更痛苦。

小刘的话让我震惊，没想到把她的表现反馈给家长对她的刺激这么大，她在逃避、恐惧什么？难道家长在家里真的如她所说？晚修放学时，她若还是这个状态，我还真不放心让她自己回家，再来，也真的希望向家长了解一下小刘在家里的具体情况。于是，我再一次拨通了家长的电话，让他们到学校来一趟，尽管已经是晚上9点多，但是家长接到我的电话后很快就赶到学校。家长来到学校后，我马上向家长了解小刘在家里的情况，家长告诉我的并不是像小刘所说的那样，而是他们在家很少敢说她。小刘和她爸妈的说法大相径庭，父母和老师的出发点肯定是一致的，希望孩子能踏实、认真学习，他们没有必要跟老师说假话。因此，我想，小刘对父母的行为应该存有很多的误解。经过一段时间的冷静，小刘的情绪也应该恢复了不少，于是我便把她找到办公室。

我们四个人围坐在一起，小刘这时候的情绪也确实缓和很多。我希望借这个机会让小刘和她父母实现面对面地、真诚地沟通，于是把我的愿望真诚地告诉了双方。然后我就问小刘："你在家里有什么委屈吗？你对爸妈有什么意见或建议？"起初她还是不太想说，在我的不断鼓励和引导下，小刘也渐渐吐露了自己的心声，说出了平常埋在心里的话：觉得爸妈不够信任她，在家里说话声音太大影响她写作业，不顾及她的感受，她不想吃家里的早餐，觉得比较孤单，爸妈没有陪她等。她爸妈听了以后觉得有些确实有道理，也乐于接受；有些事情也向小刘解释，比如说周末没有陪她，主要是因为需要回老家照顾外公外婆，并鼓励她以后有什么话就直接告诉爸妈，不要藏在心里。我们四个在一起，沟通非常顺畅，小刘和小刘的爸妈都非常坦诚，当面吐露了自己的心声，小刘诉说了自己的烦恼，而小刘爸妈在虚心接受建议的同时，也委婉地表达了自己的苦衷，彼此不再有那么多的隔阂，都能够更好地相互理解。

通过小刘的描述及家长的反馈，我发现她的爸妈在家庭教育中确实存在一些问题，也给出了自己的建议。

第一，对孩子应当给予适当的肯定和表扬。小刘爸妈告诉我，他们确实很少当面表扬和肯定孩子，而是把这种爱埋藏在心里，没有表现出来，表现出来的更多的是对孩子的责备和不满。

第二，多倾听，给孩子解释的机会。多倾听，耐心地听孩子的想法，了解孩子的心声，进而更好地掌握她的思想动态，不能一味地从家长的角度去考虑问题。

第三，要平等互敬，不要居高临下。小刘的爸爸总是以“教育者”的角色自居，和孩子沟通时总是难以保持平静，“你要”“你应该”“你不能”等词语常常挂在嘴边，结果孩子就渐渐失去了与家长交流的愿望，不愿多和家长说话、沟通。

小刘的爸妈也在这次事件中反思，非常虚心地接受了我的建议，感谢我为他们和孩子之间的真诚沟通创造了机会，并表示以后自己也会多思考怎么和孩子进行更好的沟通和交流。

小故事之二：一位想“生病”的高中女生

已经连续第三天了，班主任泉林办公桌前总是坐着一个胖胖的女生，用双手捂着脸，痛哭流涕，表现得非常难受。在泉林与其沟通的过程中，我发现，这个女孩说得最多的两句话就是，“他们都不理解我，我好痛苦”，“真的好累”。班主任反映她平时是个乖巧的女孩，到底怎么了，我决定和她聊聊。

小女孩叫刘Y，她呜咽地告诉我，妈妈去俄罗斯旅游了，要一个星期后才能回来，她非常想妈妈。还说妈妈从来没有离开她这么久，妈妈离开的这几天，她真不知道该怎么过。在交谈中我还得知，虽然她妈妈外出了，家里还有爸爸和奶奶照顾她的生活，我担心的单亲家庭问题并不存在。但当我一谈到她爸爸时，她的情绪就激动起来，大声哭着说："他们都不理解我，说话不算数，我好累。"

事情缘由是这样的，爸爸为了鼓励她独立，在妈妈去俄罗斯之前就答应她，在妈妈出去旅游的这段时间里，无论她表现怎样，爸爸都不会生气。但就在今天早上，在爸爸反复劝说她回校上学的过程中，还是生气了，不仅如此，还打了她一耳光，所以她特别委屈，想生病。爸爸说话不算数，难道是她父母脾气都很暴躁，还是另有原因？于是，我打算等她妈妈回来后再了解这些方面的情况，但当务之急是让她情绪恢复平静，让其先回到教室上课。我鼓励她，妈妈这次才出去一个星期，而我们军训十天你不都坚持下来了吗？

一提到军训，我突然回想起来，在军训的过程中，泉林班就有个女生一直说胃痛不能坚持训练，经常请假在旁边休息，应该就是她。在后来的谈话中，她承认那个女生就是自己，还告诉我，其实军训期间她也很不舒服，也很想妈妈，但她就一直忍着。这样看来，离不开妈妈，可能是离不开妈妈无微不至的关心和照顾。可能是平时家长放手太少，小孩缺乏锻炼，意志品质存在一些问题。

连续几天，我还发现一个现象，刘Y每次哭过以后，就会恢复正常，回到教室上课，但一般只持续一节课的时间，第二天又重新来过。我推测，是不是在班级中没什么朋友，缺少一个情绪宣泄的通道，所以每天都会到办公室找班主任哭诉一番。通过问她自己，也通过向班主任了解，发现确实存在这个问题。刘Y是学籍不在我们学校的挂读学生，而且自己的身材也较胖，所以有些自卑心理，与同学交往时往往不够主动，在班级中确实没什么朋友，有什么问题，也找不到一个可以诉说的伙伴。

与此同时，我也在思考一个问题，军训十天非常艰苦，她虽然经常请假，但从没提出过回家的要求，一直坚持到军训结束，应该说她也是在努力挑战自己，但为什么妈妈离开仅仅一个星期就会有这么强烈的反应呢？考虑到开学已经快一个月了，我觉得应该从学习上找找原因。一谈到学习，她就告诉我，英语课上老师都是用英语教学，她根本听不懂，进入高中后数学的难度也增加了不少，都让她吃不消，虽然到目前为止还没有什么考试，但她已经感受到非常大的学习压力。每天早上和中午上学都会很纠结。她还告诉我，因为只要生病，就可以光明正大地不去上学了，而且妈妈还会陪伴在自己的身边。

通过以上了解，我终于弄明白，虽然该生的外在表现是离不开妈妈，但其实是存在一定程度的道德焦虑。这源于现实自我与理想自我之间的矛盾体验所带给女生的失败感，当现实自我表现不尽如人意，而理想自我、也就是自我期待较高时，个体就会产生一种挫败感，觉得自己做得不够好，从而感觉自己对不起朋友或家人。具体到刘 Y 而言，在高中的学习压力之下，就她的本性，即现实自我来说，她是非常不想上学，不想离开妈妈的，但心里又明白只有上学才能找到好工作、才能不“啃老”，所以应该去上学。不上学会导致被妈妈骂，害怕与妈妈关系变差，而且这不是一个好孩子的表现，这就让她非常纠结，陷入一种内心的紧张与焦虑状态，这种焦虑就是道德焦虑。

她也想摆脱这种道德焦虑的状态，也想好好学习，考上好大学，但由于基础较差，加之对自己没有信心，所以她感觉很累。如果不上学，既可能被妈妈骂，也可能会因为自己不能按时交作业而使班级荣誉受损，还是觉得很累。于是，她想到一个解脱的办法，就是希望自己生病，生病后就可以有充分的理由不上学，不仅自己内心能接受，老师也不会批评她，妈妈不会骂她，还可能会陪伴在她的身边。但这种想法又不能被其他人理解，包括妈妈，所以刘 Y 感觉很累、很痛苦。我把她的想法用了一个图进行说明(见下图)。她的这种办法不仅不能解决她的焦虑问题，还会使问题更加严重。

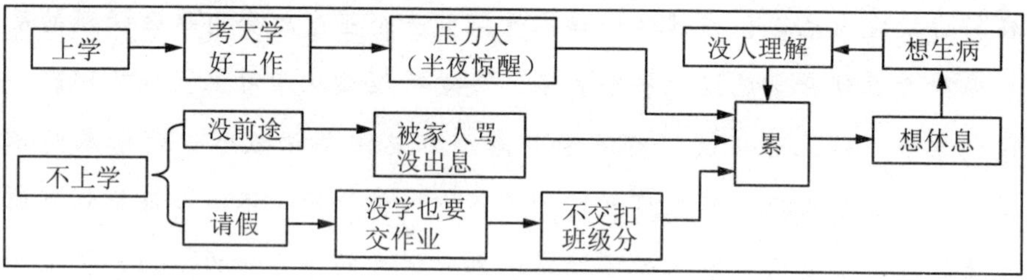

这种焦虑障碍会给她造成情绪与身体上的一些症状。比如在情绪上，在她妈妈出去的那段时间里，她总是有一种不安感和恐慌感，有时是一些不祥的预感，在那段期间她经常告诉我们，她很担心妈妈在外面发生什么意外，当问到是什么原因的时候，她也说不出来。在身体上也表现为出汗、气喘、心跳加快或肌肉紧张，并进一步导致其他症状，如她在军训期间表现出来的胃痛，其实在她妈妈外出的那段时间里，她也有胃痛的症状。军训结束后她妈妈带她到医院检查过，结果没什么问题，这也证实其实她身体机能并没有什么问题，胃痛是由于焦虑心理造成的。

考虑到焦虑障碍如果不能有效解决的话，很有可能恶化为抑郁症，所以有必要将其家长请到学校，既向其家长说明我们对问题的分析与判断，也希望能取得家长在教育上的配合。我感到其实家长也对此问题很头痛，正渴望得到我们在教育上的指导。

家长在接到我们通知后，很快就来到学校，表示也对她的这种情况很着急，但不知道该怎么办，还带她去看过心理医生，心理医生告诉他们，孩子没什么问题。我将自己的看法与家长进行了交流，告知刘 Y 的症结所在，并给了家长如下建议。

一要鼓励她多关注自己的进步，在学习上尽量少与别人比较。家长也要正确引导，要让孩子认识到，就中考成绩而言，自己的基础本来就比同班的其他同学要薄弱一些，所以要告诉孩子只要认认真真去做了，结果如何并不重要。要引导孩子看到自己的进步，要求她尽力做好自己应该做到、能够做到的事情，比如，按时完成老师布置的作业、及时做好老师交给的任务等。

二要鼓励孩子多与同班同学交往，力争有几个能够谈心的好朋友。想“生病”回家，一个重要原因就是想将心里的很多想法与妈妈分享，如果有一两个要好的朋友，她就多了一个倾诉的对象，想“生病”回家的动机就会弱化一些。

最后，我也告诉家长，会建议班主任给孩子安排一点班级事务，比如负责学习园地的布置、负责整理班级书柜等，提供其与同学接触、交流的机会。

这些努力，都是为了解决导致道德焦虑产生的一对矛盾展开的。分析中考成绩是想告诉她，现实的自我并不尽如人意，与同班同学有一定的差距，所以理想自我的设定不能太高，要调整自己的心理预期。而安排其为班级做一点事情，就是想让她认识到自己并不是一无是处，只要努力也是能为班级服务的，也是被集体所需要的，以此来提升刘 Y 对现实自我的评价。至于鼓励其多与同学交往，是想让其在与同学的交往中明白，每个人的现实表现往往都会与理想的自我预期有一定的差距，所以不用过分焦虑。

我们身边每个人都或多或少的存在刘 Y 同学所遇到的问题，如若学校在品德、道德教育方面、在孩子的心理成长方面不重视，一味追求学科升学考试成绩，则很可能会造成孩子成长的缺陷。只有时刻关注学生、爱护学生、体谅学生，才能找到最好的教育途径。

塑造人的任务是细致、复杂的，更是一个长期的过程。对小刘的问题，我们无法做到一蹴而就，因此第一次约谈失败。但是基于对学生、家长更深入的了解，第二次的约谈效果显著。而在这个了解、教育的过程中，我想，家长给学校提供的信息、支持，家校形成的合力，让我以最快的速度找到了学生问题的突破口，认清了学生问题的根本所在。家校携手合作，可以更好地为学生的成长保驾护航。

第四节　以德为先育人才

广附在继承传统德育优势的基础上，大胆实践、锐意创新，注重走德育内涵式发展之路。我们坚持“育人为本，德育为先”的方针，明确提出“端庄品行、健全人格、诚实守信、富于理想”的德育目标。践行“做最好的自己”的校训，努力培养学生成为人格高尚、品行端正、明礼诚信、自强不息、和谐发展的“完整的人”。

在先进的办学理念的指导下，广附近年来一直致力于打造“一三三”德育精品工程(即落实一个目标，建设三大团队，凸显三项特色)，培养面向未来的时代新人，以德为先，取得了一系列可喜的成绩。

一、秉承立德为先，创造佳话留美名

广附德育工作在上级单位的指导下，在友好协作单位的积极配合下，在全校教职工的共同努力下，取得了优异成绩。同时，广附德育工作重视学生的素质教育，注重培养学生的实践能力和综合素质，活动参与面广，富有特色，影响力大，社会反响好，具体表现如下。

1. 成果具有典型性

(1)《提高中学家长学校教育实效的对策研究》被列为2009年广东省省级德育研究重点课题，其成果之一《与孩子一起成长》“家长学校校本教材”被评为2010年家长学校特色项目成果评比一等奖，并在全市推广经验。

(2)《中学德育专家型教师的培养途径和策略》于2011年被立项为国家级课题。

(3)《中小学心理健康与压力应对》于2011年被广东省教育学科研究会立项。

(4)《以生为本背景下的多元德育文化模式研究》于2011年被确定为全国教育科学规划教育部重点课题子课题。

(5)《优化班级环境预防中学生网络成瘾》课题成功申报2012年广州市中小学心理健康“十二五”规划项目。

(6)《守望精神家园》《成长的声音》《理想的力量》《教育制度与行为的分析》《班主任工作的理论与实践》《当代学生心理成长系列丛书》等德育研究成果正式出版或结集成册。

(7)席长华等老师在市级以上课题或论文评比中获奖达200余次，王映、郑娟等4位老师分获广东省、广州市班主任专业技能大赛一、二等奖，胡静等10位老师荣获“市优秀班主任”称号。李嘉琪等4位同学获得省“三好学生”“优秀学生干部”荣誉称号。此外，另有市“三好学生”“优秀学生干部”评优达67人次，市“优秀团员”评优达45人次，市教育系统“优秀团员”评优达60人次，市“先进团支部”获评2次。

2. 经验具有社会辐射性

(1)《羊城晚报》《广州日报》《南方都市报》等纸媒和中央电视台、广东电视台、广州电视台、南方电视台等电视媒体报道学校的特色教育活动达60多次。

(2)广东省骨干教师培训班、梅州市团委考察团、韶关中学校长班考察团、台湾教育系统考察团、香港义工联考察团等20多个考察团来校参观交流学习。

(3)广附主动组织和协办10多项省市乃至全国的大型活动，如2006年、2009年广州市市属学校成人宣誓仪式；2010年全国青少年机器人大赛，广州市首届“中华之魂”中学生古诗文诵读大赛；2010年、2011年广州市特殊儿童运动会；2012年广东省未成年人思想道德建设创新范例颁奖暨广州市经典诵读展示活动；2014年广州市书香读书节等。

(4)学校先后获得“广东省德育示范学校”“广东省红领巾示范校”“广东省书香校园”“广州市示范家长学校”“广州市德育示范学校”等十多项重大荣誉称号。

二、落实一个目标，拓宽德育内涵

目标是行动的先导。广附在学校办学理念的指导下，坚持“育人为本，德育为先”的方针，明确提出“端庄品行、健全人格、诚实守信、富于理想”的德育目标。践行“做最好的自己”的校训，努力培养学生成为人格高尚、品行端正、明礼诚信、自强不息、和谐发展的“大写的人”。

为了有效达成这一目标，我们注重“多元立体德育模式”的建构，在实施过程中把德育目标进行细化落实，具体体现在如下三点上。

(1)在德育文化建设中，在重视知识学习的同时，更加注重学生鲜亮深厚的精神底色的打造。重点关注六个维度：知识的传授与技能的训练、人与自然的关系、个人与集体关系的建立、活动的组织与感恩的行为、权力与责任的认知、生命的价值和意义。使受教育者既具有扎实的学科知识，更具有高尚的品德和健全的人格，对社会有责任心和使命感。

(2)在德育实施途径上，以活动为载体，“知情意行”相结合，增强德育工作的针对性和实效性。在生活教育中强调品质教育，先学做人，再学做事，帮助学生变得更好、更聪明，能在学习过程中培养理性、关怀、行动的能力，以及“乐观奋斗、阳光向上”的人生态度。

(3)在德育方法上，重视感恩与爱的教育。我们相信“爱自己的孩子是人，爱别人的孩子是神”的教育信条，在教育过程中，师生间以爱为纽带，架起了双方真诚的桥梁，让学生在潜移默化中受到熏陶感染，增强了生命的真实体验，升华了学生的精神境界，同时也提高了教师的道德情操，增强了敬业乐教的积极性，促成了德育目标的有效实现。

三、建设三大团队，增强德育合力

苏联著名教育学家苏霍姆林斯基提出，在教育过程中，应当使各种力量和谐一致地配合行动，才能保证学生全面和谐发展。广附的德育工作一直致力于构建这样的强大德育合力。加强三大团队建设，并在德育工作中始终强调“知识领悟，行动感悟，知情合一”，克服单纯说教，激发学生潜能，有效促成学生的自主发展。

建立精干的德育管理团队，健全德育管理制度，为培养时代新人提供组织保障。学校成立了德育工作领导小组，由正校长、党委书记担任组长。下设由德育处、校团委、学生会组成的德育工作执行机构。领导小组定期召开相关会议，统筹规划和研究部署学校的德育工作。

完善学校各种德育管理制度，使教育常规化和系统化，具体操作办法如下。

(1)德育例会制度按层级设置。每周五级长例会，每周一上午第一节课为年级班主任例会，每月两次校级班主任例会。风雨不改的例会简短高效、沟通及时，很好地沟通和落实了学校各项德育任务。

(2)各类德育管理制度一应俱全。例如，《广附新生入学须知——做最好的自己》《广附文明生评选方案》《广附班主任工作奖励评估细则》等，纲目并举，使学校的德育管理有章可循，学生集体、德育教师团队均走上了良性发展的轨道。

(3)德育经费保障给力。每年德育工作专项经费占公用经费的20%以上。其中德育专题活动开展、课题研究、班主任培训交流、学生社会实践、德育表彰、班主任合理津贴等都能得到学校经费的充分保障。

此外，学校大力加强以级长、班主任为核心的德育骨干团队建设，为育人提供原动力。德育是一种感情，需要无私奉献的精神；德育也是一种艺术，需要勤勉专注的执着；德育更是一项工程，需要认真务实的态度。为了实现学校德育目标，广附坚持从各个方面打造一支品德高尚、爱岗敬业、创新奉献、业务精湛的级长、班主任队伍，为德育工作的有效开展打下坚实的基础。例如，每年针对德育工作实际，我们采用“高层次、多形式、解案例、正激励”的方式对班主任队伍进行专业培训和岗位培训，不断提高他们科学育人的能力，形成了一套融培训、评价、激励于一体的卓有成效的培养建设体系。

以广附《班级教育一日常规管理制度》为基本教材，开展“班干部的选拔培养”“新班主任的沟通艺术”“家长会的筹备与召开”的系列专题讲座，严格规范培训新班主任，使他们在上岗前就能对班级教育常规管理工作心中有数，扶他们顺利“上马”。上岗第一年以“师徒结对传帮带”的形式，在具体工作中帮他们“扬鞭前行”。

以“班主任月度评估方案及细则”“班主任职责”为指引，指导和激励班主任开展有序、规范的班级教育管理工作。

以“德育研讨会”“班主任技能竞赛”“户外拓展培训”“勤走出去，多请进来”参观学习为举措，全面提升班主任的理论水平和工作技能。

以“绩效评优评先机制”为激励，加大对班主任工作的支持和认可。

在学校财政允许的范围内，最大限度地提高班主任的待遇，在校、市、省等各级评优晋级方面，优先考虑级长、班主任，并设立年度“十佳班主任”“德育突出贡献奖”“优秀班主任”“优秀德育工作者”等奖项，鼓励教师从事班主任工作。对德育工作取得优异成绩的教师，除予以表彰外，还定期组织到国内外德育工作先进地区和学校考察学习。

在重视班级领导力培养之外，学校也很重视通过学校、家庭、社会各种教育力量的有机整合，沟通学校德育、家庭德育和社会德育之间的联系，形成教育合力，充分发挥德育的整体育人功能，具体操作如下。

在内引工作上，我们十分重视与家庭教育接轨，注重家长委员会和家长学校的建设。利用家访、家长会、校园网、家校通和家长学校等多种沟通形式，定期举办德育专题讲座、印发家长学校教材，取得学校教育与家庭教育的一致性和高效性。例如，每年面对高一、七年级新生，学校德育处贯彻执行“五个一”制度：“写一封贺信、打一个电话、走一次家访、填一份简历、一场军训洗礼”，使新生在踏入广附前就建立起对学校良好的第一印象。又如每个年级定期召开的年级特色专题活动，均主动邀请家长来校或观摩、或参与，有效地拉近了家校的距离。

在外联工作上，学校加强与政府、公安、司法、环保、工商等部门的沟通，为学生的身心发展创造良好的环境。学校特别重视与邻居单位广东省公安厅的共建合作，加强学生的安全法纪教育，培养学生的自律意识。例如，定期给学生举行法制安全讲座，组织学生参加法制宣传日、禁毒教育月活动，在德育基地进行学农实习等，增强了学生的安全意识、法纪观念和心理承受力。通过创设这样多元互动、立体交融的德育平台，有效地密切了学校、家庭、社会之间的有机联系，为德育创新拓展了广阔的空间。

四、凸显三项特色，营造德育创新点

广附在确立明确的德育目标和加强三大团队建设的前提条件下，在德育创新上坚持“学先进、善思考、联校情、巧借鉴”，勇敢地闯出了一条育人新路。学校着力打造三大德育特色项目，近年来已结出了累累硕果。

1. 狠抓常规，以榜样为示范，注重育人的长效性

道德不仅仅是观念，更重要的是日常行为习惯的养成。“广附人”具有各种优良传统和精神，如“让优秀成为一种习惯”，“要具有‘亮剑’精神，即使倒下也要成为一座山、一道岭”等，这些都是在各种日常行为规范的教育和学习中养成的。一直以来，广附在社会中享有盛誉的“校

风好”的德育金质招牌，靠的就是一代又一代的德育工作者薪火相传、常抓不懈，形成了一套可操作性强的育人模式。

(1)从抓常规管理入手，提高育人的长效性。

在具体的教育管理工作中，我们注重从学生实际出发、从眼前抓起、从基础抓起、从学生经常感知的事情抓起。例如，开展行为规范教育，以“广附学生日常行为规范”为指引，从成为“广附人”的第一天起，就先从“知”入手，一条一条地学，再在学习生活实践中对学生逐步强化。在抓养成教育时，我们注重从低从细做起，坚持教育从大处着眼、小处着手，及时引导和教育学生，培养学生良好的德育品行。

(2)树榜样、立楷模，扩大育人的长效性。

榜样的力量是无穷的。“让优秀成为一种习惯”是每个“广附人”所追求的。在广附校园里，只要优秀就会被认可、被铭记。我们设置了树“先”项目，如“八一勋章”“黄华勋章”“校长勋章”“广附十佳学生”“优秀干部”“优秀团员”“优秀少先队员”“文明学生”等个人荣誉；有“先进班集体”“先进团支部”“五佳优胜班”等集体荣誉。优秀一经评出，就利用周一升旗仪式、广播站、校宣传栏、校报、校园网等阵地隆重地表彰宣传。让优秀集体、先进个人的事迹和精神在校园传播，让学生学有榜样，行有目标。

(3)从“序列化+专题”入手，落实育人的长效性。

为了使学生获得一个完整的德育教育过程。我们实施了“分阶段、分专题、分年级”的德育渗透教育，即将中学阶段学生要养成的行为规范和素养分解成各个主题，分放到不同年级的相应学期中开展实施。如七年级、高一重点进行行为规范、学习习惯培养；八年级重点进行青春期教育、防分化教育；九年级重点进行理想前途教育、爱校教育等；高二年级以青春情怀教育、个性培养教育为主；高三年级以理想教育为核心。让学生在系统的德育环境的影响下，循序渐进，建立健全的人格。

2. 立足现实，以课题为桥梁，注重育人的实效性

广附德育课题研究形成了“实用性、专业性、精细性”的研究模式。所谓“实用性”即在德育课题立项前，进行充分的理论论证和调查分析。看课题是否对德育教学有效，是否是德育教育中面临的瓶颈问题。所谓“专业性”即是在立项或研究过程中，认真思考该课题是否具有研究价值，是否具有推广价值，有何社会辐射影响等。所谓“精细性”是就研究方法而言，即在研究方法的选择上要讲究“小切口，深探究”的方式，对课题进行深入分析，厘清研究思路，找到最佳切入点，然后分阶段、有步骤、有重点地把课题进行分解研究，把研究成果及时转化为德育教学实践，形成了一条“以教助研、以研促学、以学导研”的三位一体的德育创新之路。

“科研兴校”“文化强校”是广附的发展战略。在学校领导的直接带领下，学校建立了学科课题研究的序列化、层次化体系，形成了“科科有课题、级别有高低、人人有研究、成果有转化”的鲜明特色。这些措施有力地促进了德育研究的深化，形成了浓厚的教研氛围，为德育的实效性打下了坚实的基础。

3. 依托文化，以活动为载体，注重德育的内涵发展

在“文化强校”的战略指引下，广附坚持以深厚的文化传统陶冶学生情操，以丰富的实践活动塑造学生品格。无论是校史校歌等的赓续，还是文化节活动吉祥物、文化衫、班名班服的设计，均注重在文化高度上进行精雕细琢，丰富德育内涵。德育活动现已形成“学科渗透、内容丰富、形式多样、层次清晰、意蕴高远”的特点。

在具体的德育实践活动中，我们充分发挥“活动育人、环境育人、文化育人、传统育人”的功能，坚持走德育活动层级化之路。广附的德育活动主要分为三个层面：常规活动层、主题活动层、特色活动层，且各活动层都有不同的目标和要求。

(1)常规活动求“实”。

学校坚持素质教育，开辟第二课堂，让学生在活动中追求真知，锻炼能力，真正学有所得。例如，学校成立的各类社团、节日活动、社会实践、文艺晚会等，让学生在活动过程中感受到真情的可贵、责任的分量、文化的魅力。

(2)主题活动求“新”。

在开展好常规活动的同时，学校还积极开展一系列富有特色的主题活动，让学生在学习之余得以励志陶情。例如，除了常规的高考助跑和高(中)考百日宣誓活动外，学校打造了两大特色主题活动：九年级环大学城行军拉练和高三高考加油站活动。在这些活动中，既让学生释放了心理压力，又砥砺了他们顽强的意志力，提高了必胜的自信心。

(3)特色活动求“美”。

扩大德育内蕴，学科文化必须与德育融合发展，这一直是广附决策层着力的方向。在这鲜明方向的引领下，我们开展了一系列有声有色的活动，其中最为掷地有声、最富社会反响的当数“八节一坛”，可谓“坛坛”精品，“节节”生花。

(4)育人模式求“变”。

为进一步弘扬“优、新、高”的办学宗旨与传统，广附稳中求变、与时俱进、锐意创新，创造性地开设了一系列的特色班级：有由初中部优等生直升组成的零班；有在广州大学“数学研究所”指导下建立的数学研究基地班；有以“走班制”模式进行的课改实验班；有以进美国前50名大学为目标的国际班；有弘扬红色传统、铸造国防英才的国防班等。学校在新时代、新挑战、新任务中开拓性地探讨育人的新模式，实行因材施教，在更高水平与质量的平台上，实践现代教育。例如，高中国防班的开设，既是传承广附部队子弟学校的传统，更是提高军校和国防生生源质量的一种新尝试，在全国为首创。国防班的培养与建设秉承严要求、高标准、规范培养的原则，在实行高中课程学习的同时，注重培养学生的国防意识、国防技能以及意志顽强的军人作风。

学校通过多层次、高规格的德育活动的开展，既提升了学校的知名度和美誉度，也增强了学生的素质，让学生在丰富的活动中塑造了品行，健全了人格，诚实守信，富于理想。在追求德育创新的道路上，我们希望这份坚持和践行，能培育出更多有知识的人、有德行的人、有素养的人。

第五章　个性空间："百团大战"风云起

青春是张扬，青春是个性。广附秉持"以生为本"的办学理念，倡导"在活动中育人"。社团活动是学校鼓励学生在课余时组织的，以兴趣为导向、以自愿为原则、形式自由、内容丰富的社会实践类体验活动。学生可以创建自己的社团，在其中施展自己的才华，彰显自己的青春个性；同时组织自己的"人马"，开展自己的活动，甚至可以本着"称霸武林"的雄心，拿着自己的成果，走遍天下，挑战江湖各路英雄。

广附现今有近百个学生社团，涵盖科学、人文、生活、艺术等方方面面，有的是经典传承，有的是走向世界，还有的极具个性，正所谓人才辈出、群英荟萃。学生们奇思妙想、朝气蓬勃，一到活动日、社团开放日，那是要掀起"百团大战"的阵势，风云迭起。本章将一一介绍广附独具代表性的学生社团，让我们一起走进他们的世界吧！

第一节　走向科学

科学世界，奇妙无穷。孩子们对这个万千世界总是充满好奇，什么都阻挡不了他们想要探寻的脚步。瞧，一波"神奇"的孩子正在展示他们的"武器"，证明他们的智慧。

一、机器人社

广附机器人社成立于2007年4月，全名为“幻想未来——机器人社团”。穿越到未来，我们的世界会变成什么？在他们看来，那将是一个机器人的世界。人类的很多事情都可以由机器人来代替完成，机器人对指令的完成将越来越精确，对机器人的研究也吸引着越来越多的人。机器人社的成员们运用课堂上学到的知识，以及课后收集的相关资料，亲自动手、亲自设计。在设计、组装、编程和调试等一系列过程中，他们组织有序、配合协调，相互学习、相互指导，碰撞出了精彩的火花，结出了惊人的成果。

我校机器人社自成立以来，组织参加了很多国内国际各级别的机器人竞赛活动，所获奖项多达50余项，还曾在中国香港、日本的机器人大赛中取得过优异的成绩。近两年所获荣誉列表如下：

在第12届广东省青少年机器人竞赛中，初中组、高中组在FLL和足球两个项目中均获得一等奖；

在第12届中国青少年机器人竞赛中，获得初中组FLL金牌、高中组足球银牌；

在第13届广州市青少年机器人竞赛中，足球初中组、高中组均获一等奖。

社员在调试参赛机器人

二、无线电社

无线电社团成立于2013年2月。社团活动主要包括三个方面的内容：无线电测向运动、电子制作活动和体能训练，其中无线电测向是其主要活动。

无线电测向可说是众多体育运动中最考验一个人综合素质的项目。因为它既不是纯科技性的室内制作，又不是固定场地上的单一奔跑，而是一种包含理论与实践、动手与动脑、室内与户外、体能与智力的科技类体育活动，是在大自然的怀抱中有机地将科技、健身、休闲、娱乐融于一体的项目。电子制作活动现已由原来单一的制作测向机拓展至电路创新、智能寻轨器、模拟机器人、遥控探雷器等制作范畴，大大培养了学生的创造性思维和动手操作能力。

社员比赛中

广附非常重视学生的实践能力和创新能力的发展，努力为学生提供最好的平台，让他们尽情施展才能。在广附，学生们不但拥有专门的活动室和电子制作工具，而且已经具有完整的阳光测向、80米波段(包括短距离与标准距离)、2米波段(包括短距离与标准距离)、快速测向、定向越野、电子计时系统等无线电测向训练设备。无线电社团积极参加学校的科技节、课外实践等，通过组织小型无线电竞赛等活动，在广大学生中普及电子制作和无线电测向的知识，使众多学生学习到电子制作和无线电波的知识，体验到参与无线电测向运动的乐趣。近两年来，无线电社团吸引了越来越多的学生参加，社团规模正迅速发展。同时，无线电社团的活动场所已经不局限于校园内，他们利用节假日的时间，由指导老师带领，在广州一些公园里开展无线电测向训练，新鲜刺激的户外环境有利于提升学生们的测向技术水平，更加考验学生们的灵活应变能力，同时还为学生们提供了一次亲密接触大自然的机会。

在指导老师们的带领下，学生的付出收获了非常棒的成绩。2014年，在全国青少年无线电测向锦标赛中，获得了16个国家级奖项(含一个第三名)；在省级比赛中获得50多个奖项(其中，有11个一等奖)；在市级比赛中获得90多个奖项。

比赛是检验成绩的一种方式，学生们参与其间的过程，能让他们体验到更多乐趣，并得到锻炼，有所收获。成长才是青春纪念册里最重要的一页，我们在欢声笑语中成长，我们在酸甜苦辣中成长，我们在那无数个日日夜夜的相互陪伴中成长，尽情地去经历，实现自我的成长！

赛后合影

三、航模社

我们都曾望着天空，幻想着自己在天空中飞翔的感觉；小时候，我们也曾望着天空上自由飞行的飞机，好奇它的飞行原理。航模社，就是延续了一群爱好飞行、好奇飞机原理的孩子们小时候的一个梦。广附航模社成立于2014年3月，主力军是七年级、八年级、高一的学生，他们在老师的带领下，齐心合作，体验自己亲手设计和制作飞机的过程。

一般航模制作由四个阶段组成，即模拟—制作—调试—实飞。每一个过程都需要完整的构思和精巧的设计，才能实现让航模从图画变成实物，由绘稿飞向天空。

航模社活动室

虽然航模社成立时间很短，但是经过社团老师以及成员的不懈努力，社团目前已经拥有了 20 多架固定翼飞机模型及 4 架直升机模型，还有两架高性能多旋翼航拍器。航模社会定期开展飞行活动，把社团的成果带到大众的视线内，这不但提升了广附的科技教育水平，而且为学校推进素质教育增添了活力。

航模社成员在活动现场合影

四、车模社

我校车模社组建于2007年3月，社员最多时达18人。建社初期，物资短缺，活动开展得异常艰苦。在学校拨款8000元购置了6套赛车零件后，队员们3人一组，用了2周的课余时间将几千个零件组装成6辆崭新的赛车。没有经费买电池，领队刘超老师就从跳蚤市场买来拆机的旧电池，从工地捡来废电线，剥去外皮，浸满焊锡充当焊片，把电池串联起来；没有充电器，刘老师又发挥物理专业的特长，从电子零件商店买来各种元件，自制了简陋的充电器；没有跑道，刘老师带领队员们用消防水管在校道上围成一条简易赛道。终于，在全体社员的共同努力下，6辆赛车终于在校园里驰骋起来。

由于队员们没有任何遥控车辆模型的操作经验，刘老师先手把手地培训6个小组的组长。从最初的走直线、圆形绕标、“8字”绕标，到后来的“out-in-out”、油门控制技巧、刹车技巧、避让技巧、超车技巧……每周三的社团活动时间，便是队员们最快乐的时间。6辆赛车在校道上你追我赶，时而高速过弯、时而直道强行超车，队员们往往为了一次漂亮的内线超车而兴奋不已。马达的轰鸣、队员们的欢呼声吸引了校园里来来往往的同学和老师，大家都被场内紧张而欢乐的气氛感染了。

当队员们达到了一定的技术水平后，便开始思考如何让赛车更快、更灵活了。刘老师知道，教学的良机到了。于是，利用广州漫长的阴雨天气，给同学们在室内讲解了赛车的基本结构和各部分的工作原理。同学们渐渐掌握了camber、tou-out、down-stop等一系列车辆专业术语的含义及其对赛车性能的影响。同学们的知识和技术水平，在日复一日的训练中日渐成熟。

同年5月，骄阳似火。队员们迎来了他们人生中的第一场比赛——“555电池杯”广州市车辆模型锦标赛。虽然同学们的设备在赛场上简陋到了可笑的地步，但同学们用精湛的技艺、紧密无间的团队配合精神，赢得了场上对手的尊重。最后，A 组第五、B 组前三的成绩，是给予队员们的最好的回报。

11 月，广东省遥控模型大赛在黄埔举行，带着依然简陋的设备，队员们信心满满地走上了操控台，经过 2 天的艰苦奋战，终于首次站上了车辆模型的最高领奖台——1/10 电动房车公路赛青年组团体冠军。领奖的那一刻，队员们百感交集，平日训练的艰辛、一个个困难的克服、队友之间的相互帮助，在那一刻都浮现在眼前。站在领奖台上的三位同学非常清楚：他们不是孤独地在战斗，在他们身后，有最强大的后盾——广附车模社。

2010 年，车模社迎来了发展的良机，因为当年学校获得了“广州市体育传统项目学校”的称号，这意味着学校可以向越秀区招收有这一方面特长的学生。从那时起，随着学校投入的不断加大、生源的不断改善，车模社的实力不断提升。自 2010 年始，连续 4 年，以每年一个单项或团体冠军的成绩，向关心、扶持社团发展的学校领导报以最佳的回报。

2012 年 1 月，我校与广州市教育局签署名为《中学生遥控车辆模型教育》的广州市青少年科技教育项目合同。领队刘老师作为项目组唯一负责人，圆满完成了该项目，并获得了政府提供的每年 4 万元的项目建设经费。

2014 年，作为主赛场之一，我校成功承办了 2014 年全国青少年车辆模型锦标赛的开幕式及 1/16 全部项目比赛，为来自全国二十多个省市自治区的代表队提供了优质的场馆设施和服务，并开全国赛之先河——首次实现在室内赛场举行全国车辆模型锦标赛，为超过 500 位领队、教练、队员提供了超一流的服务。赛事的组织、运作和接待工作，受到了国家体育总局相关领导的高度评价。

五、天文社

璀璨的星空总是那么吸引人，人们对浩瀚宇宙充满好奇和遐想。“为什么会有一闪一闪的星星？它们离我们有多远？地球之外的世界是什么？……”广附天文社就是由这么一群对宇宙、对太空世界充满好奇的孩子们组成的，他们喜欢探索宇宙的奥秘，喜欢探索神奇的天文现象。2006 年，广附天文社正式成立。它主要面向七年级、八年级和高一、高二四个基础年级，吸收天文爱好者参与。从丰富学生第二课堂起步，广附天文社与大学天文教育接轨，它还为北大等著名高校输送过有专业天分的好苗子。近年来，社团更成功申报了广东省科技计划项目，成为省内为数不多的获得政府课题支持的社团。

天文社成员每周三都有一次小组活动培训，主要是学习天文基础知识。然而，天文的精妙之处是隐藏于头顶那片黑暗且神秘的夜空中的，天文社尽可能抓住每一次重大天象出现的时机，组织学生们野外观测，并与所学的知识进行对比、匹配，分析这是什么天象，是什么原因引起的，有什么作用等。天文现象有的可以一年一遇，有的却只能用“千年等一回”来形容了。因此，每一次野外活动前，同学们衷心祈求天公多作美。遇上老天爷心情大好时，天朗气清且云雾少，此为欣赏天象的最佳时机。但是，天公还是有心情欠佳的时候。2013 年 11 月，一百多名学生在天文社指导教师刘维平等人的带领下，赴从化野外观测几十年难得一遇的艾森彗星，其浩荡的队伍还吸引了广州电视台、《羊城晚报》等多家媒体的关注。当晚的活动中，同学们期待着天空呈现几十年才绽放一次的胜景。“当她靠近太阳时会与太阳风粒子相碰撞，形成震撼人心的视觉美感。”刘维平老师回忆道，“虽然我们满怀期待，但由于当晚天空云层太厚，并不能看到艾森彗星”。在此之前，2009 年的日全食观测活动、2012 年的狮子座流星雨等都曾在社团内刮起了一阵“小旋风”。

天文社的成员们，已经把遥望和等待星空当成一种习惯。对他们而言，如果没有看过璀璨星空，天文知识学得再好也是徒然。虽然城市的光污染严重，天文社还是尽量给学生创造观星的机会，他们的足迹已经遍及新疆、云南、北京、杭州多地。

对于追“星”的粉丝们来说，他们首先要有“守株待兔”的耐性，其次，在等到星星来临之前，他们需要有充分的客观准备，借助先进的观星设备，寻找观星条件较好的场地。不难理解，并不是每一位学生都能轻易获得这些物质条件。为了不让有天赋的学生被客观现状所埋没，刘维平老师成功申报了广东省青少年科技创新竞赛项目，获得省科技厅及广州市教育局专项资金资助，为协助开展天文课外兴趣活动提供了更好的物质条件。作为广州大学的附属中学，天文社社团活动尽量借助高校和社会团体强大的专业力量。通过“博士讲坛”的方式，先后邀请北京师范大学何香涛教授与广州大学樊军辉教授到校开展专题讲座，此外还有其他领导、专家参加过天文社的活动。除了丰富的多媒体天文科普课程以外，广附还设立了天象馆，成为社员活动的一片小天地，馆内能模拟逼真的星空，也有型号不一的天文望远镜，这为天文社的日常活动提供了良好的硬件环境与设备。

天文社学生正在观测天象

广附的谭翰杰同学在2010年独立发现了一颗soho彗星，并于2011

年以全省第二名的成绩获得省天文奥赛特等奖，2012 年他参加全国天文奥赛决赛获三等奖，此后又获得 2014 年厦门大学天文自主招生笔试资格。天文社类似于谭翰杰这样的优秀学生，还有张源、李宇琪、顾明康等。随着社团活动的水平越来越高，天文社指导老师的学术水平也与时俱进。“天文学是在高校才涉及的专业，本来对中学社团指导老师的门槛要求就很高。”刘维平老师介绍道，为了保证教学质量，提高教师的天文科普水平，社团曾派遣多名教师赴云南天文台和香港等地参加学术会议、专业培训。

走进科学，探索发现。在这些以科学为导向的社团中，或透过双眼，或通过双手，或开动大脑，总能令学生们在意想不到的时刻收获惊喜。激发学生们的探索求知精神是教育者的职责，也是使命。老师作为孩子们的引路人，要先行也要陪伴，这样才能温暖和照亮孩子们前行的路。广附的老师们通过科学类社团活动，引领学子们在科学这条道路上，探索、发现、成长。

第二节　走向文化

文化是一个人的气质修养，更是一个人的精神积淀。广附一直坚持“文化强校”的战略指引，坚持以深厚的文化传统陶冶学生的情操，以丰富的实践活动塑造学生的品格。部分社团组织有着深厚的文化底蕴，通过这些社团活动，让更多的学生走进文化、体验文化，在无形中提升自己的精神素养。其中较为出彩的有模拟联合国社团、合唱团、文学社、书法社、古韵社等。

一、模拟联合国社团

“模联”起源于美国哈佛大学，是在校园内组织的类似于模拟联合国及相关的国际机构，依据其运作方式和议事规则，围绕时政热点召开会议的一种社团活动形式。参与者扮演不同的角色，在主席团的主持下，按照议事规则，阐述、辩论、游说、妥协，最终实现“国家”利益、“区域”利益的最大化。其活动目的是让学生们通过“模联”来学习不同国家或团体的文化知识，以及比较不同文化背景下的观念、制度、经济等各方面的差异。

2010 年，在学校德育处和团委的支持下，广附模拟联合国社团正式成立。经过几年的发展，广附模联社已拥有注册社员 200 多人，各级别的赛事陆续使得它在校内外都小有名气，并获得了广东组委会授予的“广东国际中学生模拟联合国大会广大附中理事会”的称号。

广附模联社的年度活动丰富多彩，新学年伊始，模联社采用展板、海报和传单等方式，进行招新宣传。为了保证社员的素质，每届进入模联社的社员都必须经过笔试、面试、试用等环节的严格筛选。模联社的大部分成员都是班级的优秀干部，校园活动的积极分子，无论是每年的评优评先，还是升旗仪式上的代表讲话，乃至合唱艺术节的表演者，总能看到模联社社员的身影。

广附模联社社徽

每个学期模联社定期举办两场模拟联合国大会，议题的选择、“国家”的分配、会议的流程、危机的设计以及社员的表彰，都严格遵循国际中学生模拟联合国大会的章程。除此以外，模联社还配合广附德育处、团委，举办精彩纷呈的趣味活动，如在“爱心嘉年华”中举办“模联体验馆”，让广大的兴趣爱好者体验正宗的联合国大会；在“社团开放日”中举办“模联舞会”，为校内外的模联爱好者提供一个交流的平台。

随着社团规模的逐渐扩大，模联社也加强了对外的沟通与交流。每年，模联社的社员都会积极参加泛珠三角区域中学举办的模拟联合国大会，并且多次获得会议的最高荣誉——“最佳代表”奖。为了方便对外的沟通和交流，模联社还建立了自己的微博平台，与广大的模联爱好者分享和交流参加模拟联合国大会的心得。每年暑假，广附模联社都与其他兄弟院校合办广州市初中生模拟联合国大会。2014 年 1 月，广附模联社远赴美国参加国际模联界的盛会——2014 年耶鲁大学模拟联合国大会，裘升昊、吴其远、谢菲三位社员获得了大会颁发的“优秀表现奖”。

模联人对自己有明确的定位，他们说：

模联是一个游戏，玩得开心的人，是敢于尝试的人；

模联是一部戏剧，夺目耀眼的人，是敢于表现的人；

模联是一场战役，攻陷堡垒的人，是冲在前面的人；

模联是一种经历，收获最多的人，是身心投入的人。

如果你，努力、激情、勇敢，欢迎你参与模联。

这里，有你专属的世界，你的存在将会改变世界！

2014 年，模联社员参加耶鲁大学模拟联合国大会

二、“广附之声”合唱团

“广附之声”合唱团有着悠久的历史和传统，自建校之初至今，已有六十余年的历史。它是一支合唱和谐、声音甜美、音域宽广，富于艺术感染力的队伍；是一支在广州市、广东省均享有盛名的合唱团体。合唱团始终以对合唱艺术的不懈追求为宗旨，以提高学生的音乐修养和综合素质为目标，全力打造品学兼优、德艺双馨的高素质人才。自 1994 年始，合唱团连续七届获得广州市学校合唱比赛一等奖。在第十届广州市学校合唱艺术节比赛中，他们还以同组比赛一等奖第一名的优异成绩，应邀到广东省星海音乐厅参加汇报演出，受到各专家、评委的好评。

合唱团参加广州市比赛

2015 年，“广附之声”合唱团再一次取得突破，首次走出国门，参加国际合唱比赛，并取得了优异的成绩。当地时间 2015 年 7 月 18 日，韦尼格罗德第 9 届约翰・勃拉姆斯国际合唱比赛暨音乐节上，“广附之声”合唱团演唱了极具特色和难度的民族合唱作品《猜调》《翠竹楼》《赶摆路上》，他们最终以纯美的音色、靓丽的民族风情，技压群芳，荣获民谣组银奖，为学校争得了又一份沉甸甸的国际荣誉！这次比赛，“广附之声”合唱团不仅唱出了民族风情，更唱出了“广附人”的“亮剑”精神！

三、文学社

黄华文学社，是隶属于广州大学附属中学的一个社团组织，成立于 20 世纪 60 年代。它因毗邻黄华路，且校内有“黄华堂”而得名。黄华文学社自成立以来，一直以“繁荣校园文化，丰富课余生活；开拓第二课堂，培养学生文学爱好”为宗旨，以“提高学生的文学素养和人文素养”为目的，以社团主题活动和文学社刊出版为特色，为文学爱好者提供交流与沟通的平台，同时推出实力作者和代表作品，成为广州中学校园文学的先行者。

《皇华》是黄华文学社主办的内部刊物。刊名最初为《皇皇者华》，后更名为《皇华》，取“黄华”的谐音和《诗经·小雅·皇皇者华》中“周爰咨诹”的访求贤才之意。皇皇，犹言煌煌，形容光彩甚盛。黄华文学社及其刊物《皇华》犹如灿烂的花枝，盛开在广附的校园里，盛开在广附学子的精神原野上。

黄华文学社以社刊《皇华》为平台，以社团主题活动为依托，致力于文学新苗推介，办社以来有黄子翘、齐沫、陈昊、黄冬悦、田茵子、王一诺等一大批优秀社员脱颖而出。文学社社员每年在全国各类报纸杂志上发表作品近 50 篇，在广东省和广州市举办的各类作文比赛中多次获奖。在 2007 年广州市第二届中小学艺术团展演比赛中，文学社黄子翘、蔡诗杨同学创作的剧本获创作类二等奖；在 2008 年由中国教育学会和教育杂志社联合举办的“第三届全国中小学优秀校内报刊评选”中，黄华文学社社刊《皇华》荣获特等奖，张佳平老师荣获优秀编辑奖；在 2010 年广东省教育厅组织的全省中学文学社团评比中，黄华文学社获得广东省“八佳文学社”的光荣称号。在 2011 年广东省教育厅组织的校园文学社团评比中，作为广州市的代表参评。

广附黄华文学社有一位明星人物——韩星鹭，她用自己的才情和笔，书写了对文字的爱，她曾在省以上中学生刊物公开发表 70 篇文学作品。2013 年 5 月，在作家出版社出版个人文集《年华是奔跑的花》。2013 年 7 月，获第十四届“中国少年作家杯”一等奖。2014 年 7 月，获第十五届“中国少年作家杯”一等奖。同年 7 月，赴京参加现场作文大赛，作文“明天，我和你一起追逐太阳”，获第十二届“叶圣陶杯”全国中学生新作文大赛决赛一等奖，并且获得“叶圣陶杯”全国中学生新作文大赛2014年“十佳小作家”称号，并且在这一年，她被吸收为广州市作家协会会员。2015年，在“中国梦·我的梦——首届广东青少年书画摄影作文大赛”中，荣获征文一等奖，同年5月，出版个人文集《流行爱慕》(作家出版社)。

和所有的中学文学社一样，黄华文学社也怀揣着文学爱好者们的美好梦想：希望通过自己的不懈追求，让校园多一点文化的味道，让广附多一点书香的气息，让更多的同学喜欢读书，钟情作文，进而爱上世界上最美的汉字，爱上世界上最动听的汉语。

风雨兼程，黄华文学社伴随着广附一路走来，见证了广附由弱至强的发展历程，记录了广附人的歌声与笑声、泪水与汗水、成长与希望，并将满怀信心地为广附的明天喝彩。

《皇华》获最佳社团刊特等奖

四、书法社

书法是中国特有的一种传统艺术，它像无言的诗、无形的舞、无图的画、无声的乐。书法是一种静态的汉字表现艺术，传承书法，也是传承我们中国的传统文化。广附黄华书法社成立于 2011 年 9 月，黄华书法社是因活动地点设在广附现存历史最悠久、最古老的黄华楼而得名的。学书法能使人变静，成立书法社团的目的在于让学生们通过书法练习，磨炼意志，培养其专心、细心、耐心和毅力等优秀品质，从而提高人的整体素质，这是其他学科所无法替代的。常言道："宁静致远，静能生智。"当一个人的心灵处于宁静状态时，其思维水平和办事效率都能得以提高，这也是修身养性的好方法。

在书法教学过程中，俞明正老师注重培养学生的学习兴趣，教授学生正确的书写姿势；在训练过程中，让学生掌握如何起笔、运笔、顿笔、收笔等书写要领。另外，社团除对学生的书法练习严格要求外，还特别要求学生注意良好的写字习惯的养成，不随意丢纸屑、掉墨汁等，每人分管好自己身边的那块"自留地"。通过严格的学习训练，学生基本都养成了良好的写字习惯。

社团活动内容主要有名碑名帖临摹、名作欣赏、比赛创作指导、外出参观学习等。通过书法学习，社团成员的书法素养得到了提高，从而更好地继承和发扬了中国的传统书法艺术。

学生正在专心习字

五、古韵社

古韵社的宗旨是以戏剧为灵魂，以文化为基础，以历史知识为载体，致力于戏剧的创作、表演，以激发校园思潮，活跃校园文化。古韵社有形式内容多样的社团活动，包括系列讲座、纪录片与历史题材影片欣赏，其中最具特色的就是历史剧的创作与表演。在不到两年的时间里，古韵社培养了大量的戏剧创作、表演人才，取得了可喜的成绩。

历史是生动的、鲜活的，2012 年我校丁羽、齐伯文、张兆维等同学自导自演的《竞雄女侠秋瑾》，诠释了一代女侠的豪情壮志，该剧荣获第三届“广州市中学生历史剧创作表演大赛”一等奖。该剧目还多次在学校组织的大型活动中展演，一时成为我校全体师生关注的焦点！2013 年 9 月，古韵社招收新社员 46 人，在短短的两个多月时间里，他们自导自演了《亚历山大大帝》《昭君出塞》《夺门之变》等一幕幕精彩的历史剧作，演绎他们对历史事件、历史人物的了解。而这其中由范予婧、黄楚霖、邓乔等同学自编自导自演的《唐太宗择婿》，在第四届“历史剧创作表演大赛”中获得了一等奖的好成绩！

六、管乐队

广附管乐队成立于 1980 年，是一支拥有悠久历史的乐队。雄壮的气势、合理的配器、和谐的声音、优雅的礼仪，是管乐队的显著特点。乐队有独立的合奏排练室，有专业的老师授课，还聘请了广州武警管乐团的团长为客座指挥。

管乐队自成立以来，曾荣获多次团体奖项，在各种大型活动中大展身手，展现了广大附中学子精湛的技艺和优秀的精神风貌！广附管乐队的同学，用富有冲击力的重音敲击听众沉睡的心灵，用流畅的长音阶舒畅听众的心情，用活跃的跳音跃动听众的灵魂，用悠悠的管乐声把听众的思绪带到那理想之地。

管乐队在新年音乐会上表演

七、舞蹈社

舞蹈训练，可以让学生掌握较广泛的舞蹈知识，并兼备音乐与舞蹈的艺术表现力，使学生具有较规范、扎实的基本功及技术技巧，为参加各种活动做好充分的准备。然而，舞蹈基本功的练习过程是非常艰辛的，有些社员基础比较薄弱，但是却非常喜爱舞蹈，他们勤奋刻苦，从基本功开始练起，不管夏天的炎热还是冬天的严寒，他们都坚持不懈、互相鼓励，没有一个社员中途放弃，舞蹈社对于他们来说，成了一个团结又温暖的小集体。

舞蹈社队员展演现场

这是一个多元化的社团，长期的舞蹈训练，不仅促进了同学们专业技能的发展，增强了同学们的才艺；而且通过练习，同学们对音乐、节奏有了更多的了解和更好地把握。

舞蹈社开展的一系列活动，增进了同学之间的友谊，丰富了同学们的课余生活，锻炼了社团干部的工作能力，舞蹈社的每一届成员们都会不断地在生活中、舞台上展示出最好的自己。这里不仅有柔美女子团队，还有一个个刚毅的男子汉。24名国防班男生参加舞蹈社团训练3个月，排练的军人舞蹈《铸剑》，获得了广州市中学生艺术节舞蹈比赛一等奖的好成绩，就是明证。

舞蹈社社员在练功

自社团成立以来，舞蹈社代表学校参加市各级各类演出及比赛，获得了优异的成绩，如获2009年广州市第五届舞蹈大赛一等奖（节目《古、今》）；获2011年广州市第三届中小学艺术团展演的表演一等奖、创作一等奖；获2012年广州市第六届舞蹈大赛一等奖（节目《悠悠水乡》）；每年校艺术节表演均获一等奖，并在各种演出活动中获得广大师生的好评，广附舞蹈社团本着“舞出青春、舞出活力、舞出精彩”的原则，为学生提供一个学习美、体验美、展示美、创造美的大舞台，丰富了学生的第二课堂，拓展了学生的艺术视野。

更难能可贵的是，舞蹈社团非常注重社员的感恩教育，每次教师节都会有社团成员为老师精心准备礼物，社团文化的培养不仅是学艺，更多的是培养孩子有一颗感恩的心。每一批老队员退社时，社团成员都要拍照留念，让这些孩子们留下最灿烂的笑容，让他们的未来的人生里依旧铭记这段美好的回忆。

八、Hyper-Form 社

广附 Hyper-Form 社，成立于2003年，原名为街舞社，于2011年正式更名为“Hyper-Form”，它的宗旨是：建设文明校园、繁荣校园文化。Hyper-Form 社是热情与激昂的结合，是活力与绽放的代名词。在这里，你可以开办自己的个人 solo，也可以和同伴一起举行 battle 赛，只要你有才艺，你就可以找到属于自己的舞台。

社员在 DJ 大赛现场表演

作为动感流行音乐文化的代表，社员们不再拘泥于传统舞蹈，动感的音乐配上活泼的舞步，学生们乐在其中，歌舞青春。他们多次登台演出，把自己在音乐中感受到的喜悦和动感带给同学和老师们。Hyper-Form 社还多次与兄弟学校举行友谊交流赛，宣传广附的舞蹈文化，充分展现了广附学子的风采。

九、创绘社

创绘社成立于 2013 年 9 月，由广附具有美术创作经验的黄璐老师指导。创绘社是一个非常快乐的社团，它会带领社员走进各大美术馆看展览，启发社员的想象力；也会请来各类艺术家分享自己的创作经验，挖掘社员的创造力；还有通过各种技法的学习与实践，提高社员的绘画表现力。本社团以课堂专题训练为主，课外考察梳理为辅，在逐步实践的过程中，增强学生对形象的理解与转译能力，并激发其造型能力和创造力。在社团成长的过程中，得到了学校团委的大力支持，曾在我校成功举办了中国首届插图艺术展参观活动、“千年风雅——宋元绘画精品展”参观活动、广东科学中心参观活动等。短短的三年时间里，黄老师精心辅导社团学生参加各类绘画比赛，获得 3 个省级奖项、12 个市级奖项、35 个区级奖项，其中杨彤欣的《放学路上奇遇记》获得广东省第五届中小学生艺术展演一等奖；王梓乐的《改变这一切·爱护和平》获得广东省2014年国际和平海报比赛一等奖。

第三节　走向生活

知识源自生活和实践。广附社团既有"高大上"的科技文化类，也有接地气的生活类。有这么一群孩子，他们不仅热爱学习，也热爱生活，善于发现生活中的美和乐趣，"在做中学，在学中做"，并由此将乐趣变成现实，逐渐创建了自己的社团，如巧固球社、烹饪社、飞羽社等。

一、学生文化创客空间

一方小屋，幽香氤氲，一杯咖啡在手，感受的却是一份青春张扬之中隐隐蕴含着的静谧优雅。温馨浪漫的"附·时光"学生文化创客空间，于2015年11月，在每一个"广附人"期待的目光下，揭开了面纱。校领导、各年级级长以及来自各年级的学生代表相聚于此，见证了这一值得纪念的一刻，见证了专属于广附学生的文化创客空间璀璨绽放的一刻，《广州日报》、广州电视台等多家媒体也亲临现场采访。

"附·时光"学生文化创客空间是一个由学生自主创作、自行设计并制作具有广附特色的文化产品的地方。这里除了卖创意，还卖学生自己调制的饮品，整个空间完全都是由学生自主管理，成为一个给他们提供大量较好的锻炼和实践机会的场所。大家在自由参观的时候，眼光无不被"附·时光"里各式各样学生自行设计的带有广附特色的精美产品及一杯杯新鲜出炉的浓香咖啡所吸引，不舍离去。校领导们也兴致勃勃地走遍了"附·时光"的每个角落，给学生的创意和能力不断点赞，在"附·时光"这个由学校和学生自己精心打造的平台上，挥洒着属于广附学子的梦幻狂想。我们有理由相信，"附·时光"——这个由广附学子自行创立的交流空间未来无限美好！

校领导向嘉宾介绍我校学生自主设计的文化产品

校领导在"附·时光"接受媒体采访

附：《中学生报》头版头条对我校学生的创客空间的报道

赋予时光创意　激情点亮校园

——记广附学生文化创客空间

咖啡厅里橘黄的灯光、个性十足的陈列柜、简约舒适的沙发以及彰显校园特色文化的创意产品……从书架上取下一本《明朝那些事儿》，捧一杯香气缭绕的咖啡，细细品味、细细品读……

这里是广大附中黄华路校区的“附·时光”咖啡厅，一间由24名中学生自己经营的创意实践场所。谁说青春不能轻狂？这群年轻、充满活力的中学生，从萌发一个“创业梦”，到“真枪实弹”地干起来，他们赋时光以创意，用激情点亮青春校园。

日前，广州第一家由中学生独立经营的“文化公司”——广大附中学生文化公司开业了！“附·时光”咖啡厅就是文化公司首个经营主体，除此之外，文化公司还卖文化创意产品，试营业首日就有1000多元进账。

据悉，“附·时光”咖啡厅除了咖啡屋的选址是原来的校史室，咖啡机等硬件配置及装修由校方提供外，其余资金都由学生通过拉赞助及在校内售卖“广附文化T恤”所得而来。这些“创意家”们独立完成了咖啡的制作、文化创意产品的设计生产、咖啡厅的室内设计，以及咖啡厅的日常运营等工作，还欲将营业收入再次投入文化创意的点子征集和产品种类的拓展上。“市场总监、财务总监、咖啡师……我们的运营团队全部都是学生，由团委学生会的骨干组成，大家在分配好自己学习时间的同时，集思广益，共同为这个文化创意项目敲定方案中的每一个细节。”店长李炜说道。

让二十几个中学生在校园内搞起“创业式”文化项目，学校也真够“大胆”的！用广附团委书记蔡瑞虹老师的话说，就是“这个项目的主旨是传播广附校园文化，激发学生强烈的爱校情感。学生们有如此高涨的热情和丰富的创意，学校自然愿意为他们提供全力支持和帮助。”

有句话说得好：“只要青春不死，梦想不灭，我们就可以鼓足勇气彪悍前行。”在这花样年华里，让我们赋予时光一些创意，用激情点亮青春校园！

创客空间全景图

广附校服款式的优盘

手绘校园风景明信片

校园风景书签

学生设计制作的学校宣传碟片

“附·时光”内经常排着长长的队伍

二、巧固球社

巧固球运动始于20世纪70年代，是由瑞士生物学家布兰德博士发起的，他根据人体工程学原理、现代工业的需求、人类行为趋向等，从教育的团体游戏观点出发，结合壁球、排球和手球等运动，发展设计了巧固球运动。相比于篮球、足球等运动，巧固球是一项较为柔和的运动，再加上它所需场地较小、器材简单，因此它也是一项极其亲民的生活类运动。与其他球类运动相比，巧固球运动还有一项最大的特点，它讲求和谐礼让，在整个比赛过程中，参赛者绝不能侵犯别人的身体。

巧固球社社团成员合影

作为一项新兴的球类运动，很多人可能没有听过它，更没有接触过它，但“广附人”敢于开创先河，在校内组建男、女子巧固球社，并紧锣密鼓地投入训练。短短几年时间，便先后收获了优异的成绩。在2012年的世界锦标赛中，取得第九名的成绩；在2014年暑假，巧固球社远赴法国参加巡回赛并获得冠军，再一次为国争光。

2015 年暑假，马不停蹄的巧固球社又迎来了一个大丰收。于同年 8 月 12 日—17 日，在新加坡举行的第四届世界青少年巧固球锦标赛上，有 9 个国家参赛，巧固球队荣获 15 岁组第三名。与上一届世界巧固球锦标赛相比，球队排名从第九名上升到了第三名，成绩的取得实属不易，荣耀的背后是教练和学生们辛苦的付出和努力。自巧固球社成立以来，每年暑假，球员们都要在学校集训，顶住烈日酷暑，克服一切困难，终以成绩证明了自己。

在长期的训练和参赛经历中，巧固球社的社员们深深地领悟了巧固球的精髓，学子们秉承“礼让、和谐”的原则，不仅可以在赛场上挥汗如雨，而且还能保持始终融洽的气氛。这大概便是巧固球的魅力所在吧，既可以让青年学子们锻炼体魄，同时又可以让他们学习合作、和谐之美。总而言之，广附巧固球社，是一个充满了活力的新兴特色社团，它把巧固球这一运动带入了大众的视野，成功地为学校争光，并且迈向世界，为国家添彩。

三、烹饪社

中国的饮食文化可谓风味多样、讲求美感、注重情趣、医食结合。中央电视台播出的《舌尖上的中国》引发了中国饮食文化热。现如今，越来越多的人开始对烹饪感兴趣，喜欢在家做一手好菜，和家人一起分享，既沟通情感，又带来乐趣。

社员们正在做汤圆

广附烹饪社是由一群既“爱吃”又“爱动手”的孩子组成的，他们创意十足，喜欢自己动手做各种各样的美食，不仅味道可口，外形也精致美观。在烹饪的过程中，他们既感受到了自己动手的乐趣，又享受到了成品出来的喜悦感和满足感，每一个用心的过程，都弥足珍贵。

烹饪社的社员中，有“大厨”级别的，也有零基础的，他们可以相互交流心得体会，也可以搞些“发明创造”，不管是“八珍玉食”还是“黑暗料理”，都没有人嫌弃，因为大家相信，在社团成员的相互带领、相互学习下，每一位成员总能做出一手美食。

四、飞羽社

动物是人类的好朋友。广附于 2008 年成立了以“观鸟、爱鸟、护鸟”为宗旨的飞羽社。在飞羽社，指导老师通过讲授鸟类的相关知识、播放生动的鸟类音像资料等，使社员们学习了鸟类的相关知识，如了解鸟巢和鸟饲食器的制作、橡皮泥小鸟模型制作，学习剪纸贴画、手绘特色书签等，增加对鸟与自然、鸟与人类关系的认识；同时，飞羽社定期开展校园鸟类调查，组织野外观鸟行。他们以双筒望远镜为主要工具，足迹遍布广州市内的各大公园和大学校园，寻找大自然活泼的精灵——鸟，体验大自然的美好和生命的意义。

在指导老师的带领下，社员们还参加了各级各类观鸟比赛，成绩斐然。郑伟河老师曾获“广州市中学生物教师常见野生鸟类识别竞赛”一等奖；在近三届的“广州市中学生野外观鸟活动”中，广附飞羽社派出优秀

社员正聚精会神地追查鸟的踪迹

队伍，获得了两次二等奖，一次三等奖的好成绩；社员的综合实践案例《爱鸟爱自然》参加“广州市中学生生物综合实践论文”评比，获二等奖；社员的《广附校园鸟类调查》参加“广东省中学生生物多媒体作品竞赛”，获优秀奖。

五、田径队

“我们不仅要学习，更要爱好一门乐器，坚持一项体育锻炼。”邓云洲校长在谈到对学生素养的培养时如是说。在体育锻炼上，要数田径队最有代表性。自建校以来，广附就组建了校田径队，在小队训练中，田径是重点建设的运动项目。田径队由专业教师担任教练员，对队员进行基础的锻炼要领讲解及示范，同时组织有计划的科学的系统训练，增强学生的身体素质。

队员们坚持每天练习

自建队以来，田径队的发展带动了越来越多的学生参与到体育锻炼的队伍中，每天在运动场上都会看到一群孩子们矫健的英姿，他们尽情地挥洒汗水，在历届省、市高校中学生比赛中，广附的运动健儿们大显身手，屡创佳绩。这正如田径队的口号一样：再接再厉，更上一层楼，希望社员们努力不懈、勇攀高峰！

六、十字绣社

在学校领导的支持下，2012 年十字绣社成立了，这里汇集了一批心灵手巧的小姑娘们。她们学习和掌握基本的刺绣技巧，绣出一幅幅精美的艺术作品，让图画跃然于布上。

十字绣是用专用的绣线和十字格布，利用经纬交织搭十字的方法，对照专用的坐标图案进行刺绣。社员们利用双线针和钝针，穿针引线、构思描摹，采用眼绣、链绣、断绣、飞绣、羽毛绣、瓣绣、回针绣等绣法，在专用的十字格布上按照预先设计好的图样完成作品，既可以绣出用以装饰的风景、字画、静物、人物、卡通、花卉、动物，也可以绣实用的钱包、车枕、卡套、卡包等。在十字绣社，同学们一边创作，一边谈天说地，时光静静流淌，祥和美好。

十字绣社社员成果展

这项手工活儿让社员们抚平自己平日里浮躁的心绪，锻炼自己的耐性和定力，在一针一线中感受传统文化的魅力，感悟人生的哲理，同时不断创新、实践，用手中的针和线，绣出一片广阔天地，为自己的未来描绘一幅美好的蓝图。这或许就是十字绣社最大的魅力所在吧。

七、摄影社

用我们的眼睛发现身边的美，让美丽定格在瞬间，让喜怒哀乐、花落花开成为永恒的纪念，用我们的心灵与双手，将生活中的点点滴滴展现在人们的眼前。青春易逝，影留青春，这里承载着学生们美好的期望，这就是广附摄影社。

为满足校园摄影爱好者的需求，丰富大家的课余生活，记录短暂的校园生活，在校领导的支持下，广附摄影社于 2011 年成立了。经过几年的发展，广附摄影社已经发展成黄华路摄影社和大学城琉光摄影社两大团队，每周三一次的摄影活动吸引了许许多多广附爱好摄影的学生参加。自成立以来，已先后培养了近百名校园摄影、摄像人员，为学校提供了大量的图片素材。

在这里，社员们可以一起交流摄影技巧、分享摄影心得、赏析优秀摄影作品、学习摄影知识、举办专题摄影活动。社团的终极目标是传播摄影乐趣，让所有人感受到摄影的无穷魅力。在学校举办各项大型活动时，摄影社的社员们经常举着相机和DV，站在角落里记录这一切；在别人游山玩水时，他们也总是把美丽的风景拍摄下来与大家分享，将捕捉美的镜头伸向更宽广的领域！把享受"咔嚓"间的精彩，播撒在一波又一波汹涌的青春浪潮里！

老师在指导社员们构图

"青春就是力量"，行走在广附的校园里，你会发现，每天都上演着青春的舞曲。这里有众多社团，它们给广附学子提供了一个可以尽情挥洒情感，施展自己才华的平台，让人们不禁感慨，这何尝不是另一种"百家争鸣""百团大战"呢？只是，在这个"百家争鸣"里，主角是稚嫩而富有活力的广附学子；在这个"百团大战"中，学子们纷争的是自己的才情和个性。

作为一所学校，我们很欣慰能够提供一个可以让学子们释放才情的平台，我们希望在未来的日子里，社团活动更加精彩纷呈，学子们更加健康快乐！

第六章　教研促教学：捕捉教育的活力

树的根扎得越深，才能吸收越多的养分，经得住风吹雨打、见到更多的阳光。教学和教研就像一棵树的两端，教研是根、教学是枝叶。根扎得深，才能给枝叶充分提供养分；同时，枝叶茂盛了，才能吸收更多的阳光雨露和空气，回馈给根，这样才能促成生命的延续。“十年树木，百年树人”，教育是一个“树人”的过程，它比“树木”更难。每一个少年都要悉心呵护，每一颗心灵都要因势利导、循循善诱。因此，在教学与教研的过程中，要本着“以人为本”“以生为本”的理念，努力平衡教学与教研的关系，以教研促教学，用教学带动教研，形成良性循环。

广附在教育研究中，把教学教研放在首位，探索和建立了一些独特的教研教学模式，同时重视技术设备的更新和教师的培养。在稳固基础力量的同时发展有生力量，捕捉教育的活力。

第一节　教研领航，一路向前

《易经》里有一句话：“匪我求童蒙，童蒙求我。”意思是说，不是我求蒙昧的童子(学习)，(而是)蒙昧的童子求我(施教)。这句话道出了教和学的本质，即教师的第一专业素养应该是研究学生，研究如何让学生产生学习的兴趣和欲望。很多教师在教学的岗位上会发现这样的问题，即越是走向教育的深处，就越能感到理论素养的短板会成为制约专业发展乃至教研质量提升的瓶颈。所以广附在抓学生的基础教育的同时，特别注重对教师理论素养的培养，鼓励教师大胆创新地进行教学研究。例如，在课例研究中，有一课多磨、多课一模和同课异构等多种形式，同时组织教师写教学随笔、教学反思，通过这一系列的活动，促进教学研究的深化和进步。

一、通过课例研究，改进教学模式

“课例”是一个课堂教学改进的实例，是对教学改进过程中的问题和教学决定的再现和描述(“讲教学研究的故事”)。“课例研究”试图有主题、有目标、有方法、有基点地研究一堂课如何改进，而且这个改进过程对于我们改进一类课有所启发，是传统教研活动的精致化过程。

广附所倡导的课例研究，是将教师的研究、进修和日常教学实践紧密联系起来的一种校本教研活动；它主要以课例为载体，是在教学行动中开展的、以解决教学中碰到的问题为目的(也可以以如何上好一节课为研究目的)。通过教学设计来预设问题的解决，通过课堂实践来验证教学设计，课后通过一节课的全程或片段作为案例进行剖析，找到成功之处或不足之处(解决这些问题的方法和技巧)，再通过后续的教学行为的跟进，来改进不足之处。其目的是充分发挥科组(备课组)的整体功效，通过科组(备课组)老师的互助、合作、探究，来推动整个科组的发展，带动及促进青年教师的成长。让教师通过课例这一小切入点，研究自己，为自己而研究，最终实现改进教学、发展自我这一目的。我们倡导的以课例为载体的校本教研不仅关注文本学习和相互讨论，而且更多地关注教学行为的连环跟进。广附的课例研究基本的操作流程是：问题——设计——实践——反思——总结——再实践。在课例研究中主要有如下三种模式。

模式一：一课多磨。这一模式侧重把一节课磨好。科组通过对同一位老师的同一节课多次上课、多次研讨、多次修改等方式，把一节课磨好，以达到“磨人”的目的。此模式的关键在于科组教师的互动和对问题的跟进。

模式二：多课一模。这一模式侧重把一个主题磨好。试点教师通过围绕一个主题对多节课进行设计、修改、研讨等方式，把一个主题磨好。此模式要求试点教师先根据所关注的教学问题，确立一个研究主题，然后学习相关的理论和经验，在此基础上围绕这个主题，通过不同的课，借助科组教师整体的力量，对同一个主题开展多阶段教学研究。

模式三：同课异构。这一模式侧重点是用“比较”的方法来看待“同”中之“异”，重点是在研究“异”。同一课，不同教师、不同构想、不同上法，大家在比较中互相学习、扬长避短、共同提高。具体流程是，科组（备课组）商定出相同的教学内容，由两个教师分别备课、上课，科组教师集体听课、评课，再由第三位教师专门负责研究“同”和“异”。此模式关键在于第三位老师连续跟进两位上课老师的整个设计和上课的全过程，并对这些课进行对比，结合他们所取得的效果，找出他们的优点和不足，然后一起反思上这节课所经历的过程。下面举例介绍“一课多磨”的过程和步骤。

广附“课例研究”——“一课多磨”的具体步骤

第一步，教学设计阶段。此阶段要求：1. 试点教师先自己独立进行设计；2. 在科组会上详细阐述自己的设计；3. 科组老师发表意见，提出建议；4. 试点教师结合本次会议上其他科组教师提出的建议，进行第二次课堂设计。第一步的成果材料包括：1. 教学设计的文字稿；2. 科组会上老师的建议文字稿；3. 第二次教学设计的文字稿，侧重点是对那些改进的地方要做详细的阐述。

第二步，课堂观察阶段。根据第二次的课堂设计上研究课，科组全体成员听课、观察，全程录音、录像。第二步的成果材料：课堂教学的录像材料。

第三步，召开反馈会议。根据录像及录音材料，详细对这位教师的教学过程进行反思，找出存在的主要问题，寻找设计与现实的差距。第三步骤的成果材料包括：1. 反馈会议上的老师发言及建议的文字稿；2. 上课老师结合反馈的意见，所写的反思文本材料。

第四步，撰写课例研究报告。由试点教师执笔，科组其他教师一道参与，所撰写的课例内容应包括导言、问题、解决问题过程中的主要事件及策略、反思等。第四步骤的成果材料为“课例研究报告”。

课例研究是广附多年来在教学模式上进行探索的结晶，广附将授课教师非常精彩的课例研究进行整理，印行了《课例研究报告选编》《同课异构案例精选》等书籍，供师生参考，它真正体现了资源共享和优势互补。课例研究的主要目的是为了提高课堂教学质量及促进教师的成长，所有的操作都要围绕这两个目的进行。因此在操作过程中不要求太理论化，而要注重实践操作，研究方式可以适当地变通。譬如，可以以问题切入的方式探讨，也可以以如何上好一节课的角度来做课例研究，综合运用一课多磨、多课一模或同课异构等方式。

方向重于方法，发现重于观察。所以，在课例研究的过程中，广附鼓励教师在亲身“做”课例的过程中，形成针对课例的行动及在行动中产生思考、研讨、深刻反省，正是这一过程使教师获得了快速的成长。广附在课例研究上提倡要善于观察，抓住主要方向，如果发现方向错了，要学会停下来思考，以便更好的前进。

二、不断进行教学反思，随时记录教学随笔

俗话说：“失败是成功之母。”但还有一种观点认为：“反思才是成功之母。”你失败了，不反思总结，又怎能获得进步呢？广附在倡导课例研究的基础上，鼓励教师进行教学反思，并以随笔的形式记录下自己的教学反思。教师的教学反思是教师认知活动的一个重要组成部分，是指教

师为了成功地实现教育目标，对已经发生或正在发生的教学活动及支持这些教学活动的观念、假设，进行积极、持续、周密、深入、自我调节性的思考。美国心理学家波斯纳曾经提出教师的成长公式为：教师成长＝经验＋反思。教学反思对教师的成长具有根本性作用，而教学随笔只需记录和固化教学的点滴感受，以生动形象的语言表现出来，形式可以不拘一格，重要的是改进。

在中学进行教学反思与撰写随笔，实际上属于行动研究的一部分。并不是特别高深，是在教学告一段落后，把课堂上的反馈信息、自我感觉以及引发的诸多思考形成文字。把课堂教学实况像放电影似的在头脑中重过一遍，回顾一下自己的教学目标是否达到，教学任务完成的如何，学生反馈怎样，是否符合教学规律，是否有利于学生终生发展……然后把注意的焦点对准那些使自己激动难忘的点上，可以是得也可以是失，或者是遗憾、感觉，记录下来，就是教学反思和随笔。针对的阶段可长可短，可以是一节课，可以是一学期乃至一年或一届；针对的内容可以很丰富，可以是新授课，也可以是讲评课，或者是考试评价，甚至观摩他人的课、揣摩他人的经验等；关注的方向也很多，可以是态度、内容、效果等；关注的对象可以是教师的教授，也可以是学生的学习情况等。

教学反思和随笔具有极其重要的作用，既可以促进教师的专业成长，也能促进师生关系的和谐发展。教学反思与随笔有利于教师从感性认识上升到理性认识，教师通过对自己的教学观念、教学方法、教学过程、教学效果等方面的思考与感悟，正确地认识和把握教学活动中的种种本质特征，成为一名清醒的、理智的教学实践者；有利于形成自己的教学风格和特色，由“教书型”教师成长为“专家型”教师；有利于教师提升理论水平、拓展知识层面，由“学科型”教师成长为“学者型”教师。教学反思与随笔有利于教学效率的提高，有助于对学生兴趣的培养，有助于对学生思维的引导，从而使师生关系和谐发展、良性循环。广附专门印发了《耘思录——首届“名教师、骨干教师、教坛新秀”教学随笔集》等课例研究集，把优秀的教学反思和随笔与大家分享，促进共同进步。

广附课例研究成果展示

三、课例研究案例

案例 1：“一课多磨”经典案例——《认识磁场》课例形成过程

物理科　黄健仪

（一）导言、问题

来到一个新的环境，面对高一个层次的学生，如何顺应学生的水平，对其进行循序渐进地引导，使四十分钟的课堂教学充实有效，并且高效地帮助学生提高能力，这些都迫切需要我进行深入的思考。此时恰好得到一个上市公开课的机会，我决定以此为课例进行仔细研究，借助集体力量，迅速提升自我能力。

（二）解决问题过程中的主要事件及策略

整个准备和实施过程经历了以下几个阶段，随着时间的推移，意见收集越多，引发的思考也越多，得到的启示与日俱增。

1. 第一阶段——独立研究教材，进行课堂设计

《认识磁场》是《磁场》的第一节新课，有与初中衔接的知识，也有与第一章《电场》作类比的内容，还有新的知识要为整章书的学习打基础。该节内容可谓解决磁场问题的工具。

磁场比较抽象，基础知识也比较多、杂。按照课本的编排，第一部分是了解哪些物体能产生磁场，及它们之间如何通过磁场发生相互作用。第二部分是利用磁感线去描述磁场，其中包括磁体磁场和电流磁场的磁感线。

乍看，仿佛线索很清晰，但其实当中涉及大量的演示实验、零碎的知识，有简单的磁体间作用，又隐含复杂的安培力现象；有学生熟悉的磁体磁感线，也有学生完全陌生的电流磁感线；有初中已经知道的磁体外部磁感线特征，也有学生所不知道的磁体内部及整体磁感线特征。一节课，时间短，但细枝末节众多，信息容量相当大。

按照课本的思路，第一次的教学设计把教学目标中的知识与技能目标确定如下：(1)知道哪些物体能产生磁场，它们之间如何产生相互作用；(2)了解磁场的基本性质和物质性；(3)了解几种典型磁体磁场的磁感应线分布图，会运用右手安培定则判断电流的磁场；(4)知道安培分子电流假说，并运用其解释有关的现象。

简言之，就是设想把整节内容全部完成。

第一版制作的PPT课件共有22页，每页文字与图片都是满满的，我把所有新课引入的例子、演示实验、知识概念、定则等一一罗列，还补充了应用实例。

此外，按照计划内的安排，我到实验室准备了满满两车的实验仪器。

学生学案的编排就按PPT的顺序，把一些概念挖成空格，让学生填写，并要求学生独立完成电流磁场的磁感线三视图。

在第一轮的课堂设计过程中，我感觉自己像搬运工，把书本的内容照搬到所谓的设计里，然后再把自己能想到的内容补充进去，塞得满满当当的，但却杂乱无章，没有主题，看不出格局。同时因为是异地教学，我对学生情况并不了解，就产生了一种宁可准备过量，也不要造成"填不饱"的心态，所以几乎没考虑内容容量如此之大的可行性和实效性。

第一次试讲，学生层次是大学城校区的基础班。授课时自己的头脑是迷糊的，一片空白，不是因为紧张，而是因为心中没有清晰的线索，只是一张张地过幻灯片，照本宣科，换到下一张幻灯片才知道下一步要说什么，要做什么，像在背台词一样把知识啰啰唆唆讲解一遍。头脑仿佛只剩下空壳，没有积极主动地思考，当然也引不起学生的真正思考。急于把所有知识都讲完，但由于内容多，结果却变成了一言堂，自己讲得糊里糊涂，学生听得昏昏欲睡，实验现象也不明显，抽象的地方不能具体讲透，尽管学生有很多不理解之处，也只好讲到哪里算哪里，结果当然是预设内容没讲完，学生也没怎么听明白。

课后，科长姚老师和科组的老师都真诚地提了许多意见与建议。

2. 第二阶段——整理意见，修改设计

结合第一阶段的经验教训及其他老师给我提出的意见与建议，我对自己的课堂设计做了修改，详见下表。

课程设计第一次修改意见表

内容	意见	改进措施
课堂引入	以磁悬浮相架的例子引入，很吸引眼球，但其中包括的原理较复杂，不能解剖内部结构，也无法向学生解释清楚，学生整节课都在想着这个相架，分散了注意力	去掉华而不实的磁悬浮引入，改成大家都熟悉的冰箱磁吸贴，直观展示磁体间的相互作用，以及不需要接触也能产生相互作用这一特点，引出“磁场”概念
电流的磁效应	奥斯特实验是初中的内容，这个实验中磁针很小，坐在讲坛下的学生观察不到，实验花了很长时间，没有得到应有的效果。如果要演示，就利用实物投影或摄像头，或者用视频代替	用19秒的演示实验视频代替现场操作，迅速帮助学生回顾初中知识(因为不是本节重点内容)。不解释小磁针的偏转方向，仅简单通过现象说明有“磁场”的存在(因为偏转涉及力的分析，也不是本节重点，反而会把问题复杂化)
磁场对电流作用、电流与电流作用	实验比较清晰、电流间相互作用运用口诀“同流合污、背道而驰”，形象易懂，但占的时间较长，归纳的图形也过于复杂，必须精简	把这两部分删去。本节着重向学生证明存在“磁场”这种特殊物质，并让学生学会描述其特点，涉及力或更复杂的内容可留到第二课时解决。把归纳图形简化为突出“磁场”这一核心主体
磁感线特点	抓住磁场与电场的相似点作类比，通过回顾电场线特点，让学生迅速进行知识迁移	先摆出几个经典电场线的图形，简单回顾电场线特点，引导学生用小磁针类比电荷；NS极类比正负电荷；强弱、方向类比异同
磁体磁场的磁感线	①学生画磁感线的环节可以保留，但展示学生作图时，要注意对细节做出指正，给出一个正确的图像作为范例，或自己画一个图 ②磁体内部方向S指向N，是学生不知道的新知识，要规范地做图板书，让学生建立物理情境，并帮助学生理解为何磁感线是闭合的	①找出几幅经典磁感线图片，以备示范之用，尽量压缩在此部分的时间 ②强调内部磁场方向及磁感线为闭合曲线等的新内容

续表

内容	意见	改进措施
直线电流的磁感线	①实验效果不明显，除了可用投影放大效果外，还可使用三维视频，为学生构建立体物理情境，便于学生理解 ②此部分为本节的重难点，应该集中精力把直线电流的磁感线讲透，先把一个平面讲清楚，可以稍稍弱化三视图	①制作教具，把安培定则的直线电流与磁感线关系具体化 ②买荧光棒分发给学生，作为学生理解右手定则的辅助工具 ③课件中加入三维动画演示，便于学生理解
环形电流的磁感线	①以学生已经熟悉的通电螺线管为铺垫，反过来推导环形电流 ②学生从直线电流迁移到环形电流产生不解，可用电流元法同右手定则两种方法同时解释	用电流元法解释每一小段的环形电流所形成的磁场，更连成环形用右手定则去简单判断
通电螺线管的磁感线	学生已经有基础，可以讲得快一点，同时要与条形磁铁的磁感线进行类比，借用通电螺线管内部磁场去反映条形磁铁磁场	①把横截面图和纵截面图删去。更突出右手安培定则的直观使用 ②以一个环形电流变两个同向环形电流再引申到一百个同向环形电流，引导学生从环形电流理解通电螺线管磁场的特点 ③提醒学生注意通电螺线管磁场的特点与条形磁铁的相似之处，强调内部磁场方向 S 指 N，且磁感线是闭合曲线
电磁继电器	此例子没必要提，会显得主题不突出	删去
磁悬浮原理及受力分析	原理较复杂，不易作受力分析，会分散学生注意力	删去
安培分子电流假说	时间不允许	删去

续表

内容	意见	改进措施
板书	①底版太花，分散学生注意力，不能突出课件主体内容 ②要有必要的提纲，体现整节课的设计思路 ③画图要规范、清晰	①改为简单的素色模板 ②第一，磁场；第二，对磁场的描述；第三，电流的磁场
课后练习	个别题目在新授课出现显得难度太大，建议作点铺垫或删掉	在难题前加一条基本题目，难题作为变式题，从易到难地进行知识迁移

根据以上修改，对教学设计中的知识与技能目标进行如下删减及修改。

(1)知道产生磁场的方式，知道磁场的物质性；

(2)了解几种典型磁体的磁感线分布图，掌握运用磁感线表示磁场性质的方法；

(3)会运用右手安培定则。

重新制作PPT，缩至17页，删去累赘的文字，代之以简洁的标题或图片、视频。加入摄像头，现场投影实验现象，利用拍照功能，定格现象，便于学生观察对比。

制作演示教具及学生分组辅助教具，与实验室老师一起自制实验仪器，加强演示效果。

这一阶段，我的最大收获是清晰地认识到——“有效”才是最终目的。哪怕是市公开课，只要教学设计能帮助课堂有效实现，就不必受教材的编排所限制，要敢于大刀阔斧地删减或调整，宁精勿泛，专心精致地处理好一到两个知识点即可。

第二次试讲，学生层次是大学城的普通班。这次思路较第一次清晰，普通班的学生接受能力也较强，学生都能投入课堂并给予反应。但分组利用道具练习的效果不佳，学生被荧光棒分散了注意力，没有真正用于理解安培定则，且出现了玩闹的现象。

3. 第三阶段——再次收集整理意见，修改设计

结合前两次的成功与不足之处，我对该课的设计稿又进行了一次修改，并形成具体的修改意见，详见下表。

课堂设计第二次修改意见表

内容	意见	改进措施
磁体的磁感线	①立体的演示显得太乱，在投影里看不清效果 ②先使小磁针杂乱无章地偏转，再放入磁体，让学生看到明显的偏转变化	①改用平面显示 ②先让演示板上的小磁针指向零乱，再放入磁体，迅速看到各小磁针的偏转，并体现出磁感线的形状特征
推导磁感线特点	①把电场中放入“正电荷”改为“试探电荷” ②方向要准确地表述为“小磁针N极受力方向”；加入“不相切”概念 ③磁感线为闭合曲线，应亲自作图，让学生直观了解	①改为“试探电荷” ②方向表述为“小磁针N极受力方向”；加入“不相切”概念 ③强调磁感线为闭合曲线
直线电流的磁感线	①学生活动有互动，但没有实际效用，建议删掉 ②无论是学案的图片、课件的图片，还是学生的作图，都要突出多个同心圆，要把疏密反映出来 ③立体图中讲磁感线顺时针逆时针并不准确，要按从上往下看或从下往上看的方向来准确阐述	①删掉华而不实的荧光棒活动 ②画出多个同心圆，体现磁场强弱 ③由立体图中磁感线方向的描述自然过渡到俯视图的讲解
环形电流磁感线	①突出圆环内部的磁感线方向 ②用道具演示时，注意要把箭从圆筒里拿出来，否则会与电流的表示混淆	引导学生用右手安培定则判断，即大拇指方向

续表

内容	意见	改进措施
板书	再次精简及明确思路线索	第一，磁场；第二，磁体的磁场；第三，电流的磁场

根据以上修改，重新细化了细节部分，教学目标及思路更明确。对自制演示教具又加以美观改进；继续精简 PPT 课件内容，依据教学设计的思路，调整页面顺序。针对板书不够规范、画图不够标准等薄弱问题反复演练，对每一个步骤都落实练习，并不断修改，促进教学效果的提高。

此阶段，自己对“有效”有了另一方面的理解——一切手段都是为“有效”这一目的服务的，不必拘泥于所谓潮流的做法，师生的互动其实有众多形式，学生动手，除了实验以外，动笔、实操也是动手的一种，如果无效，必须更换形式，不能为了互动而互动，必须切实让学生开动脑筋，主动参与并掌握知识。

在公开课前一天，我进行了第三次试讲。授课对象是黄华路校区次重点班。由于已经做了充足的准备，心中对整节课的流程已经相当熟悉，而且学生接受能力较强，相互配合得比较默契，因此教学思路能顺利施展，教学内容刚好能够完成，目标也基本达成，学生基本能掌握并简单运用新知识。彭志平老师又从课堂效率及备考实用性方面给了非常到位的点评与意见，帮助我看清本节课在知识链中的地位，同时更准确地把握重难点。

为使课堂能有更多亮点，在已印制的学案无法再做变动的情况下，我仍然在软处理方面尽量给出灵活调整，具体详见下表。

课堂设计调整表

内容	调整
演示实验	改用干电池作电源，便于在实物投影上展示；换用更小巧且现象明显的仪器；对小磁针逐一筛选并充磁，保证演示效果
对磁感线的讲授紧凑、环环相扣，使学生进入到无意注意的状态	①以表格形式，让学生根据电场线的特点先对磁感线特点作推理归纳，引导出“磁体内部的磁场情况”及“磁感线闭合与否”等学生不了解之处。设下疑问，留下悬念 ②从回顾电场线开始，就反复强调强弱、方向这两个重点概念 ③学生画完磁体磁感线时，投影学生学案，进行面批，同时注重抓住疏密与方向来分析点评，目的还是突出和解决重难点
直线电流的磁感线	①以小磁针做实验演示，引导学生思考“没放磁针的地方是否有磁场”，“大量的小磁针会呈现一种什么图形”，然后再放出三维图片让学生直观了解直线电流的磁感线 ②引导学生观察思考磁感线的特点，即其是一个个同心圆的原因是什么；越往外圆间间隔越疏，原因是什么？目的就是不断提醒学生注意疏密反映强弱 ③让学生留意到圆是闭合的，就回应了前面埋下的伏笔，磁感线应该是闭合的曲线，让学生重新补充磁感线特点的归纳。这一冲突能加深学生的印象 ④示范作图，作图时突出多个同心圆，且疏密渐变的特点 ⑤板书时把“点与叉”对应的明确含义写在黑板上 ⑥介绍安培定则时，简单提示，直的以拇指表示，曲的以四指表示，为后面环形电流的磁感线的转换埋下伏笔 ⑦三视图同样示范作图，不断强调方向、疏密的表示方式
环形电流磁感线	①有了前面的铺垫，学生能迅速把右手安培定则转换成“以四指代表电流方向” ②略去电流元的解释，节约时间 ③归纳“点出叉进”的口诀

续表

内容	调整
通电螺线管磁感线	①以一个环形电流到两个同向环形电流再到一百个同向环形电流，引申到学生熟悉的通电螺线管，边播放三维视频，边准备实验仪器摆放，视频结束时，引导学生思考螺线管的磁感线与什么磁体类似 ②学生答出条形磁体时，再引导学生发现螺线管内部具有磁场，且方向与外部相反，连成闭合的曲线。由此引申到条形磁体内部，把知识自然地迁移到条形磁铁上。并立即演示一次实验，让学生确实看到螺线管内部小磁针的偏转，加深磁体内部有磁场，且方向是从 S 极指向 N 极的这一新知识的印象 ③要求学生迅速把磁感线的特点补充完整，此时再与学生一起小结磁感线特点
学生练习	①让学生拿笔代表直线电流方向，右手握着笔，便于理解立体图像 ②讲透了直线电流的右手安培定则后，更多地教给学生尝试分析各种新图，让学生学会即学即用，知识迁移 ③学生完成练习后，尽量选出代表作品实物投影展示，以面批的形式发现问题，解决问题，突破重难点
小结	让学生用简单的词语小结当节课内容

修改的过程中自己又有新启发——必须认真对待每一个知识衔接点的引带环节，它是承上启下的，如果引带得好，循序渐进又有适当的跨度，学生很容易就能理解新知识，同时旧知识也被赋予了再运用的生命力，还可提升学生自主解决问题的能力。

4. 第四阶段——上好一节市公开课，做最好的自己

经过三次试讲，每一个细节都落到实处地演练过，对教材的处理已经胸有成竹，重难点了然于心，我突然有种豁然开朗找回自己的感觉。

在这个过程中，我发现了自己许多的不足。一开始，受教材编排的束缚，思路受限，缩手缩脚；反复修改的过程中，曾遇瓶颈难以突破，或陷入迷茫，抓不准主线和重点；心里常有担忧、忐忑；直到对学生情

况非常了解，把教材精神研究得比较透彻，缺点一个个被克服，细节一次次被演练后，才又重新找回自己，又能自如地发挥自己的风格。真正上市公开课的那天，感觉是回到原点，但这是一次螺旋上升的回归，那节课的自己较之前又上了一个台阶。

异地教学，我非常放松，但绝不松懈。依然认真调试所有仪器，在心中把课堂流程默念一次，顺着自己的思路，对课件进行最后的编排和精简。

当走上讲台时，自己感觉这只不过是一节平常的课，面对的是平常的学生，我胸有成竹，放开手脚，舒展肢体语言，完全地投入这一节课的引导和学生的反应中，顺应学生的反应进行灵活的调整。一切都是自然流露、水到渠成，完全不在乎课室的差别、学生的陌生、听众的层次与多寡，只专注于我的课堂是否有效地引导学生掌握新的知识。

上了三个不同层次的班级，对学生的情况和可能提出的疑问已经有了预判，把引导隐藏在设疑中，诱导学生不断提出疑问，从而通过探索释疑自然深入地推进课堂研究，并注意把学生思路引导回归到本节的重难点上，层层递进，同时又不断回头反复巩固。

计划内的教学内容全部完成，其中运用了讲授法、设疑法、试探法、推导法、类比法、实验法等多种教学方法，也有学生活动、自主思考、自主练习，师生间的点评互动等多种课堂形式，比较好地完成了教学目标。

虽然课前只作了短时间的软修改，但以自己的思路为主导去带动PPT和教学环节的呈现，才能使课堂自然流畅，才能使自己不被课件所束缚，便于随机应变，课堂才会有活力。

（三）听课专家反馈意见

(1)自制教具，具体形象，效果明显。

(2)学生练习，投影点评。类似于作业面批，能反映共通问题，有针对性，高效集体解决问题，且增进师生感情。

(3)利用了视频素材，用三维动画把抽象的知识形象化、立体化。

(4)思路清晰，重难点突出，讲解浅显易懂。

(5)引导得当，便于提升学生思维能力。

(四)教师教学反思

通过这次准备市公开课的历练，我小结了几点关于有效教学的体会。

(1)挖掘教材、理解教材，葆有教材处理与创意：含次序、内容与方式，即先讲什么、后讲什么？讲什么、不讲什么？用什么方式讲？

(2)预设与生成：一定要预设多种可能，便于课堂有效和顺利进行。

(3)关注学生状态，保持学生的注意力。

(4)暴露思维过程：把教师与学生的猜测、试误的过程暴露出来，因为经验与教训同等重要。

(5)注重体验，体验才能发现问题、思考进步、收获成果。

(6)教学思路清晰、流畅，脉络分明，层次感强。

(7)教学流程紧凑、环环相扣，使学生进入无意注意的状态。

(8)要有刺激点，使学生兴奋、投入，产生学习的愉悦感。

(9)教学要充实、丰富，其中包括内容、资源以及语言。

(10)深刻。教学的深刻是学生的感觉，只有当学生在课堂中有收获、有体验、有启发，豁然开朗、心悦诚服时，“深刻”的感觉才能出现。

(11)媒体的使用程度。①要点：有效性，成本低、收效大。②利用资源的形式：文本、声像、教具；③运用过程的转换：会用、时机、有效；④使用形式：幻灯片、动画、视频、模拟演示。

(12)教学基本功。

①语言：基本语言要求简洁、清晰、流畅；教学语言要求准确、明

确、生动。

②板书：字、行、块、局、色，即字迹工整、每行字要直、分块板书、合理布局、合理使用彩色粉笔。

③教态：衣着整齐、举止大方，尤其表现为教师的情感与注意力投入程度；教学激情、专注与感染力。

(13)学科基本功。

①驾驭教材：明确教材编写者的意图，教材在整个知识体系中的位置，课程标准要求的目标，以及对教材的娴熟与把握。

②学科技能：徒手画图能力、生活常识的作用、实验操作严谨等。

感谢以姚老师为首的整个物理科组，包括实验室的老师们，给予我的极大帮助、支持与鼓励。

这堂看似简单的《认识磁场》的教学设计案例，背后却经历了三次试讲、一次公开课的打磨和实践，期间不停地修改、反思，最终形成教学设计、学案。广附的每一位教师，都秉着认真负责的态度，追求精益求精，在讲堂上热情洋溢，在讲堂下勤学苦研，力争做最好的自己，把教育教学当成自己的事业，奉献一生。这种精神，是教师的追求，更是学生的幸福。正如那句古诗所言，“随风潜入夜，润物细无声”，这就是教师的可爱和伟大之处。

案例 2：“同课异构”经典案例——高中语文《门》同课异构探究报告

语文科　梁东正　杨征　吴晓军

(一)本次同课异构的目的、背景

1. 目的

为了寻求“有效教学”的教学方法的突破路径，以及为了促进教师的专业发展、促进教研队伍的高水平发展。我们通过一场攻坚战，寻求教研组在合作教研探究方面的新路径，践行深度教研的目标。

本次高一语文同课异构是在上一年学校开展的同课异构研究的基础上进行的。目的是让不同的教师面对相同的教材，根据学生的情况和自己对教材的不同理解、教师自身的知识背景等，呈现出不同教学风格的课堂，培养出教师的特色创造性；同时，也是促进教研，让两个校区的授课老师以及备课组在课程目标、教学设计、教学策略、教学模式等方面，进行大胆探究、相互碰撞，力求找出新的教学切入口、突破口。探索的主题是议论性散文的最优教法和学法，以及议论性散文的最优阅读法。

2. 背景

(1)选题过程。

在定选题上，就体现了集体教研的智慧。大家通过讨论，锁定了"议论性散文教学"。选择《门》这篇议论性散文，原因有三。一是具有挑战性。《门》是非传统篇章，有新意，挖掘空间大，但由于散文不如文言文、小说，甚至诗歌有很强的文体意识，而一线教师也往往缺乏对散文文体的理论研究，因而在散文教学方面有一定的难度。选择散文，特别是选择个性十足、哲思深刻的议论性散文，就意味着对教学难点发起挑战，更可达成深度教研的目的。二是可作为培养应试阅读能力的典范篇章。因为《门》是 2001 年全国高考阅读题例文，具备考场选文的特征要求，解剖这篇文章的过程中，可以让学生得到更多的阅读实战方法。三是从读写结合、写作训练的角度考虑的。本文化虚为实、虚实转换的方法，非常值得学习。因为学生比较缺乏这种转化能力，包括将平时的练笔题材转化为考场作文，将平时的观察思悟转化成具体可感的文字的能力。选择解读这个文本，就意味着可以实现"一石三鸟"的目的。

在定教法上，体现了以学为本的理念。教法上是采用常态课的授课方式，还是用创新探究式的授课方式，对此大家展开了讨论，最终，决定采用常态课的基本模式，融入一定的新课程理念来构思整堂课。主要是基于学生的学习现状，不求华丽炫目，但求实用好用。

在定人方面，大学城高一备课组一早就确定了由经验丰富、睿智稳健的梁东正老师来担纲，黄华路高一备组原先的人选是富于经验的王欣老师，后来因王欣老师参加骨干培训，则换成富有创意的新老师杨征。

(2)异构过程。

①背靠背的构思方式。采用两个校区两个备课组背靠背的构思方式，在确定了选题、基本教法之后，就分头构思设计，给予授课老师充分的自主发挥空间。

②两度易稿，构思设计。两位老师都是在备课组的协助下，进行了至少两轮设计、两轮试教(杨征老师共试教了4次)，教案稿也修改了两次以上，力求推陈出新，精益求精。

③深入观课、反复磨课。每一次试教，备课组老师都会全体到场，认真听课，仔细记录，力图观察入微，捕捉信息，发现问题。课后讨论时，都是畅所欲言，建言献策，积极热烈。授课老师也认真听取意见，积极修改完善授课设计。经过反复磨课，两位老师的公开课都呈现出较高水平，以及独有的风格和特色。

以梁东正老师的授课为例。梁东正老师在谈第一次教学设计时说："在这一课的教学之前，也上网查阅了很多关于《门》的教学设计，看到很多教师比较好的教学方法，然后借鉴过来，成为我上这一节课的方法，就是引导学生先整体把握文章，抓住中心句，然后引领学生逐层分析，遇山开山，遇河搭桥，把每段中难以理解的句子抽出来分析理解，这样上课，条理性是有了，重点也抓到了，但问题是学生始终非常被动地接受，而且文本钻了进去，却出不来，课堂气氛相当沉闷，我根本拉不动学生，最后也没让学生思考就仓促打出主题思想草草收场。"

备课组听完梁老师的第一次试教后，给予了很多肯定，也提出许多中肯的修改意见。比如，王玉楼老师建议导入用的图片重做筛选。吴晓军老师建议采用“文体阅读法”，直接按照议论文的解读方式来解读这篇议论性散文，化繁就简，这样反而容易让学生掌握方法。先整体阅读，找出文章的中心论点和分论点，然后分析论证方法，论证方法包括举例论证(举了生活之门、社会之门、心灵之门、生命之门等例子)、比喻论证等，分析论证方法时，就可以把几个难点句子也解决了(如比喻说理句——“人不是在一起牧放的马群”“生命并不像一斗烟丝……”)宋喜盘老师第一个建议是将导入的“门”图片换成“开门”“关门”的视频或图片，这样可以引导学生直接思考“开门”“关门”的含义。第二个建议是一定要创设学生自主学习的空间，让学生自选出“含义深刻的句子”并小组讨论。第三个建议要读写结合，抓好作文训练，可以由门想到社会上带“门”的新闻事件，写时评。

在充分听取备课组的修改意见后，梁老师“彻底把以前的设计否定了，重新设计，在教学中打破以往散文教学的逐层深入的顺序，抓大放小，从抓关键句入手，一举提纲挈领，把文章的思路理清了，然后又设计了一些游戏与活动的环节，寓教于乐，把问题交给学生去讨论，充分调动学生的学习主动性，这样，整堂课下来，思路清晰，环节分明，而且大大降低了学生在认知上的难度，也教会了学生遇到此类文体该如何切入，才能达到最佳的效益”。

杨征老师也说：“在试教的过程中，我倾向于运用大量生活实例来启发学生，而忽略了文本本身的意义阐释，确有点置文本于不顾之感。感谢余伟老师的指点，最后我确定了‘先文本阐释后生活实例’的方法(在时间有限的情况下，甚至应舍弃生活实例的启发)。事实证明，这种文本研读法能让学生更好地懂得怎么从文本走到生活，而又怎么从生活回归文本。”

（二）教学对比研究

1. 教学目标对比

梁老师的教学目标定位，首先让学生掌握梳理议论性散文脉络的方法；其次让学生深入领会文中哲理性的句子；最后让学生做写作迁移作业。杨老师的教学目标一是带领学生通过品味语句、分析例子，读懂文中“门”“开门”“关门”的丰富象征含义，读出作者借此表达的人生思考和感悟；二是体会作者思想深刻性之余，学习借物象征的联想能力，形成一点自己的人生思考。

两位老师的教学目标都定得很简洁，重难点设置合理，体现了本单元的学习重点，也体现了一课一得、化繁就简的教学原则，以及以生为本、重技能方法、重情感态度的新课程教学理念。

粤教版高中语文必修二的第三单元为议论性散文单元，议论性哲理性以及文学性是它并重的特点，因此，本单元的教学应该着重在领会哲理、感悟语言以及写作迁移上。两位老师都是在吃透单元教学目标的基础上，设置自己的教学目标的。

梁老师将学生“得法”作为首要教学目标，总结“脉络梳理法”“哲思理解法”，让学生掌握解读这类文体的阅读方法，重在“授之以渔”，让学生知其所以然。所谓“取法乎上得其中，取法乎中得其下”，学生学习，贵在得法，而阅读法恰恰是学生迫切需要的。梁老师帮助学生总结了一套行之有效的阅读方法，令学生受益匪浅。

杨老师则将“品读明理”作为首要教学目标，品读语言，领会含义，“授之以鱼”，让学生知其然，让学生领悟人生哲理，着重培养学生的情感态度价值观。

“授之以鱼”和“授之以渔”之争，随着新课程改革的推进而愈加激烈。中国有句古话叫“授人以鱼不如授人以渔”，说的是传授既有知识，不如传授学习知识的方法。道理其实很简单，鱼是目的，钓鱼是手段，一条鱼能解一时之饥，却不能解长久之计。如果想永远有鱼吃，那就要学会钓鱼的方法。也就是说，“鱼”解决的是生存问题，“渔”解决的是发展问题，是生存重要还是发展重要？先解决生存问题，还是先谋求发展？其实，我们既不能囿于传统、死守着“鱼”不放，但也不能过度强调“渔”，毕竟，年复一年、日复一日的学习，如果只是在重复这几条有限的方法，意义也不大。所以说，两位老师的设计理念孰优孰劣，还是要从学生学况、实施水平、教学效益等方面来综合衡量，不能简单判定。

2. 教学过程对比

梁老师授课分四个环节：第一步“激趣导入”，第二步“整体感知，理清思路”；第三步“小组讨论，句子品鉴”；第四步“写作启发，布置练笔”。杨征老师授课分五个环节：一是“激发兴趣，开启思维”；二是“定义切入，初步思考”；三是“打开思路，品读文章”；四是“知人论世，解读主题”；五是“布置作业”。

在教学设计上，梁老师采取“从大到小”“由整体到局部”的教学思路，先让学生进行整体阅读，抓各段中心句、支撑句，理清文章思路，形成整体框架概念，再披文入理，抓哲理深刻的句子深入精读。杨老师则采取“由小见大”“由局部到整体”“从句子走向文本”的教学思路，引导学生一边逐段品读含义深刻的句子，一边理清文章脉络。相比较而言，梁老师设计的教学思路，更符合议论性散文的阅读规律。《门》是一篇意趣盎然的说理散文，但因取譬丰富，信息量大，对中学生的阅读理解造成了一定的干扰和困难，学生很容易被一棵棵“树木”干扰而不见“森林”，抓不住主旨。因此，提纲挈领、理清思路就是快速把握文章主旨的好方法。用提纲挈领的方法来阅读议论性散文，能让学生形成整体阅读的习惯，改变以往“只见树木不见森林”的做法，而且训练学生在短时间内抓准文章的核心脉络，抓住文章骨架，形成整体概念，占领审视全篇的高度，然后再进一步精读，读出文章的血肉，读出文章的精气神。

这种阅读方式能明显提升学生的阅读效率。

在具体的教学方法的运用上，两位老师各有所长。

首先，两位老师都采用了“情境导入法”，创设与学习内容紧密相关的情境，激发学生学习兴趣，吸引学生关注力，帮助学生迅速进入文本并理解文章情境。梁老师用“图片”情境，结合课文内容依次选取了打开或关上“手术门、校门、洞房的门、监狱的门、养老院的门”，因为这些门暗示了我们的人生的某一阶段，借此创设了与普通人的人生息息相关的情境，使学生很快抓住了门与人生的紧密联系。而杨老师则投影了“水门事件”这个著名的新闻事件，让学生思考“这种叫法的由来只是因为‘水门事件’中带有‘门’字吗”，然后明确“‘门’事件的取义并不仅仅是受‘水门事件’的影响，更与‘门’字的内涵、特点紧密相关”，用具体事件吸引学生，激发了兴趣，也轻松导入课文。

梁老师采用生生互动合作式学习法。让每个学生都“动”起来，这是语文课堂生生互动教学的目标，实现这一目标的重要的教学手段就是开展“课堂讨论”。课堂讨论是指在教师的指导和帮助下，学生之间相互启发、相互学习，共同探究问题、解决问题的教学方法。梁老师让学生以小组为单位，合作讨论分析“含义深刻的句子”，再与大家分享学习心得。课前，已经让学生写出疑难句子，课上，把比较集中的疑难问题汇总，再返还给学生，让他们通过互动谈论的方式自行解决学生问题。通过这种方式，“更好地发挥学生的主动性、积极性，有利于培养学生独立思考能力、口头表达能力和创新精神，有利于促进学生灵活运用知识和提高分析问题、解决问题的能力”。

梁老师还采用了“一站到底”的游戏形式(先让全体同学起立，教师在屏幕上打出每段中的关键句，让学生检验自己的结果，当自己发现勾画错误，就立即坐下。能站到最后的同学，就是勾画全对的胜利者)，为学习增添了情趣活力。从学生的现场反应来看，这些小技巧可以发挥不小的作用。

杨老师体现了一定的启发式教学法则。启发式教学法是教师引导学生积极思维，发展学生智慧的一种教学方法。启发式教学是一种情境教学，注重创设问题情境。杨老师在一开始，就用“水门事件”创设了一个问题情境，来激发学生的思维。品读分析文本时，杨老师也注重从学生的实际出发，根据学生的疑难之处来选定问题，引导学生理解文段句子的深刻含义，尽量让学生通过独立思考来解决问题。比如，在引导学生领会“门的最高层次——心灵之门”的时候，杨老师考虑用一段流行曲的歌词来创设情境，帮助学生理解何谓“心灵之门”。歌词是“你像流进诗里的嘈嘈水声敲进我心门，拥抱了所有的恨滋养了干涸”，来自学生喜爱的乐队组合苏打绿的歌《你被写在我的歌里》，贴近学生生活，容易引起共鸣，便于激活学生思维。

3. 教师行为对比

(1)风格不同。梁老师教学风格属于沉稳智慧型，稳健大方，课堂气氛活而不乱，具有教学机智。比如，用“一站到底”的方式，来检验学生找每段中心句成果时，竟然没有一个学生能像试教那样，站到最后。梁老师马上说，“虽然没有人站到最后，我想请刚才两位能坚持最久的同学来分享他们的经验”，现场的控场能力较强。杨征老师则属于热力激扬型，声音悦耳清亮，富于激情，很有感染力、亲和力，善于以情动人，善用赏识教育，多方鼓励学生，对学生的肯定和表扬十分真诚；讲解清晰，分析到位，逻辑性较强，体现了老师良好的基本功和思维能力。

(2)杨老师预设的教学内容比较多，为了完成教学内容，有时显得有些急进，不够从容，不能更好地放手让学生独立思考、解决问题，对学生牵拉的痕迹重了一些，没能充分体现“启发式教学”的精髓。另外，杨老师的授课经验还不够充足，原本打算让学生逐段讲解，但一时紧张，则打乱了段落顺序，顺序一乱，老师的讲解思路也受了影响，学生也有点跟不上的感觉，老师可以更镇定些，采用一些巧妙的方式来化解，或者自嘲一下“老师也有点像文中否定的那种急匆匆穿转门的人了，太急了”。

(3)梁老师与学生的交流互动还不够充分，教师“导”的作用有时发挥不到位。梁老师深刻反思了这一点：“课堂讨论放开后收不回来，没有足够的把控力。在组织学生讨论《门》中难句的理解这一环节时，课堂气氛确实很活跃。但怎样安排这个时间，让学生充分讨论并发表自己的看法，同时又能够对学生见解进行及时和有效的点拨，这个度我还把握得不好，因此课堂上有些‘放出去却收不回来’的感觉，以致由第三个环节‘哲思大挑战’过渡到‘写法探究，教学小结’时非常不流畅，两个环节有明显的割裂感，而且也影响到下一个教学环节的充分展开。如何获得既能‘铺陈开来’，又能‘收得拢来’的收放自如的效果，我还需要不断地学习和探究，从其他老师的课堂学方法、学智慧，使我的课堂轻松自如而又严谨有序。”

4. 学生行为对比

(1)学生参与积极性以及参与面都较大。两堂课的气氛都比较轻松活跃，在民主宽松的氛围中，学生能充满自信地参与学习。

(2)学生思维品质方面表现良好。两位教师都能激活学生的思维，课堂上，学生反应比较迅速，思维比较敏捷，学生的回答没有停留在“是与不是”的表面层次上，一般都能做到深入思考，能透过现象看本质，能对现象问题进行归纳总结，体现出较好的思维品质，这些都与老师的善导善诱有关。

(3)从细节处捕捉学生问题。学生问题有显性有隐性，许多是隐藏在看似微小的行为中的，关键是我们的老师是否能敏锐地捕捉到。比如，学生回答问题不到位这很正常，但如果偏离太远，就要引起老师的重视，要思考是否和我们自身的教学引导有关联。在杨老师的课堂上，发生了一个小插曲，在理解文章第六段中“一只小狗依恋在关闭的门边”这句话的含义时，学生回答说“狗是看家用的，要看门，必须要守在门侧”，这个答案引来同学的哄笑，因为他的答案不仅可笑，而且完全偏离了文章主旨，忽略了该段落的中心是讲“门的象征义”，讲“门是隐秘、回避的象征”，此时此刻，老师就必须捕捉到学生思维偏差的关节点，引导学生学会“结合文段，还原语境”，让学生明白这里之所以举“狗”的例子，是为了再次证明这一段的中心——“门的象征意义”，因为“狗通人性，狗也明白门的意义”。老师甚至还可以进一步思考，学生之所以发生这么明显的偏差，跟学生自身的学习能力有关系，也可能学生在课堂学习进入后半段了，还没有真正掌握品读文句的基本方法，那么，我们就应该要认真反思一下我们的教学设计在哪个环节出了问题。梁老师在第一次试教后，有同学课后问了一个问题“门上开了小窗的门，算不算莫利所认可的门?”老师很敏锐地发现了其中的问题——学生还没有弄清楚文中“门”的概念，即“门是隐秘、回避的象征”，这才导致认识不清，而学生概念不清，则有可能与老师的引导不到位有关，所以老师马上对教学设计做了相应的修正。

5. 教学效益对比

两位老师的教学目标都基本达成。梁老师的四环节教学任务都顺利完成，特别是“得法”目标得以落实到位。学生在课堂上切实获取了解读“议论性散文”文本的实用方法，并且能够学以致用，能将在本堂课所学的方法迁移运用到另一篇课文的学习中来。梁老师说，他后来引导学生用本课所学的文本阅读法来解读钱锺书的《窗》时，学生感到比较轻松，有事半功倍的效果，说明学生基本掌握了这种阅读方法，也具备了一定的阅读能力。杨老师的五环节教学任务也落实了，帮助学生切实解决了许多障碍性的思维难题。而且，从语文的教学特点来说，语文教学要体现语文的味道，语文的味道需要感知。巢宗祺教授强调过，在教学中要培养学生的感知能力，对文本的感知、对生活的感知、对自我的感知。在杨老师的引导下，学生深入品读了文本中富于哲理性和形象性的句子，感知到文本语言的情趣和理趣，受到语言的熏陶，得到思想的升华，文学鉴赏能力得到一定的提升。可以说，“杨课”使学生得“鱼”，“梁课”使学生得“渔”；“杨课”使学生知其然，“梁课”使学生知其所以然；“杨课”使学生能“入乎其内”，“梁课”使学生能“出乎其外”。

现在我们可以继续思考“鱼”和“渔”这个问题了。我们知道，学习不仅是学会这一篇、一章、一节，而是力求从一篇、一章、一节中去提炼出共性的规律与方法，不仅让学生学会解决这一个问题的方法，更要让学生学会解决这一类问题的方法。现实中，我们的老师教得很累、学生学得很苦，年年喊减负而岁岁无显著成效，很重要的一个原因，就是我们的教学没有真正地教给学生学习的方法、思考的方法，没有去真正深度地探求学习的规律、思维的规律。特别是学生刚入门时，应该引导他们掌握开门的钥匙，教给学生开启大门的方法。这一次学习中，学生是第一次接触“议论性散文单元”，《门》又是作为入门课来学，所以，“授之以渔”十分必要，从这个角度来说，梁老师的课的教学效益要高许多。

（三）借鉴与优化

1. 互相借鉴之处

（1）致力于“教什么”。

我们语文教学往往会走入误区，以为“怎么教”更重要。其实，教什么比怎么教重要。教什么是“内容”，怎么教是“形式”。比如吃饭，吃什么永远比怎么吃更重要。果腹、营养、味道是饮食的核心，至于用筷子还是用刀叉，并不那么要紧。“教什么”的第一步，就是深入研读文本。孙绍振教授认为：“当前教师文本解读能力的弱化，贬损了语文教育应有的含金量。”作为语文老师，面对课文，首先应该站在读者的高度自主地进行文本解读，在通过多次读文本之后，教师有了自己的认识，接下来再读“教学参考”，验证自己的观点与“教学参考”有何差异，并从立足学生的角度再次对文本理解进行调整，这样不会因为教师先读“教学参考”而受到理解上的束缚。也就是说，教师首先需要一个独立思考的过程。同时，也需要多方查阅资料，深入解读，把文本读深、读透、读到位，力图读出知识背后所蕴含的思想和方法。两位老师都懂得将主要精力放在“教什么”，即研究教学内容上，而不是急着去考虑“怎么教”。两位老师都花了大量工夫去研读文本，在读透文本的扎实基础上，再进一步考虑教法问题。杨征老师虽然是年轻的新老师，但并没有过度关注更易出彩的教法设计，而是扎扎实实钻研文本，能够比较透彻地领会文本中的深刻哲理，有自己的独到看法，并且也研究了学生的思维特点，设置的教学难点符合学生实际，能比较自如地引导学生深入品读文本，感知文学的情趣与理趣，领悟作者莫利的人文情怀。杨老师钻研文本的精神得到余伟老师的肯定与赞扬。梁老师的自评则一如既往的严格：“教师的点拨、解读仍然不到位。这也跟本人的教学水平有关。当学生发表自己对富有哲思性语句的理解时，我没能适时地进行点拨以及深度解读，而是简单的点赞就一带而过，没能让其他学生有足够的时间思考刚才回答问题的学生的话，这样的话就放过了深度解读文本、与文本进行充分交流的机会，这也是我这节课遗憾的地方。”

(2)一课一得，化繁就简，真实常态。

华东师范大学叶澜教授认为，好课是拥有“五实”的课，即扎实、充实、丰实、平实、真实。两位老师的教学设计不图好看，不图热闹，力求实用、有实效，确实能让学生学到东西，并锻炼能力，进而发展良好的、积极的情感体验，称得上是有意义的课、扎实的课、充实的课、平实的课，同时也是真实的课，用叶澜教授的话说：“应该是一堂有待完善的课。它不可能十全十美，它应该是真实的、不粉饰的、值得反思的、可以重建的课。只要是真实的，就是有缺憾的。缺憾恰恰是真实的指标。这种课可以称为真实的课。”既然是真实的课，需要完善的地方一定存在。其中一点，就是没有达到叶澜教授说的“丰实”，即“有生成性的课，即一节课不完全是预设的结果，而是在课堂中有教师和学生的真实情感、智慧的交流，这个过程既有资源的生成，又有过程状态的生成。这样的课可以称为丰实的课，内容丰富，多方活跃，给人以启发”。一堂课最精彩最精华的部分，往往是在现场师生互动碰撞中生成出来的，而两位老师的课堂恰恰缺少了这最精彩的环节，这是值得改进的地方。梁东正老师对此有反思，“备课过程过分注重问题的预设，对课堂的动态变化缺乏足够的教学机智予以应对。因此在教学中明显感觉到自己的每个教学环节虽准备细致，课堂却少了一种环环相扣、流畅自然的大气”。

2. 优化策略研究

(1)加大对文本的钻研力度。

(2)加强对学生学习规律、认知规律的研究。

(四)科组教师的参与与发展研究

科组教师对本次高一年级的同课异构给予了大力支持，两校区高一备课组都是全员参与，全程跟踪，科组部分老师也参与了研讨，都积极思考，提出完善意见。整个过程，就是一次次智慧碰撞的过程，每个参与者都感受深刻，受益匪浅。大家一致认为，新课程背景下，我们需要像“同课异构”这样的对课堂千锤百炼磨砺的执着。从某种意义上来说，教师能否上好课，不是听出来、学出来、做出来的，而是品出来、悟出来、磨出来的。一个善于学习的备课组、教研组，如果坚持经常互相去听、去悟、去研究不同类型、不同阶段和不同优秀教师的课，就有可能较快成为一个强大的学习型团队，成为一个优秀的教学集体。

看似普通的“同课异构”教研活动，广附却能做得如此精致。广附的

“同课异构”既充分展现了不同老师的教学个性，强调在“异”的讨论、反思中，学习不同授课老师的优点，反思课堂教学的问题，从而达到对教学的全新认识；同时又强调运用“比较研究”法来研究教学活动的“同”。广附的“同课异构”立足于科组老师的交流研讨，从教学目标、过程、设计、教师的调控、学生的参与等多方面进行了翔实的对比，从“教什么”到“怎么教”，都进行了充分的总结，又总结出了“一课一得，化繁就简，真实常态”“扎扎实实进入文本”等教学要求，非常具有指导意义。

第二节　科研创新，气象万千

教育不仅在于它的宽度，也在于它的高度，攀得高才能望得远。广附不仅在教学上下足工夫进行教学研究，同时也非常注重课题研究和科技创新。在这方面，广附强调要立足现实，以课题为桥梁，注重育人实效，讲究课题研究的序列化、层次化体系，做到“科科有课题、级别有高低、人人有研究、成果有转化”。教育科研是名校与时俱进地挖掘自己的文化积淀与弘扬其办学传统的有效工具。教育只有坚持科研，不断创新，才能与时俱进。广附的各科教师秉着对教育的执着信念，勇于创新，勤于思索钻研，形成了各科争妍、气象万千的景象。科研促发展，把科研成果转化为教学实践，不仅能加深师生们对学科知识的了解，更培养了师生勤于思考、善于发现、敢于创新、热于实践的好品质。下面介绍广附学生和教师在科研方面的一些成果与做法。

一、学生：“争做小小科学家”

在各科教师的带领下，广附的学生们“上通天文、下晓地理”，在各个方面都敢于探究，充满着奇思妙想。在细微之处、在生活小事之间，学生们各个都争做“小小发明家”“小小科学家”，产生了不少发明创造，拿了各类奖项，有国际级大奖，还有国家级、省级、市级、校级等，有的源于生活，有的涉及科技，还有的走进艺术，真是丰富多彩呢！

2014 年广附青少年科技项目立项汇总表

序号	项目名称	立项单位	项目负责人	资助金额（万元）
1	校园生态文明普及活动	科信局	姚海霞	10
2	藻类对重金属水污染的去除作用研究	科信局	林青萍	1
3	校园中的生物科学活动课程	教育局	陈鹏	5
4	电子创新课程	教育局	潘敏	4
5	整合学科资源开展电脑作品制作活动	教育局	张敏	4
6	大学城水生植物与水质养护科技实践活动	教育局	姚海霞	4
7	承办全国青少年车辆模型锦标赛	重点委托项目	刘超	64.6
8	“构建立体生态池塘”科技实践活动	实践与探究项目	沈恩健	9
9	广州大学城青少年天文科技实践活动	实践与探究项目	王娜	3
10	新型智能垃圾桶的设计与制作	实践与探究项目	黄坚铭	3
11	新型稀土荧光粉的合成及其在LED方面的应用研究	实践与探究项目	李丹	3
13	校园 3D 绘画创作科学实践活动	实践与探究项目	张祺	3
14	基于趣味光学实验的应用与创新课程	基础建设项目	洪磊	5
15	安卓手机应用开发——趣味程序设计实践课程	基础建设项目	王晓鹏	5

2015年广附科技项目立项汇总表

项目类别	序号	项目名称	立项单位	项目负责人	经费额度（万元）
重点委托	1	承办第31届广州市青少年科技创新大赛	广州市教育局	邓云洲	50
科学实践	2	“我爱自然和谐之美”南昆山生物多样性科普夏令营	广州市教育局	姚海霞	3.84
科技竞赛	3	中学校园防治“登革热”效果与家庭环境风险性调查研究——以广大附中(黄华校区)为例	广州市教育局	刘维平	3.7
	4	基于51单片机的智能家居系统开发实践活动	广州市教育局	黄坚铭	3.5
	5	探究巧固球与物理学科入射角反射角的关联性	广州市教育局	朱建来	4.1
	6	石墨烯改性锂离子电池有机负材料的研究	广州市教育局	王嘉梅	4.7
	7	青少年校园阳光测向培育提升计划	广州市教育局	钟爱生	6.4
	8	科技与艺术的融合校园4D科学实践活动	广州市教育局	黄欢	4
	9	“人工湿地处理生活污水中有机污染物探究”	广州市教育局	范俊杰	6
	10	大学城蝴蝶资源调查与分类探究实践活动	广州市教育局	张小奇	4.2

续表

项目类别	序号	项目名称	立项单位	项目负责人	经费额度（万元）
基础建设	11	通过参与垃圾分类活动提高中学生科学素养和公民意识的研究	广州市教育局	胡静	11
	12	青少年国防科技特色课程之无线电测向	广州市教育局	余光辉	7.2
	13	创建基于趣味电磁实验的科技教育特色课程	广州市教育局	洪磊	4.8
	14	面向青少年的电子创新课程的开发与教材编写	广州市教育局	潘敏	4.5
	15	青少年科技创新特色课程之航空模型设计与制作	广州市教育局	展兴海	5.7
	16	科技阅读与创新思维	广州市教育局	刘静	4.4
延续资助	17	整合学科资源开展科学探究电脑作品制作	广州市教育局	张敏	4
经费合计					132.04

2016年广附科技立项汇总表

序号	项目名称	立项单位	项目负责人	经费额度（万元）
1	“转基因技术及其应用”综合实践活动	广州市教育局	欧阳主星	4.33
2	“南昆山生态探究之旅”科普夏令营	广州市教育局	姚海霞	4
3	青少年科技体育普及实践活动——纸飞机	广州市教育局	林朝霞	3.33

续表

序号	项目名称	立项单位	项目负责人	经费额度（万元）
4	探究广东常见芳香植物对白纹伊蚊生活的影响	广州市教育局	黄绮敏	2.67
5	机器人科技竞赛活动参赛培育项目	广州市教育局	彭友福	5
6	大学城青少年天文科技创新发现实践活动	广州市教育局	曾仕文	4
7	“玻璃温室种植有机蔬菜”科技实践活动	广州市教育局	李丹	5
8	智慧未来——基于移动互联网的传统家居智能化改造探究活动	广州市教育局	王晓鹏	2.83
9	青少年科学探究影像制作	广州市教育局	梁健俊	2.67
10	基于青少年科技创新的创客空间发明制造活动	广州市教育局	展兴海	2.5
11	应用“形态构成学”技法开展青少年科幻画创作	广州市教育局	黄璐	3.27
12	融合师生运动和阅读素养的移动交互平台建设与实践	广州市教育局	杨长军	3
13	青少年电子制作培育计划	广州市教育局	钟爱生	3.27
14	创建基于趣味力学实验的科技教育特色课程	广州市教育局	洪磊	4.17
15	App Inventor 科技创意手机 APP 应用开发课程建设及推广	广州市教育局	王晓鹏	4.17
16	巩固推进青少年科技创意航空模型设计与制作课程建设	广州市教育局	展兴海	4

续表

序号	项目名称	立项单位	项目负责人	经费额度（万元）
17	巩固和持续推进青少年国防科技特色课程之无线电测向	广州市教育局	余光辉	3
18	基于脉冲星国际前沿研究的天文科普教育	广州市教育局	刘维平	7.33
经费合计				74.54

不管在科技研究的实践活动上，还是在各种科技比赛中，广附学子的表现都非常优异，他们的发明创造有的来自于对生活的观察，有利于生活环境的改善或促进生活的便利；有的是技术的研发或者是理论的创新，总之，无处不透露着学生们的智慧。当然，这离不开学校对学生培养的重视。

在学生的培养方面，学校鼓励学生进行自主的研究性学习。开展研究性学习，可以帮助学生转变传统的学习方式，通过学生主动参与，协同合作，自主发展的探索性、研究性的学习和实践活动，提高学生综合运用所学知识解决实际问题的能力，培养学生的创新精神和实践能力。学校在开展研究性学习过程中，主要做好以下三方面的工作。

第一方面，突出研究性学习最重要的特征——学生的自主性，把学生真正置于主体地位。从问题的提出，到课题的确定，小组的组合，研究内容的实施，成果的展示，都由学生自己做主。特别是在选题上，广附不定研究范围，只向学生提供参考选题，学生可根据自己的基础、经历、兴趣，自主确立研究课题，研究性学习于2003年开始启动，一直延续至今。

第二方面，在研究性学习中摆好教师的位置，发挥好教师的作用。教师要在新的教育理念的指导下，支持、参与、帮助学生做好研究性学习工作。研究性学习强调学生自主，并非教师不闻不问，而是要求教师做好组织、指导和评价工作。这样才能保证研究性学习顺利进行，收到理想效果。

第三方面，广附建立和逐步完善研究性学习课程的管理制度和考核评价办法，对学生的研究性学习实行学分制管理，作为学生毕业的一项重要考核成绩。在研究性学习评价中，过程与结果评价相结合，更注重学习过程评价；管理评价与激励评价相结合，更注重学生的参与和对自我的肯定；自我评价与教师评价相结合，以自我评价为主，发挥评价的诊断、导向、激励作用。

学生装配机器

化学探秘

学校每年投入大量经费开展研究性课题和学生科技活动，如有的用于开展天文创新、电子创新制作，垃圾分类科普及社区志愿者服务；有的用于国防科技专项教育活动、科技节(月)活动；还有的用于语言文化节、数学文化节、体育文化节和“博士讲坛”、科普讲座等活动。同学们在这种氛围下学得主动、学得开心！

广附的科技活动与研究十分突出，得到了教育部“英才计划”的肯定与青睐。

我校在国家教育部中学生“英才计划”中表现卓越。2016 年，我校高一 2 班 6 位同学入选 2016 年度国家教育部中学生“英才计划”，我校入选学生人数全省第一。

广附入选“英才计划”的同学与班主任合影

“英才计划”是教育部和中国科协在全国部分重点高校、科研机构开展的中学生科技创新后备人才培养计划试点工作，全省仅有26名学生经过面试、笔试、论文等环节的层层选拔最终入选，我校入选学生人数全省第一。

入选学生具体名单如下：

序号	姓名	学科	导师
1	梁一帆	数学	姚正安
2	赵知闲	生物	彭少麟
3	黄聪媛	生物	彭少麟
4	杨承熹	化学	欧阳钢锋
5	邓明昱	计算机	马啸
6	邓浩然	计算机	许跃生

2016年1月30日，由中国科协青少年科技中心、“英才计划”计算机学科工作委员会、清华大学交叉信息研究院共同举办的2016年“走进计算机世界”英才计划冬令营开营式在清华大学举行，邓浩然和邓明昱两位同学获邀参加。

二、教师科研日新月异

科研带动创新，科研增添活力。在教师科研方面，学校也给予了大力支持。

1. 成立教科所，主抓教研工作

为了更好地加强学校的教学科研和教师队伍建设工作，广附成立了教育科学研究所，确定了教科所由青年教师发展培养中心、校本课程开发与课题管理中心、科技教育研究中心、课程改革与评价研究中心、考试命题研究中心、学科竞赛指导中心六大中心组成，并拟定了各中心的主要任务与工作方法。这是广附走向研究型、创新型名校的重要举措。教科所成立几年来，工作蓬勃开展，取得了显著的成绩。

陈晓云老师在校本课题开题报告会上发言

陈鹂老师在校本课题结题报告会上发言

2. 高度重视教学科研课题的研究工作

广附近几年特别重视推动课题研究工作，目的是提高教师的研究能力、教师之间的协作能力，进而提高教学效率与整个学校教育、教学的层次。学校出台了《广大附中课题研究管理条例》，主要对以下方面做了严格规定：课题申报、课题常规管理、课题评比与经费发放、科研规划、课题指南等方面。广附非常重视开题报告、结题报告、成果集的编纂，邀请知名教授专家对课题进行评价、指导、跟踪，参与立项开题与结题工作。同时，强化对教师的业务管理，对教师定期进行业务培训，经常请专家对教师进行教育理论学习指导，并采用“走出去、请进来”的方式加强交流合作，和兄弟学校相互切磋教学技术，积极撰写教学教研论文，逐步提高教科研水平。

广附老师积极申请广州市教育局科研处科技教育与科普项目，2014年申请成功14项，资助经费64万元，另受委托承办项目1项(承办全国青少年车辆模型锦标赛)，经费为64.6万元；2015年申请成功16项，资助经费82.04万元，另受委托承办项目1项(承办第31届广州市青少年科技创新大赛)，经费为50万元；2016年申请成功18项，经费74.54万元。此成绩在广州市中学首屈一指，大大促进了教师的科研能力，激发了学生的科学精神。近年来，广附教师获得市级以上奖项714项，其中国家级141项，省级107项。

广附科技教师大力开发科技课程，校本课程开出率达100%。目前设有50多门课程，其中《3D艺术创作》《电子创新制作》《校园生物科学探究》《光学创新实验》《安卓手机趣味编程》《野外生态实践》等课程获得市级经费资助，《广附观鸟》《垃圾分类公民手册》在广州市青少年环境教育活动交流中获得各界好评。

同时，学校鼓励教师们多发表论文，有论文公开发表的教师，会获得较高的物质奖励。据不完全统计，近年来全校教师在省级以上重点刊物上发表论文275篇，其中分量较重的刊物有《中学历史教学参考》《中学政治教学与参考》《语文月刊》《课程教学与研究》《中小学德育研究》《中小学教育》《广东教育》《化学教育》《语文教学之友》《广东科技》《中学地理教学参考》《课程教育研究》《物理教学》《班主任之友》《中国教师》《读写月报》《语文教学通信》《中国当代教育科研理论与实践》等。

以下是广附教师承接的自2007年以来部分市级以上教学科研课题项目，这些项目研究不仅与学生的课程学习息息相关，更是与我们的日常教学相联系。广附乐于培养教师的科研精神、理论素养，希望每一位教师都追求做“智慧”的教书人。

自2007年以来广附承接的部分市级以上教学科研课题表

课题编号	主持人	课题名称	立项单位	课题类别	课题类型	级别	立项时间
136	雷珮瑛	中学生数学研究式技艺展示研究	广州市教育局	广州市教育科学“十一五”规划第二批课题	青年教师专项	市级	2007年度
721600668	吴晓军	网络学习社区的支撑环境设计与开发	省电教馆	广东省教育信息技术研究“十一五”课题	重点课题	省级	2007年度
021	陈嘉伦	中学数学小组合作学习的评价研究	广州市教育局	广州市教育科学“十一五”规划第三批课题	青年教师专项	市级	2008年度

续表

课题编号	主持人	课题名称	立项单位	课题类别	课题类型	级别	立项时间
06C073	席长华	中学历史教学的价值取向与教学内容改革的研究——基于多元文化背景下的思考	广州市教育局	广州市教育科学“十一五”规划第一批课题	青年教师专项	市级	2009年度
721600668	吴晓军	“三自五修特色育人”实验研究	国家教育部	全国教育科学“十一五”规划2009年度教育部重点课题	重点课题	国家级	2009年度
07B254	邓云洲	新课程背景下的有效教学行动策略研究	广州市教育局	广州市教育科学“十一五”规划第二批课题	面上课题	市级	2010年度
08C028	施永红	高中数学新课程实施中学生自主有效学习的研究	广州市教育局	广州市教育科学“十一五”规划第三批课题	名师专项	市级	2011年度
12C023	王守亮	高三数学复习课的二维循环模式研究	广州市教育局	广州市教育科学“十二五”规划第二批课题	名师专项	市级	2012年度

续表

课题编号	主持人	课题名称	立项单位	课题类别	课题类型	级别	立项时间
2012B070703005	刘维平	开展中学天文科普精品活动，激发青少年科技创新潜能	广东省科技厅、广州市教育局		重点课题	省级	2012年度
2011TJK236	欧雪仪	义务教育阶段语文课堂学习共同体建设研究	省教育厅		一般课题	省级	2012年度
2013C022	席长华	史料教学在高中各学段历史教学中的运用研究	广州市教育局	广州市教育科学“十二五”规划2013年度课题	名师专项课题	市级	2013年度
2013C026	刘健	初中数学“走班制”分层教学的实施与效能研究	广州市教育局	广州市教育科学“十二五”规划2013年度课题	能效专项课题	市级	2013年度
2013C028	谭弟平	高三历史二轮复习策略研究——“大通史”背景下“小时段”的教材整合与史料解析	广州市教育局	广州市教育科学“十二五”规划2013年度课题	能效专项	市级	2013年度

续表

课题编号	主持人	课题名称	立项单位	课题类别	课题类型	级别	立项时间
2013YQJK066	席长华	史料教学在高中各阶段历史教学中的运用研究	广东省教育科学规划领导小组办公室研究院	2013年中小学教师科研能力提升计划课题立项	教育科研一般项目	省级	2014年度
GDJY-2014-A-b386	王孝锦	中学青年教师专业发展的有效策略研究	广东省教育研究院	2014年度广东省教育研究院教育研究课题立项	一般课题	省级	2014年度
GDJY-2014-A-a002	尧卫国	高中生文化修养与作文同步发展的实践研究	广东省教育研究院	2014年度广东省教育研究院教育研究课题立项	重点课题	省级	2014年度
GDJY-2014-A-b329	王晓鹏	基于新浪云的信息奥赛在线评测系统设计及其实现	广东省教育研究院	2014年度广东省教育研究院教育研究课题立项	一般课题	省级	2014年度
GDJY-2014-A b136	郑允贤	中学英语阅读典型课例分析与实践研究	广东省教育研究院	2014年度广东省教育研究院教育研究课题立项	一般课题	省级	2014年度
2013zjk020	邓云洲	广州市高中国防生的培养模式探讨——以广大附中为例	广东省教育科学规划领导小组办公室	广东省教育科学规划"十二五"课题	自筹项目	省级	2014年度

续表

课题编号	主持人	课题名称	立项单位	课题类别	课题类型	级别	立项时间
1201471575	卜俊田	高中物理“每日精研”作业模式探讨	市教育局	广州市教育科学“十二五”规划课题	一般课题	市级	2015年度
1201472055	杨长军	基于微阅读环境下的阅读推广实践研究	市教育局	广州市教育科学“十二五”规划课题	一般课题	市级	2015年度
2014YQJK009	姚海霞	基于信息技术环境下初中生物新教材栏目教学的研究	省教育科学规划领导小组办公室	广东省教育科学“十二五”规划课题	一般课题		2015年度
2014YQJK010	王孝锦	中学青年教师专业发展的有效策略研究	省教育科学规划领导小组办公室	广东省教育科学“十二五”规划课题	一般课题		2015年度

3. 学生科研创新成果举例

(1)信息学竞赛案例。

广附每年都会举办一些学科竞赛，提供平台让师生发扬他们的科研精神。2011年的一次信息学竞赛中，年轻的王晓鹏老师带领着信息组的小成员们一起参加。王老师为准备这次竞赛也做足了“功课”。

竞赛队中的成员都非常棒，并且在信息技术方面都有独特的“天分”。有一位八年级的杨承熹同学因为成绩优异，尤其是数学成绩好，进入了王老师所带的信息学竞赛队。他在最初的信息学竞赛的学习中，总能很快地完成任务。不过在辅导杨承熹同学的过程中，王老师慢慢发现他对竞赛中的算法和数据结构不太“感冒”，总是在完成竞赛任务后去研究一些黑客技术、做一些小软件。更令王老师惊讶的是，在后来的一次竞赛测试中，评测学生程序的服务器被黑了，导致电脑不断复制恶意程序、频繁死机，结果当天学校三个年级的竞赛课程全部因故中断。经过大半个小时的抢修和排查，所有“罪证”都指向了杨承熹。当时“恼羞成怒”的王老师很快找来了杨承熹的家长，怕他再惹出祸端，商量让他退出信息学奥赛的学习。在和他妈妈沟通的过程中，得知杨承熹自小对电脑技术很感兴趣，也花了很多时间去学习，家里还订了很多电脑杂志，只不过没有经过系统辅导，都是零零散散看些技术文章，然后再进行实践，这次的黑服务器，也是为了实践新学的黑客技术。

杨承熹同学的这次“实验”算是“一鸣惊人”了！王老师想了想，与其限制他让他学习不喜欢的内容，还不如给他一些指导帮助，让他去研究自己的喜好。在一次深入的谈话后，王老师推荐给杨承熹一个他更感兴趣的手机软件开发平台，教了他一些简单的软件开发知识，让他自己探索研究学习，遇到问题他俩一起查资料解决。功夫不负有心人，经过半年多的学习，杨承熹同学就开发了好几个手机 APP 小软件。在辅导他开发软件的过程中，王老师并不是一味地教他各类技术的运用，也让他学会创新，将所学知识创造性地应用于生活，而杨承熹创作的这几款 APP 的缘起，归功于他的善于发现。有一款 APP 是在他带领学生为备战中考的跑步过程中灵感突发而设计的。他发现班上有一两个同学胖，跑步吃力，1000 米对于他们来说简直是不可逾越的障碍。杨承熹想到要做出一款能够即时反映身体健康状况并给予相关建议的 APP。正是在这样的理念下，“健康小助手”产生了，并很快在校园风靡开来。

对于一个初中生而言，开发出手机 APP 并非易事。或许因为如此，杨承熹的故事被广州市内多家媒体竞相报道后，“一鸣惊人”，中国教育电视台也将他作为素质教育的成功案例进行了专门的解读。

广附提倡“以生为本、与时俱进”的办学理念，也鼓励老师在教育教学过程中经常进行反思，巧花心思让学生有所得。经历过这件事情之后，王老师对之前自己的教学重新开始审视，现在他教学中除了教授基本的计算机基础知识，还开设了信息学竞赛和手机 APP 开发等相关的选修课程。力争通过自己的引导，释放学生的天性，努力将“负面”变成“正面”。在开设的信息学和手机 APP 开发两个社团课程中，王老师在课程设计时充分尊重学生的个性特点和兴趣爱好，鼓励他们根据平时的生活体验，使用编程工具进行创意应用开发，教学中注重程序案例的创意性和趣味性，以 Imagine（想象）、Program（编程）、Share（分享）为主题、融入学科知识的趣味案例进行教学，让学生在玩中做、做中学，普及程序设计知识，培养学生动手实践能力，促进学生的程序设计思维和创新意识，并在智慧分享中共同提高。

趣味选修课程开设伊始，预计 40 人左右的课程容量，短时间内就有近 200 人报名，足见学生对学习计算机技术的热忱，但随之而来的则是家长的担忧，不少选择课程的孩子家长非常担心——“小孩子会不会因此沉迷于手机和网络？”“这样的课程在中学阶段对孩子真的有用吗？”在现如今这个如此发达的互联网时代，如何让学生在兴趣发展的同时能够有所学，显得更加重要，若是通过正确的引导，让学生将注意力放在创新设计上，便可以形成一种正向的积极的引导，王老师也发现在学生接触课程后，对开发手机 APP 的兴趣更浓厚，倒是慢慢地对手机游戏不太“感冒”了。例如，杨承熹就曾说：“开发游戏比玩游戏更酷。”他并没有被电脑“绑架”，而是发挥主观能动性，通过编程已开发出了配餐助手、个性小备忘录等小软件，而最近他们正在努力开发一款通过手机蓝牙控制的排障机器人，并计划申请专利。

其实，冷门学科也能出人才。进入 21 世纪，信息素养已经成为了每个人所必备的素养，尤其进入“互联网＋”时代，社会对计算机人才的需求与日俱增。在目前国内的教育背景下，国内的中学计算机学科因为不参与中、高考考核，在实际教学中已经成为偏门，大多数学校对计算机学科不够重视，家长也怕学生使用电脑玩游戏沉迷其中，而限制学生接触电脑，导致中学的计算机教学往往应付了事，或者上课时间被其他主科占领，像杨承熹这样很多在中学阶段对计算机技术有着浓厚兴趣或是特长的学生，往往迫于升学压力，被动地丧失了学习兴趣，被迫放弃了自己的爱好。

孩子们身上所谓的棱角，不能一味去磨平，而是应当发现这些棱角中的闪光点。每个孩子都有自己的天分和个性，作为老师，就是要引导鼓励孩子去张扬自己的个性。在此后的教学中，王老师尝试着多以朋友的身份参与他们的交流探讨，课堂上鼓励孩子们发挥自己的个性，勇于尝试，把讲台让给学生，鼓励他们自己上讲台讲一些创意设计、算法等。久而久之，学生们也开始跟老师亲近起来，学习的兴趣自然就更加浓厚。经过几年的努力，信息学竞赛中，有些孩子因为在程序开发中表现出色，被清华大学、中山大学等名牌大学自主招生录取。所以如何将电脑这门课程“玩”好，考验的是老师的功力。

(2)社区垃圾分类项目案例。

2014 年，广附学生毛瑕、仵润宜在对台湾垃圾分类调查研究的基础上，做了一份广州市的“大手拉小手”社区垃圾分类倡议书。该倡议书从政府、社会、家庭、生态等层面提出了“垃圾分类”的重要性以及可行性，获得了市长的高度赞扬，该项目使广附成了唯一的一个被邀请参加市政府专题会并作专题汇报的中学。这是学校的荣誉，更是学生们的荣誉。以下是学生报告的内容。

尊敬的市长、尊敬的各位领导和老师们：

我们是来自广州市的 23 名中小学学生，在广州市教育局科研处和广州市青少年科技教育协会的指导下，由广州市越秀区博雅青少年成长服务中心总干事、广州市城市废弃物处理公众咨询监督委员会委员严凯老师带队，寒假前往台北进行了为期一周的垃圾分类专项考察。期间，我们考察了台北市政府环境保护局内湖再生家具展示拍卖场、台北市政府环境保护局北投垃圾焚化厂，并与台北市政府环境保护局举行了长达三个半小时的垃圾分类专题研讨座谈。在台北期间，我们以广州市中小学生的身份请教了政府官员、环保专家，还利用夜间专门走访了台北市区的士林夜市、新北市区的居民家庭，广泛了解垃圾分类的宣传与实施情况。

作为广州中小学生，更作为广州市的未来城市公民，对这座城市应有的社会责任感，驱使我们回到广州后，利用春节时间马不停蹄地走访社区垃圾分类现场、处理终端，拜访广州市城管委垃圾分类处、越秀区华乐街街道办事处，请教广州市城市废弃物处理公众咨询监督委员会多位大专院校的专家委员。我们已经提交台湾垃圾分类与回收调研报告，今天，借参加市政府会议的机会，我们特别向全体广州市的市民，尤其是中小学生发出自己的建议。

在学校方面，师生对垃圾分类的认识，以及校园推进垃圾分类教育和实践的执行力需要继续努力。我们要充分发挥广州市学校共青团和少先队组织的作用，在学校组建校内垃圾分类志愿者服务队，开展学生垃圾分类活动，重点是对新入学的小学、初中和高中一年级的学生进行指导示范。

建议全市学生食堂做好干湿垃圾分开投放；大力提倡学生自带水杯、节约纸张和食堂光盘行动，形成学校风气；提倡学生就近去社区垃圾分类宣教站做志愿者，既可以让同学了解垃圾分类的有关知识，还可以督促他人进行垃圾分类；高年级的学生可以把用过的辅导书送给或低价出售给低年级学生，形成校园课辅书籍和教材等常用物品环保循环使用的校园风气；学校的文件最好双面打印，最好也不要发统一的本子，让学生自行购买，避免浪费。

引导学生对校园垃圾进行细分，专设铅笔、签字笔、废纸三类，校园垃圾袋配有相应专用标记；每个班每天放学后轮流将各楼层的垃圾分类运往学校指定垃圾站，确保学校垃圾分类的贯彻实施。

同时我们希望，学校能将每位同学的垃圾分类情况纳入德育评估范围，对于垃圾分类志愿者服务队的队员，可以考虑在评选学校优秀学生中予以单列评选或者优先评选；学校还可以利用春秋游时间组织以强化环境危机意识为目的的垃圾分类的活动，可以参观焚烧场、填埋场或者垃圾中转站，不要只是去游乐园玩。

在家庭、社区方面，我们在进行垃圾分类政策和知识的普及教育时，应该凝聚统一宣传口径。

第一，倡议居民把垃圾分成干湿两类，养成定时定点投放垃圾的好习惯；在规定时间下楼投放垃圾时注意解袋倒出，且把袋子扔到装其他垃圾的桶内；提倡居民买菜购物不要使用塑料袋、要使用环保布袋。

第二，在各居民委员会办公地点固定设立有害垃圾垃圾桶，当有害垃圾积存到一定数量时，方便居民投放，易记易找。

第三，在居民定时投放垃圾的时间，收运车辆或者相关场所播放一些垃圾分类的创作歌曲或者童谣，一方面是提醒居民到时间投放垃圾，另一方面童谣会让人有一种亲切感。

从垃圾分类做得比较成功的台北来看，真正做好垃圾分类需要一个比较长的时间，依靠并发动中小学生普及并推广垃圾分类，将收到事半功倍、平稳长期的效果。为此，我们广州大学附属中学的同学，以及广州市越秀区博雅青少年成长服务中心的同学和家长们，将组织专门的志愿者队伍，开展以下“七个一”活动。

第一，组建共青团越秀区博雅青少年成长服务中心委员会，形成以广大附中为核心力量的共青团、少先队学生志愿者力量，这个已经得到共青团广州市委和越秀区委的同意，已经成立。

第二，组建一支30～50人的紧密型学生志愿服务队伍。对接华乐街，每周至少开展一次“为爱改变习惯”环境保护宣传教育志愿服务活动。

第三，参与一场华乐街家庭垃圾分类论坛，主讲者为街道居民，目的是让同学发现可示范的力量与存在的问题。

第四，组建一个学生科普剧剧团。7月、8月，开展“垃圾分类科普剧”表演活动。

第五，接受若干次全面的垃圾分类专业指导，请越秀区城管委派专人对同学进行规范讲解。

第六，举办一场文化体育活动。7月底组织开展华乐街家庭垃圾分类趣味运动会。

第七，举办一次以华乐街学生和居民为主、面向全市辐射的垃圾分类宣传海报连环画展，优秀作品出版成册，并在适当时间推荐到广告公司或是政府机构，作为广州市垃圾分类宣传海报海选作品。

我们也恳请各位领导支持我们的倡议，并前来广州大学附属中学提供专业指导，期望我们的公益活动能够为广州的城市建设和社会发展注入青春色彩和新鲜活力。

广州大学附属中学八年级学生毛瑕、仵润宜暨

共青团广州市越秀区博雅青少年成长服务中心委员会

2014年3月30日

“小手拉大手”垃圾分类进社区启动仪式

广州大学常向阳教授作讲座

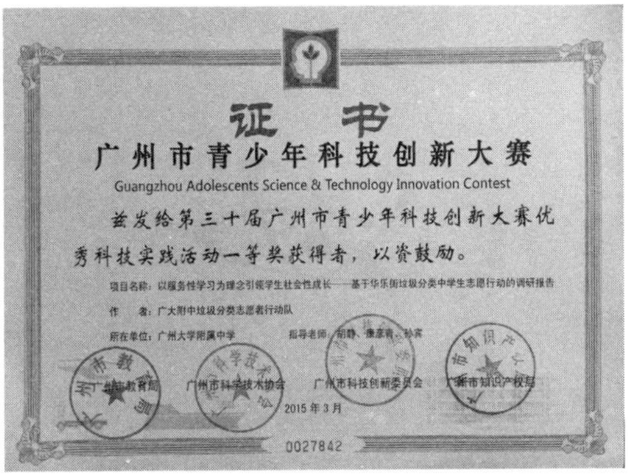

证书
广州市青少年科技创新大赛
Guangzhou Adolescents Science & Technology Innovation Contest
兹发给第三十届广州市青少年科技创新大赛优秀科技实践活动一等奖获得者，以资鼓励。
项目名称：以服务性学习为理念引领学生社会性成长——基于华乐街垃圾分类中学生志愿行动的调研报告
作　者：广大附中垃圾分类志愿者行动队
所在单位：广州大学附属中学　　指导老师：
广州市教育局　广州市科学技术协会　广州市科技创新委员会　广州市知识产权局
2015年3月
0027842

广州市青少年科技创新大赛一等奖

总而言之，在学校教育中，应该多关注孩子们自身的兴趣，发挥他们的优势和长处，引导学生培养自己的特长。广附特别重视对学生兴趣和特长的培养，教学相长，培养学生的钻研精神。正如广附的校训——“做最好的自己”所提倡的一样，学校、老师要培养孩子的创新能力就应该大胆尝试，关注差异，张扬个性，释放潜能，使每个学生都能获得最大发展。

第三节 媒介平台，新式教学

伴随着信息时代的到来，报纸、广播、电视、移动媒体等媒介无时无刻不在影响着人们，尤其是青少年的日常生活。具备媒介素养也成了新时代公民的最基本要求，媒介素养教育也越来越成为人们关注的焦点，任何一所学校都必须主动地把握这一新教育阵地，才能与时俱进地抓好青少年教育。近年来，广附在上级教育主管部门的领导下，积极搭建立体新媒介教育平台，将信息技术渗透到各科教学之中，加强软、硬件建设，利用网络完善教育教学资源库的建设，通过多元化的形式，打造“移动课堂”，让学生把课堂“装进口袋”，享受移动学习的乐趣。

在媒介平台的推出以及发展新式教学方面，学校主要做了以下几方面的工作。

1. 领导重视，组织健全

邓云洲校长于2010年新学年的工作部署会议上，正式发出“全校教职员工务必强化以生为本、与时俱进意识，务必重视新媒介对学生成长的巨大影响力，务必尽快占领媒介素养教育主动权和主阵地”的号召，并就如何挖掘各方资源、潜能，积极创建媒介平台，引导学生正确认识媒介和使用媒介，探索媒介素养教育新方式、新途径等方面做了明确的指示。随后召开专题会议研究讨论，确定专人主管媒介素养教育工作，专门成立了以校长为组长，以副校长、德育处主任、办公室主任为副组长的媒介素养教育领导小组；以校办宣传科、德育处、团委、图书馆等部门负责人及各年级级长、各学科带头人为成员的媒介素养教育工作执行小组。领导小组针对媒介素养教育工作，制订出总体计划；执行小组以灵活的方式组织、宣传、发动，同时又通过学生会、班委会、团支部、学生社团的互相配合，使媒介素养教育活动深入人心，并得到有效开展。

2. 科学规划媒介素养教育工作

“媒介素养”这一概念，是地地道道的舶来品，1992 年美国媒体素养研究中心对媒介素养下了如下定义：“媒介素养是指人们在面对不同媒体中的各种信息时，所表现出的对信息的选择能力、质疑能力、理解能力、评估能力、创造和生产能力以及思辨的反应能力。”结合国内关于媒介素养的研究，特别是国内外对青少年群体的媒介素养研究，确定广附学生媒介素养教育的主要内容为：培养学生获取、分析、评价和传输各种形式信息的能力，通过新形势下的新媒介，比如微博、微信等，引导学生对媒介信息做出正确的判断，提高青少年媒介素养水平。在媒介素养教育中，通过开发媒介素养课程、进行有关媒介素养的课题研究和主题实践活动等丰富多彩、寓教于乐的方式，来培养学生的媒介素养能力。

3. 扎实开展媒介素养教育工作

在媒介素养教育实施过程中，根据学校青少年媒介素养教育发展纲要，开发多门媒介素养课程，并进行相关的课题研究，同时通过丰富多彩、寓教于乐的主题实践活动，丰富媒介素养教育内容。

(1)在媒介素养课程开发方面。

随着在线教育的兴起，慕课成为在线学习的一种新型教育方式，其课程优点得到教育行业内部的高度首肯。慕课、微课作为一种新型的教学模式，它是一种课堂教学之外的有益补充，实现其移动教学、补充课堂内外知识、资源共享以及可重复利用等多方面的优势。它们具有高便携性、高可用性以及微型化，可利用“碎片”时间进行学习。广附紧跟时代步伐，通过“做最好的自己：广附新生入学教育”慕课在线学习，对入学新生进行学校教育，在线人数最多时达 6000 人，累计在线时间达 9

万小时以上。新颖的授课方式、便捷的在线资源，不仅使新生得到教育，新生家长也深受其益，这也成为广附的一个特色品牌工程。

广附成立了慕课中心，由几位电脑技术强的学科骨干主要负责，图书馆、电教室协助，各科安排一名业务好、电脑技术强的老师参与负责技术支持与科组联络。慕课中心配备了非常先进完善的设备，硬件环境很好。我们要求联络人要积极与科组老师沟通，注重选点，注意科学性、实用性、趣味性，注意重点、难点的落实，每个科组每周上交3个以上慕课(微课)课件。迄今为止，“广大附中慕课中心”的微信平台已经发布了七百多个微课视频，涵盖了语文、数学、英语、物理、化学、生物、政治、历史、地理、体育、美术等学科，深受学生欢迎。我们的目标是建立覆盖七年级至高三的全部科目重难点的慕课(微课)课程，提供大量高质量的、学生感兴趣的、效果好的课程资源，为学生提供一个完整、互动、活泼、现代、高效的课外学习辅助平台。

同时，我们通过开展“基于翻转课堂理念下的平板阅读指导课”，结合微博、微信等微媒介传播的特点与方式，将电子阅读与课堂教学相结合，开发具有广附特色的微阅读APP，来实现学生之间、师生之间的交流和思维碰撞。同时，将学生的阅读里程及分享或话题形成成长电子档案，记录学生阅读成长。该课程从2014年1月上线以来，共有8万人次学生使用，每周课时多达12节，并形成学生人文素养资源数据库与科学素养资源数据库，容量达100G以上，学生电子阅读成长档案容量达10G。

(2)在课题研究方面。

学校积极探索进行媒介素养教育的课题研究。其中“基于翻转课堂理念下的平板阅读指导课”成为广州市教研室特约研究员立项课题；图书馆与学科老师合作，积极申报广州市教育科学“十二五”规划2014年度课题：“基于微阅读环境下的阅读推广工作研究——以微信为例”，已成功申请为市课题并做了开题报告；此外，还积极筹备申报“基于慕课环境下的青少年媒介素养教育”的课题。

(3)在媒介素养教育的实践方面。

广附主要依托学校网站、两个微信平台开展相关的教育和宣传活动。

学校官方网站定期更新，是学校对外宣传的窗口，从创建至今，累计访问量达 145 万人次之多。学校官网下设学校概况、德育之窗、教学科研、特色教育、学生天地、对外交流、校长博客、党团工会、家校，是学校开展媒介素养教育的主要阵地之一。

微信作为一种新的传播与社交媒介，已经成为影响青少年的主要媒介载体。结合校内读者使用微信情况与对新型移动互联网社交方式的思考，广附相继推出“广附图书馆”微信公众平台与“广州大学附属中学”微信公众平台。

“广附图书馆”微信公众平台自 2013 年 6 月上线以来，累计关注人数达 160 多万人，坚持每天推送信息，已经成为校园文化建设的一道亮丽风景。“广附图书馆”微信公众平台以提升全校师生的人文素养与科学素养为己任，通过新书推荐、悦读书评、阅读分享、活动分享、阅读方法、学生习作、微信闯关等栏目，引导全校师生阅读。同时，影响家长关注学生阅读情况，实现学校教育与家庭教育的有机结合。同时，图书馆利用其在全市中小学图书馆的影响力，举办多场次“微信与阅读推广”专场分享会，带动整个中小学图书馆行业利用微信来进行阅读推广活动，引导师生阅读。

“广州大学附属中学”微信公众平台自上线以来，凭借其优质的推送内容和权威的信息发布，累计关注人数达 200 多万人。在校办公室的领导下，各处室、部门通信员组成专门的微信运营团队，负责学校官微的日常运行。学校官微定期发送校园资讯，宣传学校，引导师生关注学校发展、关注身边的人和事；同时，普及科学知识及常识，引导青少年树立正确的人生观、价值观。自上线以来，基本形成以下特色栏目：书香校园、特色教育、校长博客、教子有方、热点推荐、星彩纷呈、媒体看广附、镜头看广附、在线图书馆等。因微信的传播速度及受众的关注态势，平台所推送文章，图文转发率(微信概念：图文阅读人数/关注人数)发送一周内平均值均在60%以上，有些图文转换率还在100%以上。例如，“舌尖上的广附”，该条信息三天点击3万多次，图文转发率高达400%以上。不少家长在后台留言“感谢学校的辛勤付出，很放心学生的在校饮食”，还有已经毕业的广附学生留言“很是怀念广附食堂”。微信拉近了学校、家长、学生之间的距离。

通过对微信关注群体进行分析，关注群体可分为广附学生、学生家长、教职工及热心教育的社会人士，这证明微信这一新兴的媒介已经得到很多人的认可。如何充分利用微信平台，通过与粉丝互动、反馈、信息推送等方式，引导青少年阅读，提升其媒介素养能力，成为广附媒介素养教育工作的主要研究领域之一。除此之外，不定期的利用微信设计“微信闯关游戏”，进行媒介知识答题比赛等，这种生动活泼的、寓教于乐的方式也深受青少年喜爱。

(4)培养媒介素养教育人才。

学校非常重视媒介素养教育人才的培养，不仅校领导具有良好的信息化意识、互联网思维和信息管理、评价能力，而且普通教职工也有着敏锐的新媒介教育能力。通过多途径的学习与培训，使学校形成了一批具有良好媒介素养、肯干愿干的教师队伍。

广附高度重视信息技术对教育过程产生的深刻影响。信息技术的发展及其在教学中的普遍应用，将引起教学内容呈现方式的多样化，引起教师的角色、教学方式。学生的学习方式，以及师生互动方式的变革。我们提倡教师在教学设计中要充分体现信息技术的潜在优势，为学生的学习和发展提供丰富多彩的教育环境和有力的学习工具。在教学过程中，教师应充分利用现代信息技术手段改进备课、授课和评价，逐步实现信息技术与学科教学的整合，探索中学生媒介素养教育的新方式与新途径，力求更好地引导学生正确地认识和使用媒介，以达到激发学习兴趣，培养媒介素养，优化课堂教学，提高教学效果的目的。

第四节　传帮共进，杏坛筑梦

“师者，所以传道授业解惑也。”教师，在他从业的那一刻起，就肩负着光荣而伟大的使命。用他的知识启悟人，用他的品德感化人，用他的温情呵护人。广附一直以来不仅非常重视学生的培养，同时也非常重视教师的培养，因为“闻道有先后，术业有专攻”，每个教师并非都是无所不知、无所不能的完人，所以教师也需要“传帮共进”，才能“与时俱进”。教师是学校发展的重要人力资源，是学校办学的必备条件。广附高度重视优秀教师和名师队伍的建设，明确提出教师应达到的标准和要求是：“高尚的人格，深厚的学识，创新的精神，学者的风范。”一支高水平的教师队伍是学校的根本，高素质教师队伍的建设，是学校可持续发展的要素，是培养优质学生的人才保障。教师专业素质和师德水平的高低，不但决定了学校教育教学质量的高低，也决定了学校的发展水平。广附重视教师培养工程，打造新教师岗前培养工程以及分级培养工程，支持优秀教师发挥辐射作用，为他们搭平台、创机会。年轻教师实行“青年骨干教师培养工程”；高级教师实行“学科带头人培养工程”，把建设高水平的教师队伍作为提高教学质量的基础工作重点抓好抓实，不断优化教师队伍，提升教育教学的品位。

一、打造广附教师专业发展模式

广附是一片热土。无数满怀教育热情和使命感的先贤后辈，在广附这片热土上挥洒青春，传道授业，滋兰树蕙，让广附精神薪火相传。广附汇聚各方精英，目前学校约500名教职员工，现有特级教师，国家级、省级教育专家，南粤优秀教师及省市各学科拔尖人才60余名，特级、高级教师、研究生以上学历人数占全体教师比例超80%，这些教师为了广附的共同目标走在了一起。广附更是一片沃土，学校既注重促进学生的自主发展，更重视教师的专业发展，无数俊才名师在这片沃土上茁壮成长。

“教师是领航学生的风向标”，优秀教师是学校可持续发展的第一要素，是培养优质学生的人才保障。在近年的办学改革与实践过程中，广附根据现代教育发展的需要和新课程的要求，实践校本管理和人本发展的策略，初步形成具有特色的教师专业发展模式——“三立式”教师发展模式。

广附“三立式”教师发展模式，指的是立德、立业、立名。“立德”的主要措施为“三个抓”：抓学习、抓典型、抓评比表彰。采用多渠道、多形式的师德教育，提高教师队伍的思想政治素质和职业道德水平。“立业”的主要措施为“七个一”行动：一心进修，一生规划，一轮磨课，一个创新课例(微课、慕课)，一日反思，一项研究，一个选修课。学校大力开展本土化的“课例研究”，创新型的“微课、慕课研究”，校本化的“选修教材编写及选修课研究”等工作，促进本校教师将教学、进修、合作、研究、反思融为一体，使本校教师专业化发展从大处着眼、实处着手，富有实效性。“立名”是指实施“名师强校”战略，提升教育质量和科研水平。广附通过实施“园丁之星工程”，让新教师能尽快站稳讲台，让骨干教师能尽快形成自身的教学风格，让专家型的名教师发挥辐射带动作用。

“只要工夫深，铁杵磨成针。”广附的教师培养可谓是独树一帜，各种“星级”培养模式为广附打造了不少优秀教师。

二、打造名教师培养工程

自2009年始，学校就启动了“名教师、骨干教师、教坛新秀”培训活动，每期三年，已经完成了第一、二期，现在进入了第三期，效果很理想。

“教坛新秀、骨干教师、名教师”培养工程措施主要有：

1. 导师引领

约请一些名家给分级教师担任导师，让导师指导、引领；给教坛新秀配备名教师、骨干教师作导师，让他们互相促进、教学相长。

2. 集中培训

学校对每批“骨干教师”都会进行集中培训，会邀请相关领域的专家、学者进行专题讲座。例如，广州大学郭斯萍教授的“认知心理学的发展与教学观念的革新”的专题报告；广州市教育局教研室主任黄宪的“增强主体意识促进教师专业成长”，林少杰书记的“有效教学——非线性课堂教学模式”；华南师范大学吴有昌教授的“soli分类学在学业评价中的应用”的专题讲座，黄牧航教授的“教师专业成长”的专题报告，王卫东教授的“怎样做课题研究”的讲座，王红教授的“核心基础，思维课堂——基于中美比较对中国基础教育的反思与重构”，黄甫全教授的“修养优良品德，做一个幸福的教师”，曾文婕教授的“有效教学的原理和案例”，陈建伟教授的“小组合作与学习型课堂的建构”；等等。

同时，组织学校名师畅谈感受、交流思想。例如，广附名师陈晓云的“提高慢班教学效果的点滴体会”；陈宁生的“提高专业素养享受教学人生”；郭春曦的“耕耘语文园地，享受奋斗乐趣”；骨干教师刘超、教坛新秀徐春凌也分别以“课堂教学回归自然——板书在物理科教学中所起作用的思考”，“教师的幸福感”为题谈了自己的感受和体会。

潘新和教授给我校教师作讲座

朱华伟教授给我校师生作讲座

3. 自我修炼

为了适应不断发展的教育新形势的要求，不断提高学校教师的理论水平和业务水平，广附要求教师们必须不断学习、提高认识，要求每位教师每学期必须做四件事：(1)读书(专业书籍)，撰写读书笔记、撰写教学反思。学校还给每位"骨干教师"购买了《教师的幸福人生与专业成长》《陶行知教育名篇》《第56间教室》及各相关学科的书籍供大家学习。要求"分级老师"学完以后认真写学习札记、随笔、反思。(2)研究课题。所有分级教师必须参与课题研究，并且要担任课题主要负责人。(3)开发校本教材。(4)开设高质量的选修课。

4. 参观学习

为了学习他地经验、开阔教师们的眼界，学校先后分批组织了"教坛新秀、骨干教师、名教师"外出参观学习、听课评课，分别到湖北华师一附中、河北衡水中学、山东杜郎口中学现场观摩高效课堂活动，也聆听了有关专家的讲座，又组织老师到湖北鄂南高中蹲点学习，到北京、上海、江苏、大连、青岛等教育发达地区进行学习交流研讨活动，取得了很好的学习效果。

5. 上公开课

(1)上全校文科(理科)公开课。为了给大家创造一个学习交流的平台，每学期均在全校举行校级公开课研讨活动，全校文科老师听文科课、理科老师听理科课，通过公开课的研讨交流活动，使得教师的教学教研水平不断提高。(2)课例探究活动。要求分级教师在课例探究活动中担任重要工作。例如，2012 年进行了全校性的“一课多磨”探究活动；2013 年进行了全校性的“同课异构”活动，全校性的青年教师赛课活动；2014 年进行了“主题式探究活动”和“青年教师微课大赛”。

6. 成果斐然

2013 年，第一轮“骨干教师分级培养工程”结束，在学校的培养下，广附的骨干教师们取得了丰硕的成果：学校有 28 个校级以上的课题研究取得成果，现已结题并印制成册，骨干教师们主持或参与的课题达 33 人，教师撰写论文 131 篇，其中已发表 48 篇；他们撰写教学随笔 223 篇，这些随笔也已选择部分内容印制成册。他们在校级以上专业比赛中获奖 134 人次，有 40 人次获校级以上综合奖，其中市级优秀教师 9 名，省南粤优秀教师 2 名；他们中已有市骨干教师 3 名，省骨干教师 3 名，省名师培养对象 1 名，国培骨干教师 1 名。

2016 年，第二轮“骨干教师分级培养工程”结束。共有名教师 9 人，骨干教师 33 人，教坛新秀 28 人结业。从各方面来看，成效也非常显著。骨干教师们主持参与课题达 70 人，发表论文 81 篇，撰写教学随笔 141 篇，产生了省级名师 6 名，市级名师 10 名。

第二届分级教师会议现场

分级教师日常工作会议

三、“园丁之星”培养工程

为使新入职教师尽快胜任中学课堂教学和教育管理工作，学校给每位新教师配两位师傅，实施“园丁之星”培养工程。教学方面是每位新教师配一位师傅，任期一年；德育方面则是实行导师制，一位资深班主任可以带一到多名新教师，任期三年。对同时担任班主任的新教师，学校也会委任一名有经验的班主任作为其班主任师傅，“传帮带”其在教育管理方面的工作。

师徒结对的时间为一年，这一年里师徒要达到以下基本要求。

1. 对徒弟的要求

(1)教学工作方面。

备课要求：在认真钻研教材、教法、虚心请教师傅(也可以是其他教师)的基础上，手写详细教案，并写课后反思。学期中教务处抽查、学期末上交教务处。同时要依时参加集体备课和市、区、校各级教研活动。

听课要求：必须虚心向师傅学习，主动争取师傅的帮助，主动听课。每学期至少听课 25 节，其中听师傅的课不少于 15 节(学期末将听课记录上交教务处)。

上课要求：按时上、下课，力求把握课程标准，恰当选择教学媒体，调动学生学习积极性，较好完成教学任务，不断提高课堂教学技能并坚持使用普通话上课。在一年里，新教师要在第一学期末上一节上岗汇报课，第二学期末上一节转正汇报课。汇报课的具体上课时间由任课教师与科组协商后报教务处。

布置作业要求：布置的作业要与备课组老师一起进行精选。作业要全收全改，并根据作业实际情况写适当的批注评语。

坐班要求：新到广附工作的教师，一年内实行坐班制，上班时间与学校行政人员上班的时间相同。

(2)班主任工作方面。

基本要求：新班主任上岗后必须虚心向师傅学习，要尽快认真学习，全面了解广附《做最好的自己》《广附班主任工作手册》，便于开展班级教育管理时胸有成竹。

到岗时间要求：

早上 07：30 之前主持班务，检查班级的各项准备工作。

上午 10：20 之前到达本班课间操地点，组织课间操。

中午 13：00 安顿本班的午休。

下午 15：25 组织学生做眼保健操。

本班的自习课要到位，落实学生安静自习。

班会课要求：认真组织上好每次的班会课，要求写班会课详案。第二学期中段考后上一节转正汇报课。汇报课的具体上课时间由班主任与年级协商后报德育处。主动请教师傅，主动邀请师傅听自己的班会课。

2. 对师傅的要求

教学方面：师傅有义务指导新教师制订教学计划、撰写教案，指导徒弟的备课、上课等教学活动，使他们尽快熟悉教学业务。师傅听课每学期不少于 20 节，其中听徒弟的课不少于 10 节，对徒弟的课要进行听后点评指导，由徒弟负责记录师傅的评议内容(学期末连同教学反思一同上交教务处)。

班级管理方面：师傅有义务指导徒弟制订班级工作计划、撰写班会课教案，指导协助徒弟开展班级建设管理、学生教育工作，使其尽快熟悉自己的业务。师傅主动听徒弟的班会课，每学期听课不少于 5 节，听课后进行点评指导，徒弟负责记录师傅的评议内容(学期末连同教学反思一同上交德育处)。

师徒结对的“园丁之星”培养工程，使广附新教师能够顺利快速地成长，许多老师工作两三年就表现非常突出，为学校的可持续发展打下了非常好的基础。

师徒结对大会师傅合影

2016 年一校九区近两百名新教师岗前培训文艺汇演

教师的培养就像一个学校的“造血工程”，它向我们的教师团队不断地输送新鲜的“血液”，在延续精髓的同时又增添活力和创造力。广附的教师培养工程在不断的实践、创新和传承中，结出了丰硕的成果，学校初步建起了一支结构合理、业务优良、师德高尚、深得学生和家长信赖的教师队伍。我们相信，这支队伍会一路向前，越走越高，越走越好！

第七章　特色班级：每个孩子都是有价值的

“没有人和你一样，因为你是独一无二的；我们需要你，就像你需要你自己一样。”乌尔里希·沙弗曾赞叹每个人都是独一无二的。是的，每个人都是独特的，每个人都可以做最好的自己。教育最核心的追求，就是让每一位孩子都能找到自己的价值。在这里，我们相信每一个孩子都是独特的，每一个孩子都是有价值的。广附“以生为本”，坚持“特色办学、特长发展”的教学方向，打造适合学生发展的特色班级模式，例如国防班、国际班、奥数班、课改班等。让孩子在自己喜欢的领域快乐学习，创造自己的价值，做最好的自己。

第一节　红色根系——国防班

“少年强则国强。”一百多年前，当祖国被列强侵略的时候，梁启超发出这振聋发聩的《少年中国说》，这时代的声音，曾鼓舞了多少有志青年，自立自强，解救处在水深火热中的祖国母亲。一百多年过去了，我们祖国正一步步强大，现在，习近平主席提出了实现中华民族伟大复兴的中国梦。中国梦不仅是大人的事，更是孩子的事，中华民族要想实现中国梦，就要从孩子的教育抓起。

广附，有着深厚的红色文化底蕴和国防情结，学校的前身是中国人民解放军的干部子弟学校。深受这种军队文化的影响，学校一直有个梦，就是希望能继续传承这种红色文化，为祖国的国防和军队建设培养优秀人才，实现“少年强则国强”的中国梦。

经过一系列的调研、规划等筹备工作后，2012年10月，全国首家高中国防班在广附正式挂牌成立。伴随这个“梦”，我们正在前行。

一、举办国防班的意义

人才是兴军之本。随着世界新军事变革的蓬勃发展，知识和科技已成为战斗力的主导因素，世界军事领域的竞争，归根结底是人才的竞争。事实雄辩地证明，谁抢占了人才制高点，谁就能在战争中赢得主动，立于不败之地。当前，世界军事强国把依托普通高等教育和中学教育培养军事人才，作为提升战斗力、谋求军事优势的关键。

广附与广州军区选培办的首长们经过认真的调研和论证，认为在中学开设国防班是富有创新性和重大意义的举措。广州军区选培办首长认为，如果能选择一批具有光荣传统、办学水平高、校风学风优良的重点中学开办专门的国防班，军地联合采取特殊培养措施，引导学生高考时集体报考军(警)院校和国防生，可以走出一条培养国防人才苗子的全新之路。就广附高中国防班的开办问题，国务院副总理刘延东同志在2012年11月9日专门作出批示：“在普通高中进行‘国防班’试点是提高师生国防意识，培养高素质国防人才的有益尝试，教育部要给予大力支持”；中央军委相关领导在2012年11月12日也作出批示：“办好高中‘国防班’试点并适时总结宣传好这一开创性工作的经验”；广东省军区司令员刘联华同志也作了专门批示：“要充分研究认证，广泛听取有关各方意见，确保办成、办妥、办好”。

广附开办国防班的具体意义体现在：一是人才培养平台的前伸。军队人才培养工作提前到高中，从高中阶段开始介入，逐步强化学生的政治思想、科学文化、身体素质，打牢思想根基、夯实知识基础、强化军事基础，有利于壮大信念坚定、素质更高的国防后备人才队伍。从高中阶段开始培养国防后备人才，也是被世界军事强国实践证明的有效做法，值得借鉴。二是国防教育的普及。在一所优质中学创办国防班，必将引发全校师生的共同关注，所开设的军政理论课、组织的军事训练、进行的准军事化管理，本身就是“含军量”高的生动的国防教育实践，能让师生在潜移默化中接受国防教育的熏陶，提高爱党爱国爱军的意识。一个国防班学生背后就是一个家庭，家长在参与子女教育的过程中，自身的国防意识也会得到强化，从而实现将国防观念由学生向家庭再向社会辐射的目的。三是国防生源的稳定。开办高中国防班，不仅可以建立稳固的生源基地，更有利于提前“锁定”一批品学兼优的优秀学生，从而为稳定军校和国防生招生报考的数量以及录取质量，提供有力的保证，为部队挑选优质人才提供更宽泛的选择面。军区选培办计划，在广附创办全国首个高中国防班成功后，拟在粤东、粤西、粤北等地逐步推开，发挥“领头羊”作用，带动其他生源基地中学和其他更多中学，确保国防生生源数量充足、质量更高。

2012 年 10 月，全国首家高中国防班在广附正式挂牌成立，

中央电视台新闻联播节目予以专题报道

二、广附国防生的培养模式

宝剑锋从磨砺出，梅花香自苦寒来！在高中培养国防生是一项创新的举措，对师生来说都是一项挑战，如何将国防生的培养落到实处？怎样才能培养出优秀的人才？在国防班创建之前学校领导就这些方面进行了实际的调研及考察，在实践中总结，在实践中进步，制定了一系列国防生培养方案。经过与军区选培办的认真商讨，学校确定了“以中学为主，军队全程嵌入，军地联合培养”的思路，开展国防班学生培养工作。学校和军区选培办一起专门制订了《广州大学附属中学国防班学生培养实施细则》和《广州大学附属中学国防班军政训练实施办法》，明确国防班的学习、教育、管理以学校为主，招生面试体检政审、军政教育训练、高考报考军队院校或国防生等环节，军队介入协助。不仅要在军事训练上以生为本，更要在知识、信息的学习上与时俱进。在实践中学习，在实践中提升，培养全方面发展的优秀学生。

(1)培养目标。

让国防班学生增强国防意识，提高国防素养，健全人格，成为品学兼优的国家后备军官选拔人才。

(2)培养途径。

①讲座类。主要通过聘请国防院校或部队中理论丰富的专家、学者或首长到校开展讲座。目前主要包括国防知识讲座、国防历史讲座、国防形势讲座、国防法规讲座等。通过专题讲座形式，学生得到了专家学者高层次的引领，不仅拓宽了视野，而且加深了国防观念，增强了爱国情感。

②课程资源建设。广附目前的国防班课程结构由政治理论课、军事理论课、军事体育课、军事技能课四个部分组成。国防班军政训练课程教材书目包括：《军事理论教程》《中国人民解放军内务条令》《中国人民解放军纪律条令》《中国人民解放军队列条令》《中国人民解放军新兵训练教材》等。

③国防技能。主要依据广附《军政训练大纲》，针对平时训练科目及体能达标标准，开展相关的训练。

④实践活动类。近几年国防班组织的实践活动主要有：参观辛亥革命纪念馆，参观南昌、井冈山、韶山等革命纪念地；走进军营体验部队生活，走进军校体验国防生生活；举办校内军事特色活动，如以“我崇拜的军中英雄”为主题的演讲比赛，举办国防知识竞赛，晚自习前10分钟唱军歌，周一全体学生穿军装，校园处处显军姿等。

⑤环境建设类。国防园地、军事小知识、国防书籍阅览室(书籍、报纸、杂志)、训练场建设、“将军林”建设、军魂墙、教室军事文化建设(班级名片、口号、海报等)。

⑥各种组织建设类。军事爱好者社团、后备军官合唱团、后备军官拳术队(军体拳、匕首操)、国旗护卫队、小组突击队(全方位竞赛，尤其是学习)。

⑦成果宣传类。国防微信、国防网站、国防小报、国防画册等。

(3)师资配备。

学校根据国防班的特点，配备了理论功底深厚、教学经验丰富、教学能力强的老师。

组织机构：学校成立了国防班建设领导小组，由邓云洲校长亲自担任组长，由广州军区选培办驻我校的军事副校长单志祥同志和主抓国防班建设的德育处主任席长华同志任副组长，成员由学校各部门的领导、国防班专职教官、年级组长、国防班班主任等人员组成。

专业师资：为了凸显国防班的课程特色，学校专门聘请军区教官和军事专家到校给国防班学生上课。强化日常训练，聘请华南师范大学等高校的国防生为日常军事活动的教练。

近几年到学校上课的军事教官和军事专家有：

何晓庚，副教授，广附国防班建设领导小组组长，广州军区驻广东高校选培办主任。积极探索国防生培养特点和规律，筹划推动的全国首家“后备军官学院”、全国中学首创国防班培养模式等在军地引起较大反响，被广东省评为第六届高等教育教学成果改革一等奖。承担广东高校国防生《军事领导科学与方法》《人民军队导论》《国家安全环境与国防和军队建设》等课程教学任务。

单志祥，广附国防副校长，广州军区驻广东高校选培办干事，荣立三等功2次。在军队院校工作8年，从事高校国防生教育培养工作7年。刻苦钻研选培工作业务，承担国防生军政理论部分课程授课任务，负责国防生体能、队列、轻武器射击及军事体育等科目组训工作，两次参加军区选培业务知识考核均获得第一名。

此外，还有宿双宁、梁宁宁、闪淳昌、刘大响、徐长江等专家、学者、领导来我校作讲座，详见下图。

广附老校友
宿双宁同志回母校作讲座

广附老校友梁宁宁同志
作军史讲座

闪淳昌教授作讲座

北京航空航天大学
刘大响院士作讲座

海军陆战学院徐长江副教授授课

三、国防班办学的成效和影响

广附国防班课程自2011年9月创办以来，得到了部队首长和各级地方教育部门领导的高度重视和大力支持。2012年5月，国防班课程被广州市教育局确定为首批特色课程重点立项项目，学校被广东省军区授予“国防生源基地”。2012年10月，全国首个高中国防班在广附举行开班仪式，中央电视台进行了专题报道。2012年11月，广附举办高中国防班的举措得到中央领导和中央军委领导的高度肯定。教育部体卫艺司司长王登峰同志先后两次到广附实地考察国防班课程开展情况，中国人民解放军总政治部和总参谋部的相关领导也分别到广附进行考察指导。

广州市教育局原局长屈哨兵同志用“四个恰”对广附国防班进行了高度肯定。第一是恰逢其时，人力资源大国向人力资源强国的转变主要是军事人才优秀，一个国家如果军事不强的话，教育界也是责无旁贷的。第二是恰逢其人，部队首长和广附的领导班子都非常热心，非常认真地要做好这件事情。第三是恰逢其势，广州市正在大力推动学校的特色教育建设，广附的“国防班教育特色”在全广州市排第一名。第四是恰逢其校，广附有部队红色文化的背景和传统。屈哨兵同志还表示，在办好高中国防班这件事上，要花大力气，这不仅是广附的事情，也不仅是部队的事情，同样还是教育局的事情。

2013 年 1 月，广州市教育局在广附大学城校区举行了“广州市高中特色课程建设现场会”，邓云洲校长在会上向广州市各高中学校的校长介绍了广附“国防班课程”建设的情况。2013 年 3 月，广附被广州市教育局确定为广州市首批特色学校，高中国防班列入“独立批”招生计划。

教育部体卫艺司王登峰司长(右二)
调研我校国防班建设

广东省委常委、省军区政委黄善春少将
听取国防班建设汇报

广东省教育厅罗伟其厅长听取省军区
关于我校国防班建设的汇报

广州市教育局原局长屈哨兵
对我校国防班建设予以高度肯定

经过三年的发展和努力，国防班建设取得了很好的成绩，赢得了各方赞誉。2014 年 8 月，由教育部和中国人民解放军总参谋部、总政治部联合举办的全国首届军事夏令营在北京军区某步兵旅举行。由教育部点名，广附高三国防班的同学代表广东省参加了该项活动，在夏令营的比赛项目中取得捕俘拳第一名、军歌合唱第一名、国防知识竞赛第二名、无线电测向第三名、团体总分第二名等好成绩，石国良、蒋青青同学获得了“神枪手”荣誉称号，广附也被评为军事训练营优秀组织单位，得到教育部、总参、总政领导的肯定和表扬，为广东省、为学校赢得了荣誉。2014 年 10 月，广附国防班接到中国少年科学院的专门通知，将获邀参加“嫦娥奔月飞船”发射的科学观摩活动。

2015 年，我校首届高中国防生毕业，国防 A 班高考总平均分比重点线 577 分高出 61 分；国防 B 班比重点线 577 分高出 31 分，两个班重点率均为 100%。国防班共有 21 名同学被全国军事院校或各大高校国防生专业录取(包括 2 名飞行员、14 名军校学员、5 名国防生)，录取人数在全省高中排名第一。

2015 年我校首届国防班高考录取情况一览表

国防生	刘琪	女	理科	华南理工大学	电气工程及其自动化
国防生	杨春生	男	理科	华南理工大学	信息工程
国防生	廖启霖	男	理科	华南理工大学	信息工程
国防生	吴霆锋	男	理科	华南理工大学	土木工程
国防生	庄佩文	女	理科	华南理工大学	信息工程
军校生	何熙睿	男	理科	解放军信息工程大学	网络工程
军校生	罗天	男	理科	解放军信息工程大学	侦测工程
军校生	李振元	男	理科	解放军信息工程大学	作战环境工程
军校生	刘天怡	女	理科	解放军理工大学	军事气象学
军校生	陈泓杉	女	文科	解放军国际关系学院	军事情报(俄语)
军校生	张素同	女	文科	南京政治学院	新闻学
军校生	潘彦安	男	理科	军事经济学院	装备经济管理

续表

军校生	周加镕	男	理科	军事经济学院	装备经济管理
军校生	谌奔	男	理科	军事经济学院	军队采办
军校生	孙子健	男	理科	第四军医大学	口腔医学
军校生	杜俊杰	男	理科	海军工程大学	电子对抗指挥与工程
军校生	石国良	男	理科	海军工程大学	电子对抗指挥与工程
军校生	林灏	男	理科	武警警官学院	武警指挥类
军校生	严子均	男	理科	空军航空航天大学	
军校生	林俊星	男	理科	空军航空航天大学	
军校生	陆明臻	男	理科	广东武警警官学院	警官指挥类

2015 年 9 月 9 日，按照中央军委的统一命令，广东省军区在我校举行了“携笔从戎、无上光荣”荣誉牌首发授牌仪式。省军区政治部，省、市教育主管部门，以及广州警备区有关领导出席了授牌仪式。我校 21 位军校生和高校国防生高兴地接过光荣牌，踏上自己的军旅生涯。

荣誉牌首发授牌仪式合影

邓云洲校长为考取军校的学生代表佩戴代表我校最高荣誉的“八一勋章”

广东省军区政治部主任吴烈冲少将为考取军校的学生家庭颁发牌匾

2015年11月1日，全国红军小学建设工程理事会副理事长兼秘书长方强一行四人，及广东省青少年军校温元麟校长莅临我校大学城校区，进行国防特色课程的调研。各级领导充分肯定了广附国防特色教育的优势，并对学校国防教育的下一步延伸提出了指导。全国红军小学建设工程理事会还决定，在我校中学部和小学部挂牌成立红军学校。

2015年11月10日，全国红军小学建设工程理事会在我校举行广州大学附属八一红军学校、广州大学附属八一红军小学的授旗授牌仪式。在授牌仪式上，中共中央办公厅机关原党委副书记、全国红军小学建设工程理事会副理事长李永平宣读了设立两所红军学校的决定；全国红军小学建设工程理事会副理事长兼秘书长方强为两所红军学校授牌；开国上将贺炳炎之子、全国红军小学建设工程理事会副理事长贺雷生为两所红军学校授旗。

“红军学校”授旗授牌捐赠仪式

“红军小学”授旗授牌捐赠仪式

授旗授牌捐赠仪式现场

四、雄关漫道，迈步前行

国防班，是广附红色根系传承下来的一个希望和梦想。广附通过打造国防班这个特色班级，来实现自己的梦想。国防班正像一个孕育了非常久而刚诞生的雏鹰，它需要更多的努力才能更好地在天空中展翅翱翔。目前，国防班建设仍需进行如下的努力和完善。

(1)进一步完善培养链条，扩大国防班优质生源入口。

在发展高中国防生课程基础上，努力争取在初中部组建少年“红军班”，与高中国防班对接，形成完整的培养链条；为高中国防班的生源提供有力保障，夯实高中国防班培养的人才基础和氛围。希望省市教育主管部门在高中国防班列入“独立批”提前招生的基础上，给予国防班更灵活的招生政策，最好能够面向广东省全省招生，以确保国防班的生源质量。

(2)进一步打造国防班特色品牌。

在现有国防班成立“后备军官合唱团”“国旗护卫队”“队列示范队”以及“国防班军体拳队”的基础上，筹建“国防林”“军魂墙”以及大学城校区校史馆、国防班专修室等，打造国防班特色品牌。

(3)进一步加强国防班培养模式的探索。

在广州市教育局的支持下，在广州军区选培办的帮助下，我们已经就高中国防班的培养制定了三年规划，在实施过程中学校会不断地探索和完善。希望上级教育部门根据国家高考制度改革的方向，给国防班毕业生提供签约高校自主招生、校长推荐保送入学等成才路子，建立长效机制，吸收优质生源，提高国防班培养效益；另外，学校也希望部队首长机关能把广附国防班吸纳为“中国人民解放军院校学员选拔基地”，高校国防生和部队院校要对广附国防班的毕业生实行定向招生，解决国防班学生的“出口”问题。我们有信心在军地领导的支持下，把高中国防班的工作做得更好，让全国首个高中国防班在广附不断开花结果。

在中学开办国防班，是军队人才培养的一项全新探索。我们相信，在广附的历史文化的支撑下，在各界领导的关怀指导下，在学校师生的共同努力下，国防班建设一定会越来越好。

参加高中国防班开班仪式的部队首长和地方领导与国防班同学合影

五、国防班的故事——“三年國贰”

三年前，他们走进广附，带着好奇、疑问和憧憬。

三年后，他们从这毕业，带着坚毅、温暖和责任。

他们的名字叫國贰，又称“国之利刃”，三年，國贰人为广附首届国防班交了一份漂亮的答卷。他们中有的远赴美国、加拿大、澳大利亚留学，有的在中山大学、人民大学深造，更有 12 人投身军营，在海陆空各条战线上为成为未来名副其实的“国之利刃”而奋斗。作为高中国防班的学生，三年中他们经历了比别人更多的风雨，承担了更多的责任，收获了更多的情谊。

國贰班徽

风雨篇

身穿迷彩或帅气的常服，在高中校园里，他们备受关注，因而也更加注重自己的言行举止。周日下午的体能训练，仅仅是开场的三千米跑，想想都不自在。周一的早训，当广附校园沉浸在睡梦中时，他们已然起身，迎接第一缕阳光，整齐地站在操场上。周三的体锻是广附学生最喜欢的时段，而他们不得不看着同学们恣意地驰骋在球场上，自己却仍然在训练、训练。还有高一升高二的暑假，他们在军体院的集训，即使发烧也没有一个退缩，最后全员整整齐齐地站在广附军训会操的中央，给家长和学弟学妹们一个惊艳。过程中，有过埋怨、有过抗争，但更多的是坚持。现在回忆起来或许是释然的，但在全国高中生为高考全力奔跑的大环境下，他们所承受的一切是需要很大的勇气和毅力的。

国防班学生训练场景

高二升高三的暑假，全国首届军夏令营在天津举行。国防班作为广东省的代表，要派 20 名学生参加大比武。得到通知，他们既激动又矛盾，向往自不用说，矛盾是现实的，毕竟他们高三了，每一天的学习时间都那么珍贵。刘琪是其中的典型代表，当初她来到国防班就是因为怀揣绿色军营梦想，走过两年，她的优秀是公认的。她在班上担任团支书，还是级委主席，她是国旗班的旗手、还是国防合唱团的指挥。然而在此次选拔前，她犹豫了。十天的训练加上参赛十天落下的课程，她能承受吗？最终让她做决定的是因为一句“我们需要你，需要你站出来”，她接受了挑战与使命。难以忘记在选拔当天的操场上，参选人员走出队伍时她的眼神，那是信任，是承担，是成长。十天的准备期中，他们每天早上 5 点起床训练，夜晚学习到 12 点。训练和学习的双重压力考验着他们，支持他们的是一个信念：我们既然来了，就要为广东队拼搏，为全国首届高中国防生正名。第一个十天他们接受了许多科目的培训，包括军事授课、轻武器实战射击、识图用图、战场医疗救护、无线电测向。第二个十天他们经历了许多考验，捕俘拳、军歌合唱、知识理论、实弹射击等各项竞赛。付出就是成长，付出就是收获。他们在第一个比赛项目捕俘拳中就夺得了第一，石国良在脚伤困扰下坚持完成训练和比赛，而且代表广东连获得军事知识比赛第二名，并和蒋青青一起获得实弹射击“神枪手”称号。陈丽仪每天加班加点想办法帮大家排练歌曲，最终团队毫无悬念地夺得合唱比赛第一名。最终广东连以综合排名第二的成绩结束了本次军事夏令营，这是他们最好的 18 岁礼物。当他们获得广附最高荣誉“黄华勋章”的时候，风雨只有自己知道。

“黄华勋章”

责任篇

既然是国防班，因为被关注，他们承载着更多的期待。所以宿舍应是最干净的，学农要是最积极的，合唱必须有军人气势，军训当然要拿第一，运动会就该夺冠，还有学习也要最棒，不为别的，只为他们是国防班。就这样，國贰的孩子在这三年一直在追求完美的路上。

三年國贰能获得广播操的三连冠、校运会的三连冠、趣味挑战赛的冠军，拥有出色的运动健将固然重要，但每个同学的积极参与、全情投入更为难得。高一潘彦安长跑后精疲力竭被同学架起的表情、高二男子接力因判决问题，大家愤然相争后全体静默的瞬间、高三陈越跑完 800 米、100 米后又出现在女子接力的最后一棒的坚毅，太多这样令人动容的时刻。当然还有每届校运会都有金牌入账的何勇，不但自己勇夺第一，还在体育委员代表校队外出打篮球赛而缺席的关键时刻，主动担任起“排兵布阵”的指挥角色，为國贰三年三连冠立下汗马功劳。趣味挑战赛國贰的表现亦是可圈可点。300 个绕八字跳绳，3 分多的齐心协力跑，平均 56 个仰卧起坐，每个同学都拼了。周加镕一人参加了 9 个项目中的 7 项，李振元、钱若远有脚伤，但主动承担了自己的强项篮球和仰卧起坐。不为别的，因为大家都这样。三年来，在校运会的赛场上，体现了國贰的成长，他们从各自为战到集体智慧，在报名的时候总是根据大家的实力合理安排，而非仅凭自己的好恶报选。每位同学都敢于站上赛场、乐于站上跑道，如此國贰令人欣慰。

国防班学生参加运动会场景

当然，钢铁不是一天炼成的。记得高一参加合唱比赛，他们觉得军歌土，开始很抵触唱军歌，所以初赛选择了英文歌曲《We Are Young》。

虽然洋气了一回，也勉强进了决赛，但是他们看到了自己和其他班的差距。初赛和决赛只有 2 周时间，临时换歌还来得及吗？是武警合唱团的《打靶归来》打动了他们。磅礴的气势，整齐的动作，坚毅的歌声让他们决定挑战自己。一天学歌，一天分声部，两天练歌，一天学动作，再加上决赛当天的整合，六次训练他们就站在了决赛的舞台上。那天是他们第一次穿常服，当华师国防生把帽子、衣服、裤子、皮带、鞋子一样一样打好包，写好名字，有秩序地发到他们手上的时候，他们兴奋的同时，敬重之心油然而生。在这样的气氛渲染下，那天他们的表现非常突出，拿了合唱节的第一名。后来看视频的时候，他们自己都没有想到自己能做得这样好。于是高二合唱节挑选武警合唱团的歌就不再有异议了，他们选择了难度极高的《天路》。虽然最后获得了二等奖，但是他们是唯一一支由学生指挥、伴奏的班级，没用外援，靠的是國贰的凝聚力。

国防班学生参加合唱比赛现场

收获篇

终于毕业了，他们收获了知识，收获了友谊，还收获了军人的意志和战友的真情。当他们把常服整齐叠好，压在箱底的时候，当他们抚摸着肩章、胸章、臂章的时候，有着如释重负的解脱，更有恋恋不舍的情怀。对很多人来说，这辈子不再有机会穿上它，但是曾经浸透汗水的常服，满载着三年國贰的故事，深深铭记着他们的青春。

除了学校常规的活动外，国防班三年也去了不少地方。高一到惠州空军某部参观，高二的南昌、井冈山之旅，即使是最忙碌的高三，他们也去长沙参观了国防科技大学。这些额外的活动既是参观学习，又是集体旅游，不但让他们走进军营、走近历史，也让他们有更多特别的高中记忆。

国防班学生参观井冈山合影

在国防科技大学虽然只有短短的半天，但是给他们带来的震撼不只一点点。国防科技大学不同于普通大学，一般不可以随便出入。之前不少同学去过数一数二的北大清华、美丽浪漫的厦大武大，但是当大巴缓缓开进国防科大时，整洁的校园，密布的体育场、训练场，精气神十足的科大学生，还是让他们感受到了更多的自律和责任。“天河二号”超级计算机所代表的顶尖科技实力，学生生活场地的一尘不染，墙上贴的体能考核数据，让他们对这所大学更加尊敬。在了解了太多浮躁的大学生活后，对比科大学习生活的充实，他们对高三的紧张和压力有了更多一层的理解和坚持。

国防班学生在国防科技大学参观

记得去井冈山的最后一天，临时听说正是罗田的生日。没有蛋糕怎么办？一碗生日面成了罗田和全部國贰人心中最为经典的一刻。或许很难想象，那碗面吃了一小时，全班同学欢笑了一小时，感动了一小时。其实在不缺吃喝的年代，蛋糕不是最重要的、寿面也不是最重要的，重要的是过程，是真心的过程，是如何让真心体现的过程。

三年國贰，陪伴了每个不同性格的孩子的成长，却有着相同的温暖。温暖不是说说而已，某一个画面、某一段旋律、某一次奔跑、某一声呐喊……温暖来自國贰一个个经心的、不经心的活动。“國贰”两个字在大家心中也逐渐由陌生变为认可，成为意味着凝聚力的两个字。三年，很快就过去了，不变的是暖暖的國贰情……

是的，在人的一生中，三年不长，但在孩子的成长过程中，三年却又是如此珍贵。每当想起梁启超先生的《少年中国说》，心中总是泛起满腔热血，看着国防班的孩子们矫健的英姿，我们更加坚定了“以生为本，与时俱进”的教育理念，把国防班建设好，为祖国的现代化建设培养人才。

国防班建设大事记

时间	事项
2012.5.15	广东省教育厅、广东省军区政治部联合下发《关于确定广州大学附属中学为广州军区国防生源基地的通知》(政选〔2012〕6号)
2012.5.23	广州军区国防生生源基地揭牌仪式在广州大学附属中学黄华路校区举行
2012.10.11	全国首家高中国防班开班仪式在广州大学附属中学大学城校区举行，军地双方正式签订了共同培养国防后备人才协议
2012.10.12	中央一台《新闻联播》、中央十三台《新闻直播间》、中央七台《军事报道》等栏目报道了全国首家高中国防班开班仪式。《战士报》《南方日报》《羊城晚报》和新浪、凤凰、搜狐、腾讯等各大报纸和网络媒体也进行转载

续表

时间	事项
2012.11.6	《解放军报内参》增刊刊登了反映广东省军区在广州大学附属中学开办国防班经验做法的《开办全国首个高中国防班探索国防人才苗子培养新路》一文。9 日，中共中央政治局委员、国务委员刘延东同志作出重要批示："在普通高中进行国防班试点是提高师生国防意识，培养高素质国防人才的有益尝试，教育部要给予大力支持。"
2012.11.27	教育部体卫艺司王登峰司长在广州市教育局屈哨兵局长、吴强副局长、广州军区驻广东高校选培办主任何晓赓大校等领导陪同下到大学城校区进行"高中国防班教育"的专题调研
2013.1.17	广附首批高中国防班学生到惠州空军某部参观
2013.4.3	《解放军报》编辑卜金宝以"忠诚·坚韧·敬业·豁达·感恩——拜访 300 余位老将军和英模人物的人生感悟"为题作专题报告
2013.11.8	首届高中国防班学生进行为期 4 天的井冈山革命之旅活动
2013.11.16	广附高一年级国防班全体学生参观南海舰队嵩山舰，并与舰队官兵进行友好互动
2014.1.5	广东省"南粤长城杯"青少年演讲比赛总决赛在广附大学城校区大礼堂隆重举行
2014.1.8	广附八一中学时期六七届校友、北京航天医学工程研究所所长、中国载人航天工程航天员系统的总设计师兼总指挥宿双宁将军莅临母校参观考察，并为大学城校区一千多名师生作了精彩的航天知识讲座
2014.1.15	国家国防教育办公室下发的《关于表彰"全国国防教育年度人物"的通报》(国动教育〔2014〕4 号)，广州大学附属中学邓云洲校长获全国国防教育年度人物提名奖
2014.5.20	市教育局组织"院士下学校"活动，邀请北京航空航天大学博士生导师、中国第一代发动机总设计师刘大响院士到广附为国防班学生作"动力与飞翔"报告

续表

时间	事项
2014.8.1—8.10	高二国防班学生，代表广东省赴天津参加由教育部、总政、总参联合举办的全国首届军事夏令营，获得总成绩第二名、两个单项第一名、一个第二名、一个第三名的优异成绩
2014.10.14	由广州市教育局、中共广州市委宣传部、广州警备区政治部、广州市国防教育办公室联合主办的纪念广州解放65周年暨广州市中学生军训成果展演活动在中国人民解放军特种兵作战学院举行。高一国防生50人参加了队列动作、军体拳、擒拿格斗展演，邓铠弦同学作为学生代表发言
2014.12.27—12.29	高三国防生赴长沙国防科技大学参观学习交流，受到了国防科技大学领导和学员的热烈欢迎
2015.2.5	“广东省青少年军校大学城基地”在广附大学城校区挂牌。团省委、省军区政治部、省国防教育办公室、省市教育主管部门领导应邀出席
2015.4.17	“广大附中国防班黄埔分校生源基地”正式启动
2015.6.5	广州市第七届学校艺术节上，广附国防班舞蹈《铸剑》获一等奖
2015.9.18	“广东省青少年军校大学城基地南沙分基地揭牌暨初中国防班开班仪式”在南沙朝阳校区举行。广东省青少年军校总校温元麟校长，广东省国防教育办公室谢冰副主任，南沙区委常委、区人民武装部李国部长，南沙区教育局陈愿副局长，全国红军小学建设工程理事会华南地区秘书长邱芸辉同志，中国人民解放军特种作战学院基础部学生军训教研室主任李岩大校、广州军区驻广东高校选培办单志祥中校出席了揭牌仪式
2015.9.19	广大附中高一国防班、黄埔校区九年级国防班师生共计100余人参加了在黄埔青少年军校基地举行的纪念抗战胜利70周年活动，活动由广州市青少年军事科普理论与实践课题组组织，广州市国防教育中心岳玉生主任、广州市委宣传部基础部宣传处陈立春副处长等领导参加了活动。并邀请了中国人民解放军特种作战学院学生军训教研室主任李岩大校作了“抗战胜利70周年阅兵式”的深度解读

续表

时间	事项
2015.11.1	全国红军小学建设工程理事会秘书长方强、办公室主任熊伟、外联部部长葛晶晶；全国红军小学建设工程理事会华南地区秘书长邱芸辉、执行主任钟焕新、副秘书长丁运钢、办公室主任邓秋莅临大学城校区，进行国防特色课程调研
2015.11.10	广州大学附属八一“红军学校”、广州大学附属八一“红军小学”授旗授牌仪式在广州大学附属中学举行
2015.11.28	高三国防班师生赴长沙国防科技大学参观学习。同学们参观了岳麓书院、橘子洲头、毛主席铜像广场和伟人故居，并举行了庄严的敬献花圈仪式，参观了“天河二号”巨型计算机，北斗导航系统

第二节　留学基地——国际班

随着科技和经济的发展，带来的不仅是资本、信息、商品的跨境流动，也是人(包括学生和教师)和思想的加速流动。在此大背景下，我们国家教育改革的发展进入了新的历史时期。这对我们的教育也提出了更高的要求，即我们要树立面向世界的教育国际化的发展方向。教育要如何国际化呢？有学者指出：一“化”思想观念，扩大国际视野；二“化”政策导向，建立扩大开放的创新环境；三“化”评估质量、效率的标准；四“化”课程内容，促进跨文化学习；五“化”教师专业素质；六“化”学生语言技能和国际意识。这些教育思想都对我们的教育建设具有很大的指导意义。

在面向世界的教育国际化的过程中，广附秉着“与时俱进”的精神，也开始了她在教育路上的国际化之旅，最集中的体现，是她在国际班的建设上。

广附国际班(获得美国大学理事会颁发的学校国际代码：694492)由

广州大学附属中学主办，引进美国高中教学体系和教学理念，让学生能在中国接受纯正一流的美国高中教育，提前熟悉美国的教学方式和考核标准，培养学生的国际化视野与学习能力，了解美国的社会人文环境和教育水平等概况，并在高水平的师资力量教学下，能够进入世界优秀的大学。

广附国际班的升学目标是让学生们能进入美国排位前 30 名的大学(以美国作为代表)，美国有 4000 多所大学，排位前 50 的大学都是世界知名大学，排位前 30 的大学更是世界顶级大学。排位前 30 的大学除了考察学生的学习成绩外，还会特别看重学生的综合能力和个人特长，入学标准十分严格，能进入排位前 30 的大学学习的学生，基本上都是品学兼优的。

国际班师资由具有丰富教学经验的外教及海内外名校硕士或博士组成，国际班开设英文基础、托福、SAT 考试课程，以及美国大学基础课程水平的 AP 课程(数理化经济等)，实行全英文授课。国际班还为授课老师及学生配备助教，在平时对学生状况进行跟踪，并且在课后为学生进行有针对性的一对一辅导，以保证优质的教学质量。国际班课程的设置、师资来源、教学质量均由学校进行监督。

国际班教学内容覆盖美国高中知识范围以及国内普通高中必修课程。在保证高质量教学的同时，还为学生提供科学的和个性化的规划，帮助其获取优异的学习成绩，提高英语水平及语言运用能力，并同时在广附科学个性化规划的课外活动中增强学生综合素质和个人特长，让学生在高中毕业后顺利进入世界一流的高等院校。

同时，为丰富孩子们的课余生活，增加孩子们学习交流的机会，学校开展了系列的国际班精英论坛，为孩子们加油打气、开阔视野。学校开办海外夏(冬)令营、游学、支教等，为孩子们创造到海外亲身体验学习的机会。此外，还在学校举办各种学习外国文化的讲座及活动，如

Formal Dinner 西方用餐礼仪讲解、万圣节派对等。

用“形象靓、气质雅、视野广、爱心浓、质量优”来形容广附的国际班再合适不过了。

1. 形象靓

广附国际班在广大附中大学城校区，既是学校的一员，但又与学校其他班有所不同。每逢周一升旗仪式或是大型活动，总会看到一群西装革履的小绅士、小淑女，昂首阔步走在校园里。这是广附国际班独有的礼服，这套礼服完全由国际部的学子构思，专业设计师设计，结合国际班的精神和价值观倾力打造而成。服装的色调主要是红、白、蓝，红色象征英勇无畏，白色象征纯洁善良，蓝色则代表谨慎、坚韧与正直。这样的一套校服充分体现了国际班的特色，更能凸显学生的青春气息，同时又不失一种典雅。

除了礼服特色，国际班还特意选出了几名品学兼优的形象大使，对外代表和宣传广附国际班。在一系列大大小小的活动中，几位优秀的形象大使表现突出，给中外来宾都留下了深刻的印象。

西装革履主持戏剧大赛

在“美国荣誉校长中国行——广州站”的活动中，国际班的两位形象大使张宝文和李洋同学，以其靓丽的形象和流利地道的口语，获得了各位美国校长的一致赞赏

2. 气质雅

广附国际班经常组织主题活动以提高学生的综合素质，大部分活动都以提高学生人文素养和气质为目的。例如，每年国际班都会举行圣诞

节、感恩节聚餐，戏剧大赛，辩论赛，毕业舞会以及春季舞会等活动。圣诞节的聚餐学生们都是正装出席，还一起学习西方餐桌礼仪；戏剧大赛学生们改编传统西方古典文学作品，制作道具、排演戏剧；辩论赛学生们通过组队，以美国辩论赛赛制，针对一个辩题进行辩驳，锻炼辩论的能力；毕业舞会学生们正装出席，一边娱乐的同时一边学习舞会的礼节；春季舞会让学生们体会舞蹈的优美以及学会与他人交际、合作。学生们在参与这些活动的同时，渐渐培养了“国际范”，以及优雅的气质。

感恩节聚餐

辩论赛

毕业舞会

春季舞会

3. 视野广

在双语教学的环境下，在各种中外交流活动和学习中，孩子们每天耳濡目染，用英语交流成了他们生活必备的技能，听、说、读、写能力都有了极大的提升。

广附还会为国际班的孩子们创造和争取各种学习交流的机会，让孩子们“走出去”，如美国高中交换、英国剑桥行、美国模拟联合国大会，国际班学子的足迹遍布世界各地。通过寒暑假的海外游学和比赛，孩子们获益良多。

通过学校课程和校外活动，国际班学子能够沉浸于西方文化和风土人情中，这无疑是最有效的学习方式。学生游学归来后，能够更加深入地理解和接纳东西方文化的差异，做一个具有“世界公民”视野的学生。

2012 年夏季游学

2014 年澳大利亚游学

2014 年美国游学，获得高中学习证书

2014 年参加美国模拟联合国大会

2015 年巴厘岛文化体验

2015 年剑桥游学

4. 爱心浓

广附国际班的孩子们经常会组织各种献爱心活动，在帮助别人的同时也分享了快乐。他们关注环保，关爱动物，关怀老人，关心特殊儿童，赴巴厘岛做义工，到澳大利亚支教。举手之间，见悲悯情愫；细微之处，显大爱情怀。

国际班献爱心活动现场图

5. 质量优

广附国际班的学生们志向远大，颇有精英风范，他们的目标直指美国排名前30的世界名校，托福考试上80分，SAT上1800分，丰富的课外活动和社会实践经验构成了国际班的申请硬实力。国际班的毕业生走出广附校园，走向广阔天地，足迹遍布美国、加拿大、澳大利亚的“牛校”。他们用自己的汗水换来了罗切斯特大学、波士顿学院、纽约大学、华盛顿和李大学、加州大学圣地亚哥分校、伊利诺伊州大学香槟分校、加州大学戴维斯分校、威斯康星大学等名校的一张张录取通知书。附表以广附国际班2016届毕业生的录取情况为例，加以说明。

国际班的孩子们靓、雅、优，既充满爱心，又视野广阔，可爱又充满活力。他们对世界充满好奇，敢闯敢拼、自主创新。我们相信，广附国际班的孩子们能越来越有“范儿”，越来越出色，国际班也将越办越好！

附：广附国际班 2016 届毕业生录取情况表

地区 Country	排名类型 Type of Ranking	排名 Ranking	录取人数 Offer Number	大学名称(Name of University)	奖学金 Scholarship Offered
美国 America	综合大学 Best Colleges (Overall)	37	1	凯斯西储大学(Case Western Reserve University)	
		37	5	加州大学圣塔芭芭拉分校(University of California—Santa Barbara)	
		39	20	加州大学欧文分校(University of California—Irvine)	
		39	4	加州大学圣地亚哥分校(University of California—San Diego)	
		41	2	伦斯勒理工学院(Rensselaer Polytechnic Institute)	
		41	1	杜兰大学(Tulane University)	
		41	7	加州大学戴维斯分校(University of California—Davis)	
		47	2	东北大学(Northeastern University)	
		47	2	宾州州立大学哈里斯堡分校(Pennsylvania State University-Harrisburg)	
		57	1	伍斯特理工学院(Worcester Polytechnic Institute)	3.2 万美金 ($32,000)
	公立大学 Among Public Universities	11	5	伊利诺伊大学香槟分校(University of Illinois—Urbana-Champaign)	
		14	5	宾州州立大学帕克校区(Pennsylvania State University—Park)	
		16	9	俄亥俄大学哥伦布分校(Ohio State University—Columbus)	
		16	3	华盛顿大学西雅图分校(University of Washington—Seattle Campus)	

续表

地区 Country	排名类型 Type of Ranking	排名 Ranking	录取人数 Offer Number	大学名称(Name of University)	奖学金 Scholarship Offered
美国 America	公立大学 Among Public Universities	19	5	康涅狄格大学(University of Connecticut)	
		19	3	马里兰大学帕克校区(University of Maryland—College Park)	
		21	6	普渡大学西拉法叶校区(Purdue University—West Lafayette)	
		25	3	明尼苏达大学双城分校(University of Minnesota—Twin Cities)	
		26	1	德州农工大学(Texas A&M University—College Station)	
		28	7	罗格斯新泽西州立大学新伯朗士威分校(Rutgers, The State University of New Jersey—New Brunswick)	
		29	9	印第安纳大学伯明顿分校(Indiana University—Bloomington)	
		29	7	密歇根州立大学(Michigan State University)	
		29	2	德拉华大学(University of Delaware)	
		34	6	加州大学圣克鲁兹分校(University of California—Santa Cruz)	
		34	5	爱荷华大学(University of Iowa)	
		37	2	纽约州立大学石溪分校(Stony Brook University—SUNY)	
		37	3	纽约州立大学宾汉姆顿校区(Binghamton University—SUNY)	
		37	1	科罗拉多大学(University of Colorado—Boulder)	
		45	2	纽约州立大学水牛校区(University at Buffalo—SUNY)	
		46	1	奥本大学(Auburn University)	

续表

地区 Country	排名类型 Type of Ranking	排名 Ranking	录取人数 Offer Number	大学名称(Name of University)	奖学金 Scholarship Offered
美国 America	商学院 Among Business Schools	20	3	本特利大学(Bentley University)	
	文理学院 Among Liberal Arts Schools	40	2	狄金森学院(Dickinson College)	7500 美金/年 ($7,500 per year)
		45	1	森特学院(Centre College)	1.6 万美金/年 ($16,000 per year)
		60	2	圣劳伦斯大学(St. Lawrence University)	2.5 万美金/年 ($25,000 per year)
		72	2	伊利诺伊卫斯理大学(Illinois Wesleyan University)	1.8 万美金/年 ($18,000 per year)

续表

地区 Country	排名类型 Type of Ranking	排名 Ranking	录取人数 Offer Number	大学名称(Name of University)	奖学金 Scholarship Offered
澳大利亚 Australia	综合大学 Best Colleages (Overall)	1	1	墨尔本大学(University of Melbourne)	
		2	1	悉尼大学(University of Sydney)	
		4	1	澳洲国立大学(Australian National University)	
加拿大 Canada	综合大学 Best Colleages (Overall)	1	1	多伦多大学(University of Toronto)	
		2	3	不列颠哥伦比亚大学(University of British Columbia)	
		7	1	渥太华大学(University of Ottawa)	
		9	2	西安大略大学(Western Ontraio University)	1.3万美金 ($13,000)
		12	2	西蒙弗雷泽大学(Simon Fraser University)	
		13	1	维多利亚大学(University of Victoria)	
		17	1	约克大学(York University)	

第三节　数学锦标——奥数班

数学是研究现实世界空间形式和数量关系的一门科学。数学的基本要素是：逻辑和直观、分析和推理、共性和个性。数学，作为人类思维的表达形式，反映了人们积极进取的意志、缜密周详的逻辑推理及对完美境界的追求。虽然不同的传统学派可以强调不同的侧面，然而正是这些互相对立的力量的相互作用，以及它们综合而成的合力，才构成了数学科学的生命力、可用性和它的崇高价值。可以说，数学是科学之母，万科之首。它抽象、纯粹且优美，其最吸引人的地方，在于它能够培养人的思维能力。人人都离不开数学，人人都需要数学，不管他愿意与否！数学最有魅力之处在于一个个问题，正是因为一个个数学问题的解决才使得一个个宇宙之谜得到了解决，才使得人类社会步步向前推进！

国际数学奥林匹克(International Mathematical Olympiad，简称IMO)，是一项以数学为竞赛内容，以中学生为对象的国际性竞赛活动。国际数学奥林匹克作为一项国际性赛事，由国际数学教育专家命题，出题范围超出了所有国家的义务教育水平，难度大大超过大学入学考试。现在，IMO已成为一项在国际上最有影响力的学科竞赛，同时也是公认的水平最高的中学生数学竞赛。中国的数学竞赛始于1956年，在著名数学家华罗庚、苏步青等人的倡导下，由中国数学理事会发起，现今，我国对奥数人才的培养也越来越重视。

依托广州大学数学学院和“数学研究所”的专家优势设立的我校初中“奥数研究基地班”，把对数学感兴趣的孩子们聚集在一起，共同学习，共同探讨数学难题，体验在数学海洋中遨游的快乐。

奥数班借助大学奥数研究专家的力量，对具有奥数特长的学生进行专门培养。这些年来，到“奥数研究基地班”授课的奥数研究专家有：广州大学数学与信息科学学院院长、博士生导师曹广福教授，中国教育数学学会常务副理事长兼秘书长、IMO国家集训队教练朱华伟教授，中国数学奥林匹克高级教练员、数学奥林匹克命题专家吴伟朝教授，中国数学奥林匹克高级教练员、IMO国家集训队教练、华南师范大学吴康教授等。

自2007年9月，奥数班的孩子们不断创造辉煌佳绩，在历届全国初中数学联赛、“华罗庚金杯”赛中，获奖人数和获一等奖人数均位居全市前两名，与华南师范大学附属中学奥数班比肩；并且，奥数班的孩子们多次在国际级、国家级比赛中获得金奖。例如，在2010年第四届世界少年奥林匹克数学竞赛全国选拔赛中取得6枚金牌，金奖数位列全市第一；在2010年第十五届全国“华罗庚金杯”少年数学邀请赛决赛中，广附学生荣获一等奖8项，二等奖31项，三等奖30项，与华南师范大学附属中学包揽了广州市全部一等奖；在2011年全国高中(高三学生参加的)数学联赛中，广附高二钟樾同学荣获全国一等奖，取得重点大学的保送资格；在2011年全国初中(九年级学生参加的)数学竞赛中，广附八年级学生荣获10项一等奖，12项二等奖，18项三等奖；在2012年第十七届全国“华罗庚金杯”少年数学邀请赛决赛中，广附又有70人获奖，创获奖人数新高；在2013年第十八届全国“华罗庚金杯”少年数学邀请赛中，广附七年级“数学基地班”取得辉煌成绩，有83人获奖，获奖人数名列广州市第一，其中一等奖7人、二等奖34人、三等奖42人；2013年，在保加利亚举行的青少年数学国际城市邀请赛中，广附学生龙辰纲荣获金牌，钟子健荣获银牌，谢方婷、梁一帆荣获铜牌，广州大学附属中学

广附获评“优胜奖”

获得队际赛金牌；在2014年第十九届全国“华罗庚金杯”少年数学邀请赛中，广附七年级又有67人获奖，其中一等奖4人、二等奖26人、三等奖37人；在2014年“华罗庚金杯”赛全国总决赛中，广附学生获得金牌。

“数学基地班”的优秀学生，可以获得升读广附高中部“创新班”的资格。在2014年高考中取得骄人成绩的黄华路校区“创新班”的同学，绝大部分是由本校初中“数学基地班”直升的，其中就包括以680分(全省第61名)考入清华大学的庞景豪同学，以677分(全省第85名)考入清华大学的凌枫同学，以663分考入复旦大学理科实验班的胡子寒同学等。在2015年高考中，刘玮扬同学以705分被北京大学录取，袁隽同学以702分被清华大学录取。2016年高考中，秦增益以704分(含自主招生加分，裸分全省第24名)、陆广泰以713分(含自主招生加分，裸分全省第26名)、林泽锴以681分(含自主招生加分，裸分全省第102名)，被清华大学录取。

奥数班数学竞赛活动现场图

以2016届“奥数创新班”为例，在2016年全国高考中，此班重点率达100%，总分平均分611分，超出广东省重点线103分。特色学科成绩突出，数学、理综平均分分别高达122分、246分。其中陆广泰、林泽锴两位同学还以高分通过了清华自主招生考试选拔，并分别获得清华加分30分、10分的资格。此外，还有多位同学获得名校自主招生加分资格。

在各学科全国奥林匹克竞赛方面，“奥数创新班”的同学同样取得夺目成绩。全国奥赛一等奖获奖达 4 人次，二等奖达 9 人次，三等奖超过 12 人次。具体情况如下：陆广泰同学荣获全国奥林匹克高中数学联赛一等奖、全国信息学奥赛一等奖、全国高中物理联赛二等奖，曾明亮同学荣获两次全国信息学奥赛一等奖、一次全国高中物理联赛二等奖，林泽锴同学荣获全国奥林匹克高中数学联赛二等奖、全国信息学奥赛二等奖，段政同学荣获两次全国奥林匹克高中信息学联赛二等奖、一次全国奥林匹克高中化学联赛二等奖，于子云同学荣获两次全国信息学奥赛二等奖，陈牧原同学荣获全国奥林匹克高中数学联赛二等奖。

奥数班学生在各级各类数学竞赛中取得了骄人的成绩，列表如下。

2008—2016 年广附理科竞赛获奖情况统计

赛事	获奖情况
世界少年奥林匹克数学竞赛	获奖者高达 164 人次，其中 35 人次获金奖，45 人次获银奖，84 人次获铜奖
全国中学生联赛（数学、物理、化学、生物、信息学、天文）	获奖者高达 86 人次，其中 139 人次获一等奖；202 人次获二等奖，188 人次获三等奖 2011 年全国高中数学联赛中，广附奥数班钟樾同学获一等奖，被保送浙江大学 2013 年、2014 年全国高中数学联赛中，广附奥数班袁隽同学连获一等奖，考入清华大学 2014 年全国中学生天文竞赛中，广附奥数班刘玮扬同学获二等奖，考入北京大学 2014 年全国生物学联赛中，广附奥数班刘安然同学获一等奖 2015 年全国高中数学联赛中，广附奥数班陆广泰同学获一等奖 2014 年全国青少年信息学奥赛中，我校普及组一等奖获奖人数及获奖总人数均居全广州市第一名 2015 年全国青少年信息学奥赛中，我校提高组一等奖获奖人数及获奖总人数均居全广州市第一名

续表

赛事	获奖情况
全国“华罗庚金杯”少年数学邀请赛	获奖者高达 388 人次，其中 38 人次获一等奖；158 人次获二等奖；192 人次获三等奖 在第十五届“华罗庚金杯”少年数学邀请赛中，广附与华附包揽了广州市全部一等奖 在第十六届“华罗庚金杯”少年数学邀请赛总决赛中，广附奥数班胡壮飞同学代表广州队参加全国决赛获团体第二名，个人获得银奖 在第十七届、第十八届“华罗庚金杯”少年数学邀请赛中，广附获奖者分别达 70 人次、83 人次，屡创我校获奖人数新高 在第二十届“华罗庚金杯”少年数学邀请赛中，我校 13 人获一等奖，获一等奖人数创我校历史新高
“希望杯”全国数学邀请赛	获奖者高达 634 人次，其中 87 人次获得一等奖；275 人次获得二等奖；272 人次获得三等奖
广州市高二数学竞赛	获奖者高达 261 人，其中 69 人获得一等奖，113 人获得二等奖，79 人获得三等奖；2011 年广附方嘉铭同学获得全市第一名

注：上述统计数据截至 2016 年 5 月 31 日

第四节　分层教学——课改班

“走班制”分层教学是广附在教学模式上的一次新的探索。它围绕“以生为本”理念，根据学生的学习基础“因材施教”，实行“走班制”分层教学。所谓“走班制”分层教学是以固定的行政班为基础，在学科教学时学生走出行政班，到相应层次的教学班学习的一种模式。

这种全员大流动的分层教学模式，应该说对教、学双方都产生一定的积极作用，一方面，“分层”较好地解决了教学中因学生学习基础、学习风格、学习能力的差异所带来的矛盾和问题，使教学更富针对性和实效性，使“因材施教”真正得以实施；另一方面，“流动”使学生在学科学习上产生可望又可即的奋斗目标，由C层向上流动至B层，由B层向上流动到A层，激励着学生由低层次向较高层次递进。它激发了学生的竞争意识，极大地调动了学生学习的积极性和主动性，提高了课堂效率。

一、分层教学如何“走”

“走班制”分层教学的特点是教师根据不同班级学生的实际情况实施有层次区分的教学策略，涉及教学的目标、内容和方法等，其中设定具有层次区分的教学目标，组织有针对性和挑战性的教学，以及因分层而激励学生向上进取所起的作用尤为重要。

1. 目标激励

恰当的学习目标是激发学生学习动机的关键。在“走班制”分层教学中，学校根据培养学生的总体目标及学科学年的教学目标，并结合各层学生的特点，制定了不同的教学目标。A层学生整体基础扎实，思维活跃，学习习惯良好，自主学习能力强，能主动思考和钻研问题，并且在思考问题时具有独立性，所以教学重点是发展与拓展知识，激励学生创新；B层学生整体基础比较扎实，学习习惯较好，但主动性不够，缺乏主动钻研的精神或毅力，思维不够活跃，定式思维较明显，对一般规律性的东西理解不深，不善于学习后的反思总结，所以教学重点是加强基础，适当拓展，激发学生潜能；C层学生学习基础、学习习惯、学习能力等方面都存在一定差距，学习被动，听课不认真，课后作业不能及时完成，所以教学重点是夯实基础，培养习惯，提高学习兴趣。

2. 教学模式改革的尝试

实施“走班制”分层教学，同一学科不同层次的教学班不仅教学目标、教学内容有所区别，在教学流程和方法上也尝试不同的做法，从而突出教学的针对性和实效性，提高教学的效率和效益。

A 层教学，先生后师。采取自主学习、小组合作学习等方式，多让学生探究问题(例题、习题或老师和同学提出的数学问题)，讨论问题，最后独立地或在老师的引导下找出答案，并多鼓励他们质疑已有答案(或解法、证法)，对数学题进行一题多解。例如，试卷讲评课，将原来由老师满堂讲的方式改为先让学生小组讨论解决大部分错题，最后 15 分钟由老师集中讲评组内无法解决的问题；又如在复习课设置课前 10 分钟的章节易错题学生讲评环节；再如布置假期自学新知等，以此培养学生自主探究学习的能力及创新思维。

B 层教学，师生互动。重视四基(基础知识、基本技能、基本思想、基本活动经验)教学，注重学习方法的指导。恰当地引导学生开展力所能及的学习活动，如小结与反思，给他们更多展示自我的学习机会，提高学习的积极性和主动性。

C 层教学，先师后生。分解任务，夯实基础。精心设置起点低、坡度小的练习，边讲边练，注重以旧带新，多反复，多示范，常反馈，多鼓励，手把手教。加强个别辅导，及时鼓励肯定。注重学习兴趣和习惯的培养。

3. 教学内容的整合(以数学学科为例)

现行的初中教材在教学内容、教学顺序、教学重难点等方面不能满足所有层次学生的需要，为此分层教材编写组在深入研究新的课程标准的基础上，科学整合教学内容，通过剪裁、添补、重组，编写出适合广附学生的学习水平和认知需求的分层校本教材。

A 层：在完成面上教学内容的基础上，加大知识的深度和广度，在相关章节加深拓展，适当渗透高中相应知识，使初高中教学过渡衔接更自然流畅。例如，“一次函数”增加了“k，b 对直线位置关系的影响”“中点坐标公式”，“因式分解”增加了“十字相乘法”，“勾股定理”增加了“两点之间距离公式”等内容。

B层：按现有教材的教学顺序，在课本内容的基础上适当加深，但不拓宽至高中内容。

C层：将现有教材的每个单元的内容分为四类：工具类(学习本单元的其他内容所必须且仅需的内容)，非工具类的重点内容(如基本概念、命题和方法)，经验类(学生在学习活动中所形成的特殊的方法和技巧，与个人的体验和具体的过程有直接联系)，非重点内容(以上三类以外或中考不考的内容)。结合C层学生的特点和学习能力，对内容削枝强干，删除课本中繁难、综合性强的练习题，完成面上教学中最基础的部分，将工具类和非工具类的重点内容整合为主干，组成以工具知识为主线的知识结构。

4. 教学辅导方式的转变

对于分层教学，每个教师都极其重视，对自己所教的班级投入了大量时间和精力，如周二下午上完课后继续辅导学生至17：30，对于部分基础薄弱的同学，教师还利用课间、午休或放学与其谈心、对其进行个别辅导，付出的远比常规教学要多得多。

5. 管理上的调整

由于分层教学班学生来源于不同的行政班，教师与学生交流时间和学生共同学习、生活的时间都不多，学生常常处于流动状态，从而加大了分层班管理的难度。年级为此想了很多办法，建立了与分层教学班相适应的管理组织和管理制度。

(1)设立分层班班主任，安排座位，制定教学班管理办法，课余时间与学生谈心交流，增进师生感情，定期与行政班班主任、家长沟通、反馈学生学习情况等。

(2)成立教学班班委会，设立班长1名、课代表2名、各行政班学习组长各1名，负责教学班纪律、作业收发等方面的管理。

(3)为进一步加强分层班管理，年级还特设分层班班务日志，要求任课老师认真填写每节课纪律情况，每周对分层班上课情况张榜公布，表扬表现好的同学，批评违纪的同学，努力营造分层班良好的上课氛围。

分层教学作为一项重大而崭新的教学改革，对教师来说，不论是从教学上还是管理上，都与以往熟悉的常规教学大不相同，这实际上是“摸着石头过河”的一次探索，我们在边实践、边调整、边改进。

二、课改班与“走班制”

为了进一步开展基础教育研究和实验，深入推进新课程改革，实现以生为本的教育教学理念，广附从2010年开始进行重大课程改革试验，首先在七年级设立课改实验班，采用分层教学的方式进行实验，从而使教育更能面向全体学生，努力实现“使得人人获得良好的教育，不同的人得到不同的发展”的教育理念。

课改实验班的学生经由学生报名、老师推荐和特长选拔组成，学生整体学习水平接近、特长明显。课改实验班在教学内容、教学管理、课程设置等方面全面进行课程改革实验，采取六年一贯制的课程设置和培养方案，即学生用两年时间学完初中三年的内容，用四年时间学习高中的内容。为更好地激发学生的潜能，学校在教学、管理等方面采取了一些特殊的做法，如在教学中实施课程改革试验，采用走班制，即学生根据自己的兴趣、爱好及现有的知识基础、能力大小，不固定班级，流动性的学习模式。“走班制”的好处在于能让学生根据自身的实际情况自由地选择符合自己特点的班级，从而让学生在“走班”学习中保持愉快的心境，体会成功的滋味，以及懂得“适合自己的，才是最好的”道理。“走班制”教学会使以往教学中难以做到的因材施教的原则得以充分实施。教师在实施“走班制”教学模式中，也能够充分地根据学生的实际情况，灵活的变动教学内容，使教学获得事半功倍的效果。

从课改实验班的教学和实验效果来看，该班学生的综合素质和各项学习指标都有十分优异的表现。学生在各级各类的比赛中取得了很好的成绩。卜天正同学获得世界奥林匹克数学竞赛一等奖，张露月同学获得希望杯数学竞赛一等奖，潘靖玥同学获得广州市中小学汉字听写大赛一等奖，杜泳曦同学获得第十二届全国中小学生英语演讲比赛一等奖和2013年“希望杯”全国中小学生作文大赛一等奖，王之彬同学获得第五届规范字书写大赛广东省一等奖，曾贻潞同学获得2014国际模联大赛广东省一等奖，黄楚翘同学获得广东省开信杯中小学生天文奥赛一等奖，张天乐同学获得全国中小学生美术竞赛一等奖，等等。课改实验班上表现优秀的同学，还可以获得升读广附高中部“零班”实验班的资格。在2015年的初中升高中的考试中，课改实验班的同学中考平均分高达736分，充分体现了三年课改实验的良好效果。由课改实验班学生组成的高中“零班”实验班经过学校系统持续的教改实验和精心培育，这批孩子在高考中都取得了辉煌的成绩。

以2016届高三“零班”为例，在这个班里产生了9位广州市优秀三好学生、广州市优秀班干部、广州市优秀团员、广州市教育系统优秀个人。班上80%的学生在广州市数学、物理、化学、名著阅读、古诗文大赛、英语拉力赛等竞赛中获得了一等奖、二等奖、三等奖的优异成绩。

在2016年高考中，高三“零班”更是创造了广附新的辉煌：其中秦增益同学以裸分广东省第24名成为我校两校区高考总分状元，被清华大学录取。陈建阳同学以裸分667分位居全校第四名。“零班”高考平均分597分，超重点线89分，重点率高达100%。

课改班班级活动

杨振宁先生曾说过：“一个人要在他有兴趣、又有能力的情形下，恰巧他的兴趣和能力与当时有机会发展的研究方向重叠在一起，此时就有了成功的希望。”国防班、奥数班、国际班、课改班等，都是广附打造的特色班级。每个班级有不同的特色，不同的班级文化，学生们可以根据自己的兴趣特长选择适合自己的班级。特色班级，让孩子们发挥自己的长处，展现自己的才能，这样才能在适合自己的领域更好地找到成功的希望！

下　篇

影响与辐射

第八章　灿若星辰：好校长、好教师、好家长、好学生

广州“好教育”之风正浓，市教育局领导提出，广州要逐渐培育出好学校、好校长、好教师、好学生和好的教育生态这一五好教育氛围。在广附这所充满激情的校园里，每个人都秉承校训，力争“做最好的自己”。上至文韬武略的校长，下至茁壮成长的学生，每个人的心里都充满着前进的动力，每个人的脸上都洋溢着成长的幸福。

第一节　文韬武略之校长

广州大学附属中学邓云洲校长

对于一所学校来说，校长可谓是群“龙”之首，掌握着发展的“方向盘”，引领着好学校的建设之路。邓云洲校长就是这样一个有爱心、有谋略、有领导能力的人，是他带领着广附“十年磨一剑”，逐渐把广附打造成了一所名校。邓校长不但能写得一纸好文，更是一个不折不扣的“斗士”。在育人方面他的心是柔软与慈爱的，在办学行动方面他又有着

钢铁般的尖锐与强硬，如果要用一个词来形容他，那么“文韬武略”便是最好的描述。

邓云洲校长与部队首长在我校新生军训汇报表演中阅兵

邓云洲校长，是全国十佳卓越校长、省教育学专业委员会秘书长、市学校教育心理学会副会长、香港公开大学NBA硕士班客座教授、广东省百千万人才培养工程导师、广州市政协委员、广州市名校长、广东省爱国拥军模范、广州军区“国防教育之星”。出版《能力构建及培养》《班主任工作的理论与实践》等学术著作14部，参加省级、国家级重点专项课题研究11个，发表论文40余篇。先后荣获国家“八·五”优秀科技成果奖、省高教厅黄华奖、市教育科学成果奖、哲学社科优秀成果奖。

邓校长的教育事迹、教育情怀和教育观点，多次由中央及省市媒体进行专题报道。下面就让我们通过媒体的报道和邓校长的文章，来感受一下他的“文韬武略”吧。

一、中国广播网专访广附校长邓云洲

2011年12月8日，邓云洲校长接受中国广播电台中国广播网教育频道记者专访。

主持人 观众朋友大家好，这里是中央人民广播电台中国广播网教育频道的现场直播节目，我是徐建娟。在广州有这样一所学校，学生以能在这所学校读书为荣，毕业后能够成为自己所希望成为的人，这所学校就是广州大学附属中学。今天，我们演播室非常荣幸，请来了广大附中校长——邓云洲先生。欢迎您！

邓云洲校长接受中国广播网专访

邓云洲　大家好！

主持人　邓云洲校长是广州大学教授，研究生导师。在教学、科研方面获得过一系列荣誉。您作为大学的教授为何到中学任校长？

邓云洲　我大学和研究生读的就是教育方面，毕业之后一直从事教育领域的教学与研究。被派遣到中学任校长时，我感到压力很大，担心教育理论在教育实践中是否有用，教育理论与实践有多远。我是怀着忐忑的心情来广大附中当校长的。

主持人　邓云洲校长在广大附中担任校长后进行了一系列的改革，把教育家的胸怀和教育理念带进了学校，使广附有了很大的改变。您曾提出“以生为本，与时俱进，培养面向未来的人才”的口号，当时您为何提出这个口号？

邓云洲　一个优秀的学校，特别是有文化有传统的学校，应该有一个鲜明的办学理念。这个办学理念能够引领学校的文化，引领教师和学生的行为，它必须是明确的。而现在有很多学校，包括校长本身，都没有明确的办学理念。我们提出的“以生为本，与时俱进，培养面向未来的人才”的办学理念在各种场合为全校师生宣讲。

“以生为本”主要是考虑到教育的过程。从发端到终端都以学生为主，始终把学生看成是教学过程的终端，是教育的本体，将“把学生培养成什么样的人”作为我们的重点。“以生为本”是我们办教育的价值追求。“以生为本”在理论观上就是高度的尊重学生。教学方面也要尊重不同个性、不同智力层次、不同家庭背景的学生。在德育方面也要全面尊重，各种方式方法都要在尊重学生的前提下展开。

在教育的行为观方面，我们主张全面依靠学生，学生能做的事情一定让学生自己去做，给他充分的自主权。比如，我们学校的电视台、学生社团、校园刊物全部都是由学生自己管理、运作。全面依靠学生，锻炼、培养学生的自主能力。

“以生为本”教育理念的根本就是把学生的主体性张扬出来。

“与时俱进”，从广附办学历程来看，从东北到广州，从部队学校到地方学校，当时叫中国人民解放军第十五兵团干部子弟学校，所收学生都是师级以上的干部子弟。新中国成立后又改为“八一”学校，后又更名为广州市第53中。1981年8月更名为广州师范学院附属中学，2000年又改为广州大学附属中学。办学时空的不断变化，要求办学者必须具备“与时俱进”的思想，适时调整办学目标。

作为大学的附属中学，与一般中学不同，广附承担着教育试验的任务，需要根据时代的发展培养时代需要的人才，落脚点也就是“培养未来需要的人才”。中学主要是基础教育，我们也主要是从基础教育的知识、个性、人格方面着手培养。

主持人　您曾说道，学校一定要有文化品味。目前很多学校谈到校园文化都局限于概念，比如说，学校有多少雕塑，有什么样的文化现象等，您认为的学校品味与大众的校园文化有什么区别？新课改与我们的文化品位又是如何结合的？

邓云洲　就“文化”这个概念来讲，全世界都没有一个统一的定义。我认为，文化是学校的最终竞争力。目前的“生源大战”“考试比拼”归根结底都是学校文化。学校文化建设是学校建设中非常重要的一部分。我们学校把学校文化分为三个部分。

一是学校的制度文化，包括日常教学、奖、惩等一些规章制度的构建。

二是校园的物质文化。让学校的墙壁会说话，让学校的每一寸土地会育人，包括学校雕塑、班级名片、班级口号、年级标语等。

三是学校的精神文化。精神文化也是学校文化最终的部分。精神文化看不到摸不着，但能时刻感受到。比如说，当你走在北京大学校园中，你能感受到北大独有的校园气息。我认为判断学校是不是一个好学校，主要是看学校师生的精神面貌。一个有文化气质的学校，学校师生是充满阳光、充满自信的。我们学校对师生的精神气质非常注重，我们举办了各种校园文化活动：教师合唱节、体育运动会、趣味运动会等。通过文化的纽带把教师紧紧地连接在一起，把教师内心对教育热爱的这种品质激发出来，而这些仅仅靠制度是无法做到的。

主持人　大学拥有一定的办学自主权，可以做出不同的特色，但对于中学来说要办出特色就不太容易了。现在很多人认为，中学教育就是“千人一面”，您如何理解中学的“特色办学”？

邓云洲　现在的学校“千人一面、低层次重复”的现象非常严重。要办一所有个性的学校，首先要有一位有个性的校长；其次要有一位有思想的校长，校长对教育的理解要比较深。比如新课程改革，各种各样的培训很多，可是培训到最后还是不知道该怎么改，因为抓不住课程改革的中心点和基本点。比如教学模式，这个学校采取这样一种教学模式，那个学校采取那样一种教学模式，很多校长喜欢模仿这些模式，学来学去，等搬到自己的学校时却开不了花、结不了果。因此，学校要办出特色，校长要对教育有一种最原始的理解。其实，教育这个东西，它的原理原则从孔夫子那里已经讲得差不多了。只是我们现在很多时候给它戴很多“帽子”，一会儿这个模式，一会儿那个花样，层出不穷，但真正有生命力的并不多。当然我们现在的一些社会制度、高考制度对这些特色是有压制的，但也并不是完全没有空间，还是有非常大的空间的。课程改革、校园文化、学生活动等，都可以去尝试可以去做。比如我们在课程改革方面，特别是校本课程方面，给女生开了形体课，培养学生的精气神。我们在学校还对学生的精神面貌有要求，比如学生在进入校门时，一定要整理整理衣服，要昂着头，挺胸抬头，体现出精气神来。我们不允许学生，尤其是女生将社会上一些流行的怪异的装饰穿戴到学校来。

主持人 有些女生可能就是很喜欢流行的东西，很喜欢的东西希望带到学校跟同学分享。

邓云洲 你讲得非常好。这就是我们的学生对什么叫时尚理解得非常不够。时尚不是你把头发搞得奇形怪状就叫时尚，现在很多学生把奇形怪状、标新立异看成是时尚。这是不对的。所谓时尚，一定要符合一个原则，就是审美的原则；第二个原则就是符合身份的原则，你是学生，不是歌星，搞标新立异、奇形怪状，歌星是可以的，学生是不可以的。你如果是警察，你也是不可以的。每个人有一个社会身份。学生就是学生，这不是张扬个性的问题，张扬个性是体现在学生的创造力、动手能力、思维能力方面。在这些方面的个性，你去张扬，你有多大的能量，我们给你多大的舞台。这些要引导学生认识清楚，而不能让他们把一些不美的、不好的带到学校来。

我们学校新生开学有一本《新生入学通知》，上面标注了学生穿衣的标准、发型的要求。

主持人 您曾经讲过“优、新、高”三个字，这三个字突出了什么？能否给观众朋友们解释一下？

邓云洲 “优、新、高”就是用三个最简洁的字来告诉我们的老师和学生，我们所要追求的办学目标。

“优”，就是教学质量要优，广大附中校园活动这么多，校园社团这么多，如果教学质量上不去，中考、高考上不去，你对社会也是没有贡献的。因此，一定要有一个优质的教学质量。虽然前些年我们进行了许多教学改革，但是教学质量并没有下降。我们学校的高考本科率基本在98%以上；我们的中考在广州市公办学校里名列第一。当然，我们讲的教学质量优，不光包括成绩的优秀，还包括好的习惯、好的方法等。

“新”，就是要有一个新的思想，要有一个开放的心态。不能关门办学，不能把一所学校办成一个读书的监狱。学校就像一片森林一样，每个孩子都在蓬勃生长，“80后”“90后”“00后”，每一代孩子都有每一代的特点，我们不能固守一种教育办法、一种教育理念，而是应该根据孩子们的时代特色来进行一些教育探索和教育创造。所以要“新”——教学理念新、教学方法新、教学思想新，永远保持一种创新的精神。

“高”，不是指考试成绩高，而是指我们培养的人的品德要高。哪怕我培养的是一名出租车司机，他也是要勤恳的、诚实的、热情服务的。我们培养的千千万万的学生走向社会，他们的品质一定要高，要符合当下社会对公民的起码要求。

主持人　我们都知道，每年在广附都有一道亮丽的风景，就是广附学生举行的长跑，参与其中的不仅有老师还包括家长。为什么要举行这样的活动？目的是什么？

邓云洲　德育呢，我们提出了一个口号“在活动中育人”。德育改造学生的思想是一个方面，最主要还是要改造他们的行为。思想改造了，他知道这个是不对的就不去做。比如我知道该遵守交通规则，但就是不遵守，这就是德育没有起到作用。德育贯穿知、情、意、行四个环节，最终要落实到行为上。现在我们的德育，90%停留在“知”的层面，通过班会课、德育课、思想政治课等课程来传授，其他的都没有。这就是为什么有的人说我们的学生一代不如一代，是德育“两张皮”的现象出现的原因。我们的德育一定要打破这种知道对错却不行为的格局，让学生在活动中产生一种情感体验，从而去改变他的行为。这就是我们为什么举行各式各样活动的原因。你刚才讲的就是我们在大学城进行的行军拉练，全程十几千米。从早上九点开始出发，要下午四点才结束，中午只能休息一个小时，自带干粮自带水，而且一路上要唱歌、喊口号，跟行军拉练是一样的。很多家长自发组成助威团，给学生们加油打气。附近大学的社团也出来搭台子加油，因此成为一道亮丽的风景线。实际上十几千米对于许多成年人而言，都是一件困难的事情。我当时带领大家走，我走下来都是非常吃力的，完成这项任务是需要顽强的意志力的。记得我们第一年举行的时候，我准备了两辆大卡车，准备把掉队的学生带上，但是第一年没有一个学生掉队。很多学生走得脚起了泡、磨破了皮，嗓子喊哑了，仍旧坚持了下来。这次的经历，对他们的教育是非常深刻的：第一，我付出努力，我可以做得到；第二，做什么事情，哪怕是最简单的事情，也要付出努力。他自己参与了，就会有这样的体会。

比如说，我们要教育学生献爱心。现在有很多捐款，哪里地震了师生都要捐款，很多学校说捐款，学生只能向家长要，这就存在一个攀比，你要一千我就要两千，这样起不了教育作用。所以我们通过学生搞义卖活动，自己赚来的钱拿来捐，这个活动又给学生普及了经济经营方面的知识。另外，也是最重要的，让他知道献爱心是要靠我自己去创造的，而不是把我父母的拿过来、继承过来。这也就是，一个很简单的活动要达到育人的目的，是要精心策划的。

主持人　从德育的角度来说，从邓云洲校长这两个简单的例子我们可以看出，我们其实能够为学生做的事情还是非常多的。刚刚您也谈到，我们学校社团发展得非常多，学生也非常踊跃去参加各种各样的社团，让学生更多的接触学校之外的新鲜东西。这就提到另一个问题上来，家长会不会有声音？教学质量是第一的，会不会影响到学生的课业学习呢？

邓云洲　通过这几年做下来，我们感觉到，不仅没有影响，反而会促进。比如说“博士讲坛”，在我们学校是每月一次，我们邀请全国知名的专家，包括有在中央电视台“百家讲坛”讲的专家，都给我们学生讲过课。有院士、有科学家、有音乐家、有美术家。现在我们这个“博士讲坛”，学生的响应度很高，如果他争取不到这个名额去听，是一件很懊恼的事情，所以学生层面会非常踊跃，非常受学生的欢迎。从学校的角度来讲，主要也就是文化，你要让学生打开眼睛去看世界，要让学生了解科学前沿的一些知识，不能光靠读几本死书，他这些眼界、视野打开以后，对活跃他的思维，对他学习本身而言，是非常有好处的。“博士讲坛”我们是不断地进行升华、进行优选，一般来说，教授的讲稿我们会跟他沟通，对中学生要怎么讲，才能讲的学生听得懂。

主持人　但是比如说 DJ 大赛等很多的活动，家长会说，这些是大学里面大学生做的事情，那我们在中学，虽然我们学校的升学率很高，但孩子还是应该把更多的精力放在学习上的。

邓云洲　这里我们也在跟家长开家长会时经常讲，这里存在着一个对学习规律的理解问题，因为每个人都会疲劳，小孩更加会疲劳，每一个人注意力的时间，包括现在心理学都在研究，小学生有效注意一节课的时间是十五分钟，初中生二十分钟，高中生三十分钟，不可能把他关在教室里就是有效时间，所以我们每到周三下午，只准学校上两节课，其他的全部要用来做社团活动，学生的各种兴趣充分地张扬出来。从我们学校的想法讲，从星期一紧张到星期三，给他一个释放的空间，然后星期三又到星期五，一个星期这么紧张下来，其实是非常难做的，必须要给学生一个有张有弛的空间。所以我们把这些道理跟家长讲了以后，家长非常理解。而且在这个社团活动当中，他看到了自己孩子的很多方面，比如个性也好，能力也好，得到了张扬。比如我们现在考电影学院的很多，考传媒大学的也占了很多，很多都是在我们的社团活动里脱颖而出的。比如说我们的动漫社成员，考到北京电影学院的也有，考到中国传媒大学的也有，他爱上了这个行业；比如说我们的机器人、我们的车模，现在不仅走向全国，而且走向了世界。学生们经常参加世界杯比赛，甚至代表国家队比赛，所以在这个过程里面，很多有特质、有特长的学生就脱颖而出。也就是我们讲的，不要把学校办成读书的监狱。我们喜欢这个学校一进去书声琅琅、琴声悠扬，学生个个生动活泼。在学生身心健康正常发展的情况下，我宁可牺牲一点考试成绩，不能把考试成绩强加在牺牲学生身心发展的代价之上。

主持人 为确保教学质量进一步提高，我们采取了哪些措施？

邓云洲 在教学上，我们的口号是"以学定教"。就是说我们每一个教师，新生来了之后，不是把你的知识教给他们，你要研究了解学生掌握知识的水平，是在什么状态。每一次教学的推进过程，都要掌握学情，就是学生掌握知识的情况。备课要根据学生的掌握情况，所有的教学模式、教学原则，都要以学生为出发点，落实到"以生为本"这个面上去。在学习上它也是要体现的，就是"以学定教"。现在全国不是有很多模式吗？我们在学校里不主张一个学校就搞一种模式。一个学校搞一种模式，即便是最好的模式，那么全国也就这一种模式。但事实上是不可能的，每个地区、每个学生、每个学校，他的校情、地区情况、生源背景，都是不一样的，所以最重要的就是根据学生来决定这个模式。我们在学校主张我们的教师百花齐放，做有个性的教师，做有风格的教师。你有你自己的某某教学法，很好；他有他的教学法，很好。但是万变不离其宗，就是"以学定教"。那么在教学上，现在不断阐释这种学案教学、先学后教、不教而教等一些教学方面的理念，我们的教师可以大胆去创造，创造出成果我们再组织教师去学习、去研究。所以我主张，我们的教师要"百花齐放才是春，一花独放不是春"。

主持人 那我们是如何打造这样一个百花齐放的"园丁工程"呢？

邓云洲 在学校的层面上，我们定了"三级教师"培养制度，入职一到三年，我们把它叫作“园丁工程”。“园丁工程”的目标就是要站稳讲台。研究生毕业进来也好，大学生毕业进来也好，我们有一系列的培训课程，怎么当班主任，怎么讲好一堂课，怎么备课，怎么了解学生……我们有一系列的课程，而且给他配师傅，一到三年，目标就是站稳讲台。三到八年就要形成风格。你不能所有的人都像一个人，这是不行的，你也学不好，人跟人之间是最千差万别的，哪怕双胞胎也不可能一模一样，这样是学不到的，你要把你最优秀的特质充分地发挥出来，你要成为你自己，成为一个有风格的你自己，所以我们强调形成风格。八年以后，我们就是专家型教师。我们一直主张我们的教师不能成为教书匠，不能成为复印式的教书匠，我有多少知识就这么复印给你，而且这个传递的过程也有删减的，否则一代不如一代了，所以一定要让学生学会学习，培养他好的习惯。要做到这点，你自己要成为一个专家，课本上有的知识你不一定要生硬地去讲，要引导学生自学，学会学习，成为一个专家型的教师。所以这个三级队伍，我们每个阶段都有不同的培训。特别是到了专家级这一级以后，就不是学校给他上课，而是组织他到全国甚至全世界各个地方去参观、去学习、去领悟。这个阶段是一个悟的过程，不是一个教的过程。

主持人　我们的每个教师都经过了这三个阶段，每位教师都成了专家型的教师，所以我们的学生很幸福，能在专家的引领之下学习知识，学会生活，学会学习、幸福和感恩等，主要是有您这样的“车头”在带着。今年的上半年，在金沙洲又建立了一个校区，目前我们已经有了三个校区了，那这三个校区是怎么分别进行管理的呢？

邓云洲　事实上，我们是四个校区。我们在广州市还有一个实验学校，这个问题涉及学校管理的问题。我觉得校长分为三种类型，一种是事必躬亲型，叫事务性校长，什么事情都要去管；第二种是专制型的；第三种呢，是民主型的。

第一个，我觉得一个学校还是要靠制度去管理，就像之前所说的学校文化建设。但这个制度的产生要民主，制度出来之后要专制，所有人在制度面前是平等的。要非常重视这个制度的设计，设计不是简单化，是很有水平的。

第二个，学校管理非常重要的是校长的任务——培养人才。校长在某种意义上不是管教师的，他是管干部的。培养一支拖不垮、打不烂，对学校办学理念和办学思想有深刻理解的干部队伍，而且要有创新。

我刚到这个学校的时候，干部来请示，这个事情怎么做。我对他说我不知道怎么做，而且要求他下次来汇报的时候，说出自己的想法，做一个方案，大家可以一起讨论，最后形成一个上下认可的方案。我的任务就是检查最终的效果和结果，而不是参与这个过程，所以带一支队伍是很重要的。

第三个，在学校事务的管理上，我只管两件事，一个“最大的事”，一个“最小的事”。最大的事就是办学方向、办学理念，这个不能动摇，以生为本，让学生自主学习。最小的事是在学校要证明我的存在。例如，早上上学的时候我要站在校门口，看看我的教师、我的学生。放学的时候，我会到学校里面走一走、转一转，会不打招呼跑到随便一个校区去听教师的课，让他们感觉到我的存在。

副校长做的事情我不做，中层干部做的事情我更不做，学校每次活动之后我们都要做一个分析会，不是说做了就行，而是做到最好了，分析我们终究有没有做好了，还有什么需要改进和创新的地方，然后调整。

所以，学校管理这方面，真正一个好的管理就像画家画一幅画，“疏可走马，密不缝针”。学校管理也是这样，如果一个校长没有重心，重点，反而管不好学校。

主持人 可能很多学生会认为你们校本部会做得非常好，那你们的新校区是不是会和本部一样呢？又比如广附的历史沿革、精神，如何在其他的校区里面得到体现？

邓云洲　大学城校区是一个非常现代化的学校，前后投入了三个多亿，也是一个新学校。当年第一年招生，我们都非常担心，但分数线下来却高于校本部。可能是现代设施，加上我们从校本部派过去的优秀教师。现在每一次考试，两个校区都形成了良性竞争。新校区不会输给老校区的，它还是有一种新的活力的。此外，所有的活动都是统一的，包括金沙洲。例如，军训都是在一起的，评比的标准都是一样的，教师的培养都是一样的。

主持人　广大附中将这个一直以来的良好的教学特色、优良传统、创新做法同时沿革下去，无论是新校区还是本部校区都能够可持续发展。最后，请您描述一下广附未来的蓝图。

邓云洲　作为一个学校来讲，我们立足于社会，静下心来，以生为本，让学生学会学习、学会创造，让他自主发展。不断增开校区，增加优质学位，满足广大群众的需求。

对未来，我们还是扎扎实实做好教育工作。教育是个周期比较长的工作，我们校长、教师都要坚持“五心”，即用热心、耐心、爱心、细心、关心来对待我们的学生。

不管学生后来的成就多高，对我们而言，没有本质的差别。在我们教师和教育者的心目中，所有学生都一样，一视同仁。

我们本着务实的态度，去热爱我们的孩子，他们要成为什么样的人，那么我们就作为助推器，推他们一把，给他们搭建一个平台。

主持人　刚刚邓云洲校长介绍的内容肯定给广大朋友留下了深刻印象，让学生学会学习、学会生活、学会发展……如果您还有什么问题，可以在网上留言，邓云洲校长会和大家一起讨论。

那么这一期的节目就到此为止，再次感谢邓云洲校长的到来，我们下期再见。

二、智慧校长让师生“做最好的自己”

2015年4月8日，《信息时报》登载了记者对邓云洲校长的专访。邓校长就教育公平、教育改革等问题谈论自己的看法，充分体现了专家型校长的教育管理智慧。

广附是近十年悄然崛起的名校，以敢于挑战和创新之举备受瞩目，学校特色文化、学生学业成绩受到社会的广泛赞誉。到底这所学校蓬勃发展的原动力来自何方？获得社会青睐的“秘密武器”又在何处？近日，信息时报记者采访广大附中校长邓云洲，走进这所被学生和家长戏称“拥有神奇‘加工’能力”的学校，听听这位教育学者是如何带领学校“走出一片天”。

谈小升初：推进教育公平并非削峰填谷

今年，广州小升初政策变动频频牵动着学生和家长们的心。邓云洲认为，小升初政策变动，是出于推进教育公平这个大环境提出来的。“但是不能把公平简单理解为教育平均。”邓云洲说，“正确理解教育公平，是每一个希望能够接受教育的人都有书读，政府高度配置资源，让不能择校的人也能享受好的教育，推进教育公平是要大力扶持薄弱学校而非削峰填谷。”

目前正为小升初选校头痛的家长，邓云洲建议要注重学校未来三年的“加工”能力，尤其提醒家长不能陷入指标到校的误区。“有家长认为学生只要在学校名列前茅就能获得重点高中的指标，小升初时心理不必有太大压力，这其实是一个误区……我举一个例子，比如下一年某某中学的分数线是700分，参加指标到校的名额是30％，那这30％的初中生只能低20分，这里是有分数限制的。如果一所初中的加工能力强，学生完全可以不用依靠这个指标，凭自己的实力考上这所学校。”邓云洲如是说。

高考改革：传统语文教学要颠覆

目前高考制度改革正如火如荼地进行。广东高考改革已迫在眉睫，将给学校带来怎样的变化？邓云洲认为，首先教师结构比例会发生变化，“如果以后语文、数学全国统考，英语社会考试，其他科目在高二的时候结束考试。那么这意味着高三对语、数、英老师的需求非常大。”

其次，在课程安排上，语文的比重会大幅上升。传统语文教学方法必然要改变，“过去肢解课堂，讲段落讲中心思想已经不可行了。未来对考生的阅读量和背诵量将大幅上升”。因此，邓云洲建议各学校应开始逐步改变语文传统教学方式。

办学理念：构建“三好”教育生态

广州“好教育”之风正浓，市教育局领导提出逐渐培育出好学校、好校长、好老师、好学生和好的教育生态这一五好教育氛围。对于一所学校的来说，校长可谓重中之重。“好校长应该是智慧型的！”作为“全国十佳卓越校长”的邓云洲对于这个角色有独特理解。

(1)好校长——做智慧型好校长引领师生挑战。

“所谓智慧型校长首先就是能按照教育规律，调动社会资源，根据学校的历史传统逐步形成学校品牌，选择突破口，实现以点带面。”邓云洲说。而作为一个智慧型校长，必须关注五点：即培养干部人才、建立学校规章制度、加强教师队伍建设、强化校园文化建设，探索课程再造。

“我认为学校取得现在的成绩，首先是校园文化精神得到彰显，而广大附中的精神就是‘亮剑’精神——明知对手强大也敢于‘亮剑’，这是一种敢于战胜自我的精神。”其次，学校对课程的“加工”和改造能力也十分重要，据邓云洲介绍，目前语文、数学、物理等科目已有相应的校本教材，英语校本教材将从下学期开始投入使用。

(2)好老师——三级培养制让年轻老师成专家。

目前广大附中两个校区共 400 多名教师，平均年龄不到 30 岁，是一支非常年轻的教师队伍。“这样的教师队伍有优势，就是有活力、可塑性强。缺点就是没有经验，所以培训就非常重要。”在广大附中，学校依据教龄设置三级教师培养制度。

“第一阶段对象是教龄为0～3年的年轻老师，目标是让教师站稳讲台。这段期间的培训强调实用性。其次，骨干教师工程对象是教龄在3～8年的中青年教师，目标是让老师形成教学风格。最后是专家型教师培养，一个研究课题从怎样开题、研究最后怎样形成报告和结题，学校提供培训，最后老师能驾轻就熟地申请各级政府课题。目前，广大附中教师科研经费政府资助部分已达200多万元。”邓云洲说。

(3)好学生——充分尊重学生，让学生成为主人。

“以生为本，与时俱进”这是广大附中的办学理念，“本是什么？本就是中心，就是学校办学教学的出发点，一切都是归到学生的健康成长。”邓云洲认为，“以生为本”首先在价值观上要充分尊重学生。“学生是一个活生生的人，不应该把他当成一个被动的人去看待，学生取得的成绩学校都要非常隆重的表彰。”据邓云洲介绍，学校为获得全国一等奖以上的学生分别在黄华路校区设荣誉墙，在大学城校区建“星光大道”。此外，学校还设置了“八一勋章”、“黄华勋章”和“校长勋章”。

“其次，行为观上全面依靠学生。包括团学会、学生会社团等都是学生为主导，自己来做的。老师是旁观者、引导者，组织者永远是学生。我们要给学生一个平台，把他们主体地位充分展示出来。”邓云洲说。

邓校长的智慧，还体现在他的管理境界上，据《中国教育之声》网报道，2012年8月29日，在中国教育之声论坛暨卓越校长年度盛典颁奖礼的圆桌论坛中，重庆巴蜀中学校长王国华、广州大学附属中学校长邓云洲、北京金台书院小学校长张弦，以及著名教育家魏书生、冯恩洪就教育的改革、创新、公平、可持续发展展开了讨论。其中，邓校长就如何做好校长，实现对学校的良好管理谈了自己的看法。

……

卓越校长圆桌论坛

谈到学校的管理，广州大学附属中学校长邓云洲强调了校长在办学中的作用，以及当前教育模式下，校长所面临的困境。“现在中国不缺乏非常优秀的校长，但缺乏一些有志向、有抱负的校长。因为很多校长他知道怎么去做，启发式的、因材施教的这样一些方式去做，但是他仍然放不下心中那一道升学的坎，所以很多的先进教学理念，各种先进的教学模式，在很多学校做起来就不伦不类了。作为校长一定要静下心来，按照教育原本的规定，脚踏实地，根据每个孩子的特性把每个孩子教育得最好。”

邓校长就是这样一位胸怀学生、心系教育、富有生命激情和教育情怀的校长，这从他自己的随笔中也可以看得出。

三、邓校长笔下的生命感动和教育情怀

生命感动

我们每个人都是生命的过客，当我们耄耋老矣，即将进入另一个世界的时候，我们唯一的财富就只有那些还能让你闪着泪光的记忆，当一生装满了感动，我们会安详地去另一个世界，我们没有了装也装不满的物质欲望，因为那个世界并不需要这些。

当着手想写这篇文章的时候，几天来一直在回顾我生命中的感动，有些情节现在想来亦还感动，我在想，一旦你拥有感动，她是永远也消费不完的生命财富。

记得我还在上大学的时候，那时社会刚刚开放。父亲是个不安分的人，背负着五个儿女的养育重任。他从银行贷款与人合买了一辆卡车搞

运输。那年春节放寒假，父亲执意要来大学接我，车开到了师大，有一个上了年纪的老大爷要随同回乡，我和父亲只能站在没有篷的大卡车的车厢上。农历的12月，南昌的天气又潮又冷，风又大。站在车上夹着雨丝的风钻到了身体的每一个部位，这场“苦旅”想是父亲和我都始料不及的。我们相拥着蹲了下来，看着直哆嗦的我，父亲脱下了他的棉衣，把我紧紧地搂在怀里。42岁的父亲搂着20岁的儿子，我的心与车外寒冷的世界形成了鲜明的对比，只是眼泪随着风在不断的飞，那一刻，我理解了什么叫父爱。

岁月如梭，我也做了父亲，那一年寒假我调来广州工作，一家人都到汽车站送我(因买不到火车票只好坐汽车)，儿子在爷爷的怀抱里一直高兴的玩耍到了车站，不到三岁的儿子并不知道我要去外地工作。他满以为是一次高兴的出游，当我上了车，隔着窗户与家人谈话时，儿子突然发现我要离开了，哭着、喊着要上车，没有人能制止他，父亲只好把我的儿子从车窗递给了我，我接过儿子，他那挂满泪水的小脸，一时破涕为笑了，我搂着儿子久久地抱着，车缓缓地启动了，儿子又被传了回去，他在爷爷身上使劲地又抓又打，爷爷的脖子被他的小手竟抓出了道道红印，那时我有一种被需要的感动。

来广州工作了半年，暑期很快就到了，我一刻也没停赶着回南昌看妻儿。到了广州车站，人头攒动，我也是大包小包一身，跟着人群缓缓地行走着。我的前面是一对老夫妻，一幅明显的经历过农村艰苦生活的面容，他们搀扶着、艰难地前行。突然，大爷的鞋子被踩脱了跟，我看到了大娘俯下身去，亦步亦趋地追，帮大爷穿上。那一幕只是几分钟，却让我思索了好几年。我想，在他们的情感世界里，是那么的质朴，那么的自然，那么的弥久，也许他们的生命真的合二为一了，直到有一天他们手牵着手告别这个世界的时候，生命之中，他们的全部意义都在其中了。

来到了中学工作，让人感动的东西很多。最值得一提的是今年开学，在校门口我看到一个女生拖着一只沉重的行李箱，无望的四处看着，我走上前问道："同学是住宿生吗？""是的，高一的新生"她怯怯地回答道。"要去宿舍吗？"我问，"是啊。"她回答，"我帮你一起抬吧。"我说，她看着我，点点头。我们一起抬着行李箱走进了校园。她问："老师，你是教什么课的？"显然她是心存感激，找些话要跟我说。我说："我是学校的工人，专门为你们服务的。"她狡猾地看了我一眼，笑了笑。说着话我们就到了宿舍，她说着谢谢，我就离开了。

开学两周过后，一天下午有个女生来找我，微笑着进了办公室，给了一张条子给我，说了声谢谢就跑着离开了。我分明认出了她，但很诧异。我打开这条子一看，上面写了两句话，未落款，写道："原来你是校长？谢谢你，广附的'工人'。"那张字条竟然让我两眼湿润了，至今我仍不知道这女生是哪一班的叫什么名字，但我深信那是有着一颗感恩之心的同学，这么一件原本不经意的小事，我想我一定会记住很久。因为我的学生也教会了我感激。

几则小故事，写着写着我陷入了深思。感动并不同于激动，它不需要那么激烈，那么剧烈，那样大的心理波动，情绪上的大悲大喜，观念上的大彻大悟。它是细微的、内在的，甚至可以是平静的。感动也不同于感激，它不是对小恩小惠的报答，它是心灵对原来那个世界的参悟，意识到了我与自然、我与生活、我与我身边人的关系，是心灵深处对自然、对生活、对生命本身的答谢和赞美。

教育情怀

理想是灯，指引前进的方向；理想是火，点燃前进的激情。邓校长一直强调，教育人必须有教育理想和教育情怀，在理想和情怀的引领下，追寻教育的梦。下面就让我们来看一看邓校长的博客，一起来感受一下"理想的力量"吧。

我的童年时代是在原生态的贫穷山村度过的，体验着“昼出耕田夜绩麻，村庄儿女各当家”的忙碌，在乡村的嬉戏中度过了小学五年的童年生活。

初中是在离村庄约一千米的山坡上。上公社中学的时候，学校尚未建好，只是几间风雨飘摇的课室。当时校长领着全校师生半工半读，一边读书一边建校。经过两年的努力，我们硬是建起了可以上课的教室。两年里我们为学校砍柴火、放牛、种田，上课读《毛选》。有一个上海知青是我们的语文教师，他为了鼓励我们多读多背，就设计了一个表彰栏，背一遍就贴一个五角星，他说，能背和能默写五篇文章，将来一定上大学、当记者。上大学、当记者对于一个封闭山区的学童来讲，是多么一个遥不可及的梦啊！但那以后，我真的开始做梦了。

除了熟诵《为人民服务》《纪念白求恩》《愚公移山》等《毛泽东选集》著作外，我把能找得到的有限文学作品都读遍了。通过读书，心灵的窗口终于打开了一个天窗。

随着我们的毕业，公社二年制初中又办起了二年制高中，我们又顺理成章的上了高中，没有任何考试。上了高中，半工半读取消了。一个星期只有一天劳动课，算是重视文化课的学习了。那儿的师资条件很差，在教过我们的老师中，只有一个是中专毕业的，其他都是代课教师。我的语文教师还是那位上海知青吴老师，他经常让我们把课文改写成戏剧、相声，然后让我们自导自演，这极大地调动了我们学习的积极性，在这个基础上，学校成立了文艺宣传队，我成为主要演员。除了在学校表演外，我们还深入各村演出，那段时光，单纯而快乐，在旷远无名的山村里感受青春生命深切的跃动。

高中毕业，正好当年恢复高考，我茫然地走向考场，分数下来，数学得了 6 分，我甚至不知道这 6 分是怎么得来的，那一刻，望着分数单，没有悲愤，只有麻木。那个大学梦似乎是水中月亮，似那么近又那么遥不可及。

那个时候，农村孩子的归宿，就是“广阔天地”，我回去当了农民，当了三个月的农民，我脑子里总是浮现那个抹也抹不掉的大学梦。我托人到县城里买了一套高考复习资料，开始了无可预知的，不知终点的一场未来之旅。

又一年高考结束了，那个夏天酷热无比，我和母亲在稻田割禾。时值中午，我浑身是汗，我问母亲，如果今年我考不上大学，能否让我真正回学校复读一年，我想还有一年，我一定能考上。说着话，大弟带着三个弟妹排着一线往田野跑来，大弟的手中挥着一封信，一边跑一边喊“我哥考上大学了。”我和妈相视无语，一个童养媳出身未上一天学的母亲，只是说了一个字“好！”当我拿着录取通知书，知道被录取到“师范大学教育系”学习时，我知道这辈子就姓“教”了。

现在想来，少年时代重要的是树立理想信念，这种理想与信念不是灌输的，是自然的，发端于兴趣，那种理想的力量坚持而弥久。

在学生们的生命历程中，原来他们的心灵就纯洁得像早上刚刚显露的一缕清白晨曦，在他们的生命历程中，他们渴望的只是成长再成长。如果我们的教育工作，能给每一个学生一种理想和信念，他们每个人都可以成长成原始森林中让人为之震撼的参天大树。

回顾生命历程中的黄金岁月，与现在的孩子相比，在物质文化与信息等方面，我们成长的环境几乎接近原始，也许正因为这种原始，我们有了“儿童急走追黄蝶，飞入菜花无处寻”的自然情致，这种自然也许是人成长的最朴实的环境。

第二节 累并快乐之教师

有人说教师是“人类灵魂的工程师”，也有人说教师这一职业是“天底下最光辉的职业”，确实，教师的职业是光荣的，能够当一名教师也是光荣的。但是，要想当一名好教师，真正对得起“教师”这一称谓，却又是很难的。

一名教师，当他们接下这份神圣的工作之时，不但戴上了光环，与此同时也要承担起其他人所没有承受的压力与辛劳。日常生活中，教师的工作更多的是平凡而琐碎，他们生活清贫而艰辛，他们的神经总是紧绷着；他们是辛勤的园丁，常常别人休息了，自己还在灯下备课、批改作业，为第二天的课程做准备。俗话说“台上三分钟，台下十年功”，很多教师为了上好一节课，费心尽力，看书籍、查资料、听专家讲堂等，上一节四十分钟的课却花了几倍甚至上十倍“四十分钟”的时间。他们在教学的路上不断学习、探索、思考，为教学能力和教学效果更上一层楼而永不停歇。他们用自己的辛劳教会每一个学生如何做人，如何乐观积极地面对人生中的风风雨雨……

当然，教师在这份神圣工作中所体会到的快乐与幸福也是旁人难以真切体会的。曾经有一位哲人说过：在宽广无限的人生舞台上，尽情施展才能，达到尽善尽美的境界，那就是幸福。如果这就是幸福的模样，那么教师这个职业的幸福境界远远高于它。因为，教师的幸福不仅仅体现在驰骋冲锋于宽广无垠的舞台上，更在于能够教会学生求知、教会学生做人，继而推动人类社会的进步。从某种意义上来说，这正是教师工作的魅力和神奇之处，这正是教师口中所说的“累并快乐着”。确实，当一名教师，当一名广附的教师，苦在其中，累在其中，乐也在其中。

一、郑娟老师教育感言：“让学生成为幸福的人。”

2007年至2010年，那，是我的1班。

我是一名严师，十分看重班级荣誉和学生整体的进步。像一个赶鸭人一般，我催促着学生向前跑，我不允许一个孩子掉队。从七年级到九年级，我们班在历次统考和各项班际、校际比赛中包揽了各种第一，成为了年级的标杆。

学生们说：1班无敌，秒杀全级！

老师们说：1班教着舒服，学生听话，班主任厉害。

而我也被冠以了“工作勤奋”以及“对学生严格、负责”的代名词。“十佳班主任”“优秀德育工作者”等荣誉纷至沓来。

直到那件事情的发生。

九年级下学期了，班里的后进生小超还是没有调整好自己的状态，连续两周上课睡觉，不完成作业，我心急如焚，请来了他的家长。不管怎样，最后一学期了，就算是连拖带拽也得让他冲中考啊！可当我把小超的妈妈请来后，她的情绪非常激动，我记得她几乎是声嘶力竭冲我吼道：“郑老师，这三年来你逼得他还不够多吗？我不想让他参加中考了，我只希望我的孩子能快乐，我求你，不要再管我的孩子了。”

一席话听得在场所有的老师都目瞪口呆。怎么会有这么偏激的家长？我是在帮她的孩子啊！考不上高中，这么大点的孩子，他能干吗？难道以前每当小超出现状况时，我的那一次次谈心，一通通电话，一回回家访，在她看来都是对她孩子的折磨？

我无奈、委屈、气愤、悲哀的心情难以言表。

很久以后，我还是会回想起这件事，只是随着时间的推移，心情不再似当初那么难受了。

后来，我发现自己竟也理解了小超的妈妈，特别是在我做了母亲以后，我越来越不认可自己曾经的教育理念。那时，我是那么希望所有的学生都服从我的管理，什么事情都整齐划一。我不允许学生“落后”，我挥动着自己手中的“斧子”，努力把他们打造成为符合社会要求的“标准件”。我做到了，学生也几乎达到了我的要求，可他们真的幸福吗？我这个老师，是不是太急功近利了？虽然，承认这件事对我来说，有些残忍。

“我只希望我的孩子能快乐!”小超妈妈那句无助又无力的话，无时无刻不在叩问着我的良心。作为老师，我的追求到底应该是什么？是荣誉、名利吗？在广泛认同高分数、高升学率、教育政绩是好学校、好老师标准的当今社会，我该怎样做才能不违背教育的现实，并带给学生真实的幸福和快乐？

两年以后，我接手了七年级7班的班主任工作。不知道是不是命运刻意的安排，我竟又碰到了一个和小超类似的孩子。他叫小熹，也如小超一般，聪明、活泼，只是学习习惯不好，作业经常完不成，内心也极其敏感。一开始，我几乎不敢靠近他，因为无论我说什么，他的回答永远都是一个字：哦。他如同刺猬一般将自己保护起来，然后冲我竖起满身的刺。曾经的经历，让我不断告诫自己：不能急，慢慢来。

为了让7班的孩子们能够尽快地消除对新班级的陌生感，班里举行了一个生日会。生日会上孩子们开心地分蛋糕，玩抢凳子、击鼓传花的游戏。孩子们玩得很开心，我自己也和他们一起疯了很久。第二天，我发现孩子们看我的眼睛都闪着光，不再似以前那么陌生又畏惧了，心里的幸福感油然而生。

我问：“昨天的蛋糕好吃吗？”

学生说：“好吃。”

小熹说：“不好吃，我吃了两口就扔了。”

我问：“昨天的游戏好玩吗？”

学生说：“好玩。”

小熹说：“我觉得一点儿也不好玩，幼稚、无聊。”

听得我一阵心暖，又一阵心寒。

第一次单元测验，小熹没及格，他拿到卷子后，开心地说：“我就知道我及不了格。”

后来，7班以小组为单位在走廊上摆上花盆，种起了菜。每天课间都能看到孩子们围着那些植物有说有笑：看，我们组的菜发芽了，看我们组的菜又长高了……有一天早上，我一进教室，发现讲台上竟摆着几盆空花盆，走廊上的菜盆也不翼而飞。学生说：老师，我们的菜不知道被谁给拔光了。是谁呢？我还没开始问，小熹突然大声说："反正不是我啊，你别怀疑我就行了。"

体育文化节三天，小熹一个项目也没参加，那三天他请假在家。

期中考后，学校组织学生进行了一次关于老师满意度的民意调查。小熹给其他老师的评价都是 A，却给我打了一个 D。事后，我微笑着对他说："小熹，看来郑老师和你都要努力。我要努力成为你心中的 A 等老师，你也努力成为我心中的 A 等学生，好吗？"他面无表情地说："哦。"

作文课，题目是《最美的微笑》，小熹写道："这世上哪有什么最美的微笑，最美的微笑都是装出来的，是最虚伪的微笑，表面上给你吃颗糖，背后其实在威胁你……"看完后，我哭笑不得。也许，我太心急了。

元旦快到了，年级举行了一次迎新会，邀请了所有家长和学生共同参加，要求每个班都必须出一个节目。7 班的孩子多才多艺，又非常喜欢表现自己，所以一连报了三个节目。课本剧《皇帝的新装》、相声《新地理图》把全场都给逗乐了，中间还穿插了一个小提琴合奏，孩子们"出尽了风头"。结束后，大家都还念念不忘。第二天作文课，我抓住时机，让他们写一写昨天的迎新会。

小熹的作文是这样写的：

昨天的迎新会，真是超烂，7 班的表演更是烂得不得了。什么迎新会，那么多家长来，还不就是家长会，有得上台的人就好了，像我这种人参与这么无聊的会，真是没什么意思。发那么多奖品，不用说，肯定又是拉的家长赞助，现在的学校就知道想尽各种办法骗钱……

看到这样的作文，联系他之前的种种异常表现，我请小熹的父母来到了学校，我想解开所有的谜团：他怎么会这样？

小熹妈妈一见到我就不断地说抱歉，她问：“是不是小熹又没完成作业?”我说：“不是。”我把小熹写得作文给他们看。小熹的父母非常惊讶。在与小熹妈妈的沟通中，我得知：小学的时候，他很好动，一直都是家长逼着学习，家校联系非常紧密，只要老师一打电话，小熹肯定免不了挨一顿揍，有时也许是被冤枉的，所以小熹对老师和学校有着敌对情绪。到了初中，他的父母开始放手了，可是发现他的学习习惯很难改变，每次一看到家校联系手册上的成绩和作业情况，他的父母都会批评他一顿。在7班，由于同伴的优秀，他一直没能有出色的表现，心里非常失落……

我似乎找到了所有问题的答案。临走时，小熹妈妈恳求道：“郑老师，我的儿子，我现在真的不知道该怎么教了，我一逼他学习，他就很抗拒，可是不逼他，他又不好好学。他其实也很紧张成绩，每次一考差了，就回来冲我们发脾气。有一次还把家里的门给砸烂了，我现在最担心的就是他心理会出现问题。我知道他一定经常惹您生气，可请您千万别放弃他，请您一定帮帮他。”家长的恳求，我怎能拒绝？我能想象，如果我的孩子出现问题的时候，当我自己也无能为力的时候，我会多么渴望得到老师的帮助。

我在作文本上给小熹写了一段话：

小熹，想知道郑老师看完这段话的心情吗？不是愤怒，也不伤心。我心疼你！想一想，如果一个人一直带着负面的情绪去生活，内心得多纠结、多痛苦。而这个人竟然是我的学生！你能理解我的心情吗？如果我是你的妈妈，我心里还更难受。我不清楚你曾经经历过怎样的事情，我只知道，我不会放弃你，我会耐心等待你长大、懂事。只要你愿意，当你不开心的时候，你可以随时过来找我，用任何恶劣的态度都没有关系。我没有别的目的，只希望你能快乐，也想让你知道，这个世界上真的有爱、有宽容、有善良的存在，她一点都不虚伪，她就在你身边，随时等待你的回归。郑老师永远是你最坚强的后盾！

临近期末，课代表统计学期欠交作业情况，小熹有30多次。这一次，我和他一起来到了小花园，我给他看统计情况。

小熹说："唉，无所谓啦！反正我已经很烂了。"

我说："真的无所谓？"

"反正这学期是努力也不补回来了。"说完，他的眼里就涌出了泪水。

"那下学期呢？"

"下学期再看吧……"

"只要你愿意，任何时候努力都不晚。"

"反正在同学们眼里我也很差了，大家都认为我可有可无。"

"没有人这么想过，包括老师，大家觉得其实你很善良。"

"哦，我不觉得。"

"小津、小漳他们说你经常放学帮忙打扫卫生，还说你做数学题速度很快。就是有时候喜欢乱说话。"

"哦……"

"每个人都有做错的时候，郑老师也不会因为学生做错事情就认定他不行，我相信，只要你愿意改变，一定会有很大进步！"

转眼，第二学期又开学了。小熹有了变化。

合唱节快到了，他妈妈说，小熹每天在家里练歌。

单元测验，小熹58分。试卷讲评结束后，他拿着卷子找到我："郑老师，你扣错我分了，我应该是59分，你要加回我1分。"

我把他试卷上的分数改成了60分，说："多奖励你1分，下次还给我10分。"

他高兴极了："这下回家不用挨骂了。"

有一天，我的办公桌上出现了一瓶牛奶。别人告诉我，是小熹放的。小熹说："我今天带多了，喝不完，就放你那了，你不怕被毒死就喝吧，要么扔了也无所谓。"

又一天，他搬回几盆仙人掌盆栽放在走廊上，对我说："老师，这个好种，不用每天浇水，一个月不管它都不会死。"

广播操比赛，小熹站在队伍的中间，和大家一起认真地挥动手臂，眼神坚定而执着。7 班又赢得了全校第一名的好成绩。我请大家吃甜筒，全班欢呼雀跃。相机里，所有孩子的脸上写满了快乐，包括小熹。

期末，小熹被评为社会工作积极分子，名次进步了 5 名。颁奖典礼上，他有些害羞。

一个学期又结束了。一年来，小熹和 7 班孩子们经历了军训的洗礼、校运会的磨砺、生日会的感染、合唱节的激励、狂欢节的释放以及日常生活中点点滴滴的融合，大家都成长了不少。我将孩子们一年来所有活动和生活中抓拍的照片、优秀作文、随笔整理成书(其中也有小熹的佳作)印发给了 7 班每位学生和家长。书名是《七年级 7 班幸福光影》。

拿到书的那天晚上，班级的家长 QQ 群很热闹，大家都说 7 班的孩子太幸福了。小熹妈妈单独给我发了一条短信：

"郑老师，太感谢您了，小熹看到自己的作文入选，很开心。这学期，他的变化很大，经常回来跟我们聊班上的事情，也经常听他说起您，我们能感觉到您在孩子心中的分量。7 班有您真幸福，您能成为小熹的班主任是他的福气，也是我们家长的福气，再次感谢您!"

让孩子健康、快乐地成长，是全天下父母的共同心愿。如果我真的能够协助他们完成这一心愿，我欣慰。这一次，我不是"赶鸭人"，我是"麦田的守望者"，我耐心地等待着小熹还有 7 班所有孩子们的幸福成长。

李政涛先生在《教育常识》一书中这样写："教育世界不是一个不食人间烟火的世界，在现实社会的各种物质标准前提下，人无法完全逃离他所处的时代。”一线教师是整个教育链中相对弱势的群体，我们无法否认，也必须接受教育确实会存在功利性目的这一现实，因为人需要生存，老师和学生都一样。但是，如果一味地将现实利益作为目标，会让老师忘记教育的根本目的，变得激进而功利，学生也会失去感受幸福的能力。

苏霍姆林斯基曾经说过：“教育，就是要将学生培养成为能够幸福生活的人。”而在现实的压力下，在社会上的某些不良风气的影响下，如把功、名、利、禄作为衡量是否成功的标准的时候，老师如何让学生幸福？

我想起德兰修女的人生箴言：

(1)人们经常是不讲道理的、没有逻辑的和以自我为中心的，不管怎样，你要原谅他们；

(2)即使你是友善的，人们可能还是会说你自私和动机不良，不管怎样，你还是要友善；

(3)即使你是诚实的和率直的，人们可能还是会欺骗你，不管怎样，你还是要诚实和率直；

(4)如果你找到了平静和幸福，他们可能会嫉妒你，不管怎样，你还是要快乐；

(5)你今天做的善事，人们往往明天就会忘记，不管怎样，你还是要做善事；

(6)即使把你最好的东西给了这个世界，也许这些东西永远都不够，不管怎样，把你最好的东西给这个世界……

宽容、友善、真诚、平和……这，也许我毕生都无法尽善尽美的修行！但，我会一直努力着。如果有一天，当我的学生发现自己只能成为一个普通人时，他回想起他曾经的集体，曾经的生活，仍然能感受到青春的温暖，从而继续乐观、幸福地向前走，那我也就幸福了！

二、周弋林老师教育感言：“坚持爱的教育，做学生成长的陪伴者。”

作为一个毫无经验的班主任，刚入职时我很忐忑，我不知道该赋予和培养一个班级什么样的秉性，更不知道该坚持什么，今天想和大家说说，我所带的15班坚持背后的缘由。知道带15班的第一时间，我申请了一个QQ，网名就叫“风雨同舟”。我一直告诫自己，只有真正热爱15班的每个孩子，我才能真正全身心地投入，才能真正做到风雨同舟。七年级军训之前，拿到学生的花名册和照片，然后一一和家长联系，了解孩子的基本情况以及兴趣爱好和特长后，我又花了一天时间去对着照片记学生的名字和一些基本情况。所以15班的很多孩子很惊讶我第一时间都能够准确地叫出他们的名字，一下子就和我亲近很多。从手头上的资料中知道班上李泽炜同学的生日是8月24日，军训期间忙得几乎没有一点空档，没有时间订生日蛋糕，但我还是踩着单车去蛋糕店买了个小蛋糕。当我拿着小蛋糕对着泽炜说生日快乐时，那小家伙一下子愣在那里，旁边的同学一下子欢呼起来，军训的辛苦和大家刚相识的陌生好像一下子消失了，大家纷纷对刚认识几天的新同学送出真诚的生日祝福，那一刻我从孩子们眼里看到了温暖和感动，所以举办15班的每月集体生日会的想法油然而生。一开始的生日会都是我主持，然后慢慢全部由同学自己来主持，生日会有寿星的感慨，也有同学们的声声祝福，更有他们搞怪的一些节目，生日会慢慢成了孩子们每月的一份期待。最搞笑的是期间接到一个家长的电话，原来孩子回家和爸妈闹别扭，问为什么要把他生在暑假，这样他就不能在学校过集体生日了。家长认真地问我寒暑假出生的同学能否提前一个月在学校过集体生日，被孩子们的童真和对班级的热爱所感动，我愉快地答应了。

15班晨跑的初衷不是为了中考体育，一是军训期间感觉班上很多孩子体质很差，我们班肥胖的男生尤其多；二是因为开学初的第一个星期我早上都会去寝室看看，发现很多孩子其实很早就醒了，然后一个寝室的学生在那说话聊天，有些等到宿管赶人时才匆忙起来，有些孩子就这样不吃早饭，更有甚者早读课都会迟到；三是在大学期间我自己有坚持跑步的习惯。所以在征求家长的同意后，15班从第二个星期后就开始晨跑，一直到现在。开始时，晨跑的新奇随着时间的消逝和天气变冷慢慢变成一些抱怨和不理解，而这期间我慢慢开始觉得要让15班的孩子学会坚持，于是开班会让孩子们自己说晨跑的一些感触。晨跑当中，15班的孩子们记忆最深刻的应该是七年级上学期冬天的一个早晨，我们到操场晨跑时竟然还有月亮，孩子们开玩笑地说15班的晨跑是“披星戴月”，跑着跑着，忽然一个孩子大喊“太阳升起来了”，我迄今都不知道为什么那一刻我们全班不约而同地欢呼起来，一个女同学说“我们是广附每天最早见证黎明到来的一群孩子”，作为班主任，那一刻突然有种感动蔓延开来。那天的数学课一开始没有直接上数学，我对15班的学生真诚地说谢谢，告诉他们，如果不是他们我自己晨跑也坚持不了这么好。让大家想想早上晨跑的欢呼和美好。如果一个班集体能如此坚持3年甚或6年，以后回忆起来该是多么的美好！承禧八年级时去了美国，八年级上学期开学第一天的晨跑我在操场惊讶地接到承禧来自异国他乡的电话，承禧说按着15班的晨跑时间他在美国那边也在跑步，同学们抢过电话一个劲儿地交代承禧要坚持晨跑的习惯。晨跑的意义对15班来说慢慢变成15班对坚持的理解，或许说是一种班级精神，它渗透到班级的每一个角落或者说时空，它成为15班的一个烙印。班上开展过“我坚持为15班做一件小事”，有同学说坚持每天看到班上有垃圾就去捡，有同学说坚持每天整理班级的图书角，也有同学说每天坚持洗班上的抹布……所以现在15班的班级卫生保持的相对较好，因为每天除了值日的同学，还有很多坚持为班级做一件小事的同学。

15班一直在写“在校记录本”，其实最开始我是看到别的班主任让学生用“作业登记本”，然后周末让学生带回家给家长签名，以便让家长了解学生的作业完成情况。我灵机一动，仅仅反馈作业好像还不够。所以每个学期初我就给每位学生送一本笔记本，每个孩子记录自己在学校生活的点滴，既要记录学习作业的情况，也可以写在学校生活的一些感动或者感悟，还可以写对班级的意见以及想和我说的话，我就把它叫“在校记录本”。“在校记录本”成为我和学生及家长沟通的一个桥梁，很多家长会在记录本中反馈孩子周末的情况，这样做到了学校和家庭教育的无缝对接，便于老师和家长细致地了解学生在校在家的情况。有些内向的孩子就在记录本中向我倾诉学习或生活中的一些困惑和烦恼，有些孩子就本周或近期班上的一些情况提出建议，“在校记录本”有助于我深入全面地了解学生和班级情况。有家长说“在校记录本”更应该叫“成长记录本”，因为孩子们记录的点滴其实就是他们成长的轨迹。不定题作文的布置则是源于七年级模拟考的语文成绩，15 班的语文比其他奥班落后 5 分之多，与课改班更是相差悬殊。很多孩子作文不知道写什么，有些纯粹就是凑字数。我一直觉得语文比数学更重要，它能运用在我们日常生活的方方面面。语文需要积累，需要阅读，需要学生对生活去感悟。作为奥数班的班主任，我更希望奥数班的学生有种人文情怀。所以和学生们说了我的想法，15 班的不定题作文“拉开大幕”。所谓不定题作文就是每个星期学生要交一篇作文给我，不限题目、不限体裁、不限字数。我希望我的学生能用自己的笔真实地记录他们的成长，写下这段青春岁月中的点滴感动和成长中的挫折和困惑。他们每个星期发给我，然后我挑选优秀作文登在 QQ 空间上供所有家长和学生查看。慢慢的，很多孩子愿意写了，从开始的无话可说短短几句到现在的长篇大论。在我 QQ 空间上登出来的学生文章现在有 929 篇，有次我估算了下 15 班全班学生写的不定题作文，已经超过了 100 万字。当我告诉孩子们的时候，他们惊讶得难以置信，笑着说以后毕业了一定要出一本书。

作为一个新班主任，我没有方法也没有经验，但慢慢的我给自己找到了一个定位：坚持爱的教育，做学生成长的陪伴者。很多时候我不希望学生怕我，很多时候我对学生说我把他们当成一辈子的朋友，而15班将是我们共同的精神家园。我希望他们能够慢慢理解老师的付出和用心，一起营造良好的氛围。从晨跑到集体生日会，从课堂到操场，从写生到游泳池，我为学生留下尽可能多的照片或者视频，我经常会选取一些片段制作成视频在课间给孩子们看。在孩子们眼中，他们成长的轨迹细致地铺展，期间会有惊喜有欢笑也有调侃，但更多的是一种对班集体的归宿感。15班的晚修和早读都比学校的时间提前15分钟，因为一开始等打铃了学生才回到座位，要静下心来早读或晚修又要一段时间，所以我的初衷是想让学生更快地投入学习，提高学习效率。而今6点45分班上早已安静下来，学生认真地做作业。偶尔有事不能在6点45分赶到的同学会自觉地站在教室门外，直到7点打铃再进教室。因为这是15班的约定，说好的就要执行，谁都没有例外。上学期班上分学习小组进行量化管理，小组评比量化到学习生活的方方面面，囊括卫生值日、作业欠交、课堂表现、课外活动、早读晚修、测验成绩等。规则由同学自主制定，试行过程中有不完善的地方马上修正。班上八个小组分成八块，整个小组外部的位置由他们的实力决定，而小组内部的座位选择就要靠智慧。我看着有些小组因为评比差了而相互指责，有些小组则相互鼓励并改正错误，有些小组内部为了好的座位而闹别扭，有的小组却相互谦让……这让我看到了很多原来我看不到的东西，然后我让他们明白挑选的艺术、舍弃的性质、合群的原理、交友的准则。懂得什么是集体，什么是合作。执行评比的量化管理小组的同学有时会受委屈，我除了安慰和感谢他们为班集体的付出，也让他们要受得了委屈，承担得了责任，处理得了问题，这样也就锻炼了能力。虽然班级的量化管理还有很多的问题，但就如孩子们的成长，这些是必经的过程，老师和家长无法替代。15 班的很多事情慢慢地全部由学生去做，班会课在学期初全部由各小组选择主题进行准备，15 班的家长会一直都是由学生自己来主持。坚持爱的教育，我陪伴并见证孩子们的成长，然后加以引导！

班级工作离不开家长的支持和配合，接下来说说和家长的沟通。有人说班主任与家长就像一对“冤家”，双方对于孩子成长发展的理想目标完全一致，但在教育内容和方法的选择及具体操作步骤上常常出现对立、矛盾和冲突。理想目标一致，可称作“爱的一致性”；内容、方法、步调不协调，甚至矛盾冲突，可称作“恨的必然性”。我觉得我们能够做的就是尊重家长，理解家长的关切，不用太计较得失。军训期间因为学生刚入学又第一次寄宿，家长的很多电话和短信都没有时间接听和回复。天下父母心，我理解他们的关心和担忧。军训期间每个晚上不管多晚，我都会上传当天拍摄的照片，并向大家解释没有时间接电话的原因。家长们看到孩子们照片的瞬间，看到那些稚嫩的笑脸和汗水，慢慢也就放心了。后来几天家长们倒是催着我赶快睡觉，让我多注意身体。第一次集体生日会是我掏钱买的蛋糕，家委会知道后很真诚地说不能让老师出力又出钱的，不然他们心里难安。后来蔡兆熙妈妈主动承担了集体生日会蛋糕的订购，不论她工作多忙，总是准时把蛋糕送过来。如果学生生病要回家了，只要不是非做不可的事情，我都会放下手头的工作去陪学生，直到家长来把他们接走。陪他们聊聊天，摸摸额头，或关切或安慰他们，有时哪怕是陪着干等。因为孩子生病家长来学校接或多或少都会有些担心，学生生病了一个人等家长心里也会很担心。有次班上有个比较内向的学生重感冒，父母又不能及时赶过来，我陪他在校门口等了一个多小时，父母焦急赶来时不停地对我说着感谢。后来他妈妈发短信说，第一时间看到我帮孩子拿着书包陪着孩子等在校门口，心一下子就安下来了，也很感动，感受到广附的温暖。那个内向的孩子之后竟然慢慢开朗很多，会向我诉说烦恼，也会分享他的快乐，原本不太热心班级事务的家长开始主动关心班级事务。现在我慢慢养成一个习惯，只要学生生病回家的，不管多忙，我都会在当天打电话给家长询问下情况，那一刻你会感觉与学生和家长的心就这样一点点走近。每个周五下午我有空一般都会去下校门口，有时是和家长寒暄几句，有时就把学生的情况及时反馈给家长；有时是半小时，有时是短短几分钟，15 班的家长都会亲切地围过来聊着 15 班的事情。慢慢地，家长也很珍视班级温暖的氛围，更加主动和积极营造这个氛围。八年级上学期的一次体育课，我们班的林森同学因摔倒而导致手臂骨折，下午我刚好外出教研。林森妈妈第一时间给我打电话，让我转告体育老师和相关同学说，小孩子受伤是难免的，不用担心。后来班上的同学自发的以寝室为单位给林森打电话，安慰他，班上的家长也积极找熟悉的医生，因为手臂骨折林森缺了很多课，我就主动去林森家里帮忙补课，他妈妈开玩笑说，林森手臂摔了都觉得很温暖。现在很多家长为 15 班做着力所能及的事情，运动会之前，很多懂体育的家长轮流抽空过来帮孩子们训练，而他们的孩子有些都没有参加运动会，现在黄文熙爸爸每周五下午放学还义务帮愿意训练的孩子在广工体育馆训练。杨承熹妈妈去年带高三毕业班却依然坚持来学校帮班级排练合唱节曲目。上学期期末的狂欢节，蔡兆熙同学有事请假不能参加，但他妈妈却热心地帮其他孩子租好衣服。在教育内容和方法的选择及具体操作步骤上，有些家长有意见是难免的，退一步讲，家长肯向我们说出意见和建议也是对我们的一种信任。虚心听取，耐心解释，用心工作，以心换心，相信大部分家长最后都会理解和支持我们的工作的，毕竟我们有“爱的一致性”。

有 15 班的家长说用心和坚持是 15 班的灵魂，有 15 班的孩子说爱和温暖是 15 班的代名词。我一直告诫自己，3 年或者 6 年的时间里，我无法将 15 班的每个孩子都打造成精品，但也应该让他们初具雏形。作为班主任，我希望 15 班的孩子以后是幸福的。15 班每年会隆重的过感恩节、母亲节和父亲节、教师节，当他们第一次害羞而真挚的对父母说着感谢时，当他们的文章中流露出对父母和老师最纯朴的感情时，当他们明白友谊的珍贵并珍惜15班这个集体时……所有这些都是爱的教育，我希望15班的孩子能够在这些年中学会坚持，懂得感恩，知道努力！做一个受欢迎的人，这样的人应该离幸福不远！

一直很喜欢一句话："付出，是看得见摸得着的幸福；爱，是我们不枉活一世的理由。"爱，是最好的教育！爱是学生失落时的温馨鼓励，爱是学生犯错时的批评，爱是学生生病时的陪伴，爱是我们广附老师对教育最质朴的坚守和坚持！爱或许就是坚持去付出，爱能被感受也会被感染。2013年4月3日，我过了一个不是我生日的生日。在我帮孩子们过集体生日的同时，15班的家长和孩子们多方打探我生日无果后，就假定4月3日是我生日。当家长们播着周末短短两天就收集齐的全班48个家庭的祝福，听他们喊着"周老师生日快乐"时，我瞬间感动得不知所措，我就傻傻站着，然后一遍遍地向家长和孩子们说"谢谢"！我想，这是一种爱的回馈！凌乱的说了这么多，最后想到的还是感谢！谢谢广附和15班，让我的生活有了别样的意义。

第三节　殷殷陪伴之家长

家是孩子心灵的归宿，是孩子成长力量的来源，家人的陪伴、家长的教养方式等都对孩子的成长有着举足轻重的作用和影响。

美国教育部曾经进行过一项大规模的研究——"早期儿童纵向发展研究"(Early Childhood Longitudinal Study，简称ECLS)。研究人员从全美各个州具有不同家庭和社会背景的幼儿园到小学五年级的学生中，抽样选出两万名学生作为研究对象。除了学习成绩外，ECLS还收集了大量相关的统计数据，如种族、性别、家庭结构、社会经济地位、父母教育程度、子女数量等。研究人员还进行了许多面谈，实地观察，以此了解许多生活细节，如父母是否给孩子读书；是否打孩子屁股；是否带孩子去图书馆、博物馆；孩子看电视的时间和次数等。结果显示，父母是怎样的，比如，父母的教育程度，社会地位，家庭里的语言和孩子是否是被领养等，对学生的学习成绩有决定性的影响。

虽然，学校教育工作的所作所为对学生的发展至关重要，但是，家庭、家人的影响也是不可或缺的。就广附而言，它的成功不仅在于有好校长和好教师，更重要的是它善于把家长也纳入实际的教育运作中，充分发挥每一份力量的积极作用。广附的家长们也是不负众望，在参与教育的过程中表现优异，我们可以从如下四个案例中，看一看广附家长们的光辉与爱的身影。

一、唐仁杰的家长：让孩子从小有一颗感恩的心

古人说得好："滴水之恩，当涌泉相报。"其实，感恩不一定要感谢大恩大德，感恩可以是一种生活态度，一种发现美并欣赏美的道德情操。

随着物欲的增加，现代人，特别是年轻一代人的感恩之心越来越少了。

人们宁愿相信他人送来礼品是有事相求，也不愿说那是友好的馈赠；人们宁愿相信他人关切的眼神是假扮菩萨，也不愿说那是真情的流露；人们宁愿相信他人关心的话语是猫哭耗子假慈悲，也不愿说那是纯洁友谊的见证。

这样，人与人之间的隔膜一层层加深，人们在自身周围砌成的围墙一层层升高，掐断了联络的线绳，隔断了来往的道路，截断了沟通的桥梁，也就没有了感恩的心。

为了让我的孩子从小就怀有一颗感恩的心，八月十五中秋节，我们全家参加了一个很有意义的活动——到云南参加一次野外露营，并到距

离昆明市大约一百多千米外的武定县苗族山寨那里看望贫困的孩子们。

出发之前，我让孩子用他自己的零花钱去购买了许多学习用品、食品，准备到时送给山区的孩子们。

我们坐飞机到达昆明后，就马不停蹄地收拾好露营的帐篷、用品和食物，还有送给山区孩子们的各种礼物，便随车向武定县出发了。一路上，我儿子都像一个真正的男子汉一样，自己不但背着沉重的背囊，而且还不断地照顾同行中比他年纪小的伙伴，看到这一切，我很是欣慰：我的儿子真的长大了，懂事了，他已经会体贴父母，关爱别人了。

经过两个多小时的车程，我们来到了位于武定县的深山里，在大山的深处，孩子们在家长的帮助下亲自动手搭起露营的帐篷，又亲自去小溪旁打水，一起围着临时搭起的炉灶生火烧饭。与城市家里舒适的生活相比，这里显得特别简陋，而且一路颠簸下来，感觉又困又累，可孩子们从中学会了很多平时根本学不到的东西，也从中体会到父母平时为了生活而劳累奔波的艰辛，由此对父母加倍关心疼爱。

第二天一早，孩子们就各自背上自己为山区孩子们准备的礼物，在大人的带领下，徒步走两个多小时，翻越一个个山峰去看望大山深处的苗族孩子们。生长在城市的孩子们并不知道，在这里的苗族同胞们世世代代都居住在高山上，土豆是他们日常生活中的主要食粮，只有过重要的节日他们才能吃上一顿肉，要买一些生活必须用品他们都要翻过大山，走上两个多小时到山下的镇上才能买到，由于当地的自然条件太恶劣，当地的孩子如果想要上学必须翻越几座高山，来回要走四五个小时的山路，所以许多孩子都没有上学的机会。

当我们精疲力竭地到达目的地的时候，眼前的一幕让一直生长在大城市优越环境下的孩子们目瞪口呆：太穷、太苦、太落后了！当地的村长得知我们的来意后，立即组织村里的孩子们精心打扮一番后到村里的一座很破旧的教堂集中，据村长介绍，这就是他们整个山寨唯一可以用来接待客人的地方了。

看到山里的孩子们时，我们都忍不住流下了眼泪，他们大部分都还穿着很破旧的衣服，有些孩子甚至连鞋都没穿，光着脚。我们的孩子们马上拿出各种礼品送给他们，山里的孩子们显得十分惊讶和高兴。惊讶，也许是因为他们从来都没有看到过这样精致的学习用品和食物；高兴，也许是因为他们从来都没有试过一次性收到这么丰富的礼物。可这些学习用品和食物在城里孩子们的眼中，实在是太普通不过了，但对于这些山里的孩子们来说，却是如此的珍贵。望着这群孩子们露出的灿烂的笑容，我深深地感到这次旅行无论是对我们而言，还是对孩子们来讲，都具有深远的意义。

这次云南之旅结束后，唐仁杰在生活、学习上都有了很大的改变，在日常生活中学会了勤俭节约、不随意浪费，在学习上更加勤奋努力、刻苦用功了，对长辈们倍加爱护与尊敬。通过这次特殊之旅，让几个从小成长在大城市的孩子们学会了应该怎样珍惜现在优越的生活和学习环境，也让孩子们学会了如何去关爱别人，从小养成一颗懂得感恩父母、感恩社会的心。

其实，有一颗感恩的心的确很重要，它可以消除人们的猜疑、嫉妒、愤恨、隔阂。有了感恩的心，我们就会觉得生活是很充实的，学会关爱别人其实也是一件很幸福、很有意义的事情。

二、周嘉欣的家长：做孩子的知心朋友

一直以来，不论是父辈与我们之间，还是现在我们身为孩子的父母，如何同自己的孩子沟通，成为广大父母最头痛的事情。在我们还是孩子的时候，我们只有服从父母的管教。生活的单调，不容我们有太多的想法，心里只有一个愿望：就是不辜负父母的期望，努力读书，考上大学是对父母最好的回报。但是现在，我们作为父母，面对的是一群有思想又任性又叛逆的“00 后”，他们年纪尚小的时候还会听父母的话，

随着升上初中、高中，孩子们有什么心事，宁愿向同学或朋友倾诉，也不愿意找父母讲。他们认为，父母只会管束他们，不能理解他们心里的想法。男女同学之间正常的来往，在父母看来会有早恋的倾向，不问缘由横加干涉；上网又担心染上网瘾、搞网恋，又限制上网；如此一来，孩子在同父母沟通这件事上会更加抗拒。我认为，父母要把孩子当成朋友一样对待，不能凡事都板着面孔教育孩子，要耐心地引导他们把心事告诉你，然后和他们分析事情的利害关系，提出你的建议供他们参考，只要是为他们好的，孩子也会欣然接受的。

就像我女儿，有一次我接她放学，远远发现她同一个男同学一起走，当时她刚升上高一，这种情况我是第一次发现，当时心里“咯噔”一下，有点担心。女儿见我在远处望着她，匆匆和同学道别后，神色有点紧张，担心我责问她。我笑着问她，今天这么晚才放学，刚才那个男同学和你是一个班吗？他学习成绩好吗？他也住在这附近吗？女儿知道我的用意，解释说今天学校有事，放学晚了，碰巧那个男同学也过来这边，所以一起走，叫我不要误会，我说我当然相信你啦！其实男女同学之间正常的来往是可以的，一起交流学习心得、取长补短，对学习是有帮助的，我不会横加阻拦，还鼓励她多向学习成绩好的同学取经，提高自己的学习成绩。我问她学校里有没有同学早恋，她说有，还说有些同学因为早恋影响了学习成绩，也受到老师的批评。我问她，你觉得这样做值得吗？女儿说，不值得。我问她如何看待学生早恋，她想了想说，不赞成学生早恋，学生的主要任务是把学习搞好，早恋对身心健康都没有好处，也表态她决不会早恋。我说你能有这样的认识，妈妈就放心了。看着她坚决的表情，我欣慰地笑了。从那以后，女儿有什么心事、烦恼事都会第一时间跟我说，她上网和同学、网友交流，也不害怕我看，我会留意他们的谈话内容，提醒她不要随便答应陌生网友的邀请，和同学去唱歌要注意安全，要学会保护自己，有事外出或者晚回家要及时通知家长，以免家长担心。女儿现在把我当成她的知心朋友，无话不谈，看着她健康快乐地成长，我由衷的高兴。

所以说，父母和孩子之间是可以沟通的，只要我们做父母的站在孩子的立场上多为他们想想，把他们作为朋友对待，相信沟通从心开始，相信我们的孩子在学校和我们的共同努力下会更健康快乐地成长……

三、杨冬桢的家长：与孩子一起成长

我们的孩子杨冬桢目前就读于广州大学附属中学八年级(4)班。作为家长，在我们眼里他是个聪明、活泼、乐观的孩子，是上苍赐予我们的礼物；然而，他自幼体弱多病，孩子的健康状况一直是我们挥之不去的梦魇。

在孩子成长的过程中，我们收获了许多惊喜和感动，也得到了不少经验和教训。记得在送他第一天上学的路上，我问他，从今天开始要正式上学了感觉心情怎么样？孩子回答，没什么感觉就是高兴。这让我们感受到他对校园生活的期待与兴奋，也令我们同样忐忑不安的心有了些许安慰。

由于身体的原因，遵医嘱孩子平日需要静养，不适合参加激烈的活动，因此在孩子的课余时间，我们尽量让他学些需要静心的东西，比如棋类、音乐、毛笔书法之类。在学习的过程中，我们利用儿童好胜心强、表现欲旺盛、模仿力强、学新事物易上手的特点，先是注重引导、培养他的兴趣，结合百般鼓励，让孩子从兴趣开始自发地去学，罕有逼迫他去学家长认为孩子该学的东西。孩子在这些课余爱好的学习上小有成就，分别取得过国家教育部、市级、区级以及校内的嘉奖。

其实，在孩子的成长过程中，往往会有一些东西影响到我们这些成年人，反过来让我们受到教育。记得孩子六岁那年，在夏日的一个周末，我们父子俩在东湖公园里泛舟，正玩得兴浓，忽然天气遽变，原本风和日丽的天空瞬时狂风大作并夹杂着暴雨，当时我们的小船正处于远离岸边的湖心岛附近，我和孩子顶风冒雨奋力将船往回划，却被大风不断吹逼到珠岛宾馆的高墙边无法上岸，当时船舱积水越来越多，两人浑身上下都湿透了，而手机也因入水受潮早已无法使用，当时情形十分危险。我跟孩子分工，我负责划船他向外舀水，在逆风中拼力了近 30 分钟，我们的小船不仅没有向前反而倒退了十几米，我当时已经精疲力竭，感觉十分气馁，对孩子嘟囔，完了，今天是回不去啦。哪知儿子听了反而安慰我说，不会，来，我们用力划一定可以划回去！说罢抓起船桨一下一下用力划了起来。我受孩子的气势感染，顿时有了劲头，头脑也冷静下来，制订了利用湖心岛做掩护避开正面风势、走折线迂回让船体侧面受风的返回策略，经过 1 个小时，艰难地穿过两个湖区、两座拱桥，终于回到租艇部所在湖面，公园工作人员这才发现湖上还有我们这只船，派摩托艇将船拖到岸边，我们终于摆脱困境。事后得知，那天天气产生剧烈空气对流，局部 9 级台风伴随暴雨。

孩子降生人世至今，我们基本依照他的兴趣所在，辅以适当的鼓励支持，一般都能取得满意的效果；缺乏鼓励、带有逼迫意味的安排不是没有，但最终都是失败的结果。例如，学钢琴，上奥数、奥英学习班均属此列。

孩子是我们的心头肉，对孩子，我们寄予了许许多多的期望，最重要的是，我们希望孩子能有健康的体魄、自由的心灵、善良正直的品德、生活在发自内心的快乐之中。

四、莫丽君的家长：让孩子懂得“适度”

现在，家长聚在一起，谈论最多的是学校实行素质教育后的喜怒哀乐。有的说：“孩子作业少了，考试少了，周末补课取消了。”一句话，自由支配的时间多了。有的说：“孩子除了在外疯玩以外，就是玩电脑游戏、上网聊 QQ、用手机发信息，学习的时间少了，将来恐怕竞争力差。”一句话，家长的担忧也多了。

一些家长又走上另一个极端，双休日，马不停蹄地带着孩子奔赴各个辅导班、提高班、兴趣班，孩子只有半天时间做自己的事情，弄得家长、孩子好疲惫，学习效果也不见得有多好。

以上的情况也发生在我的女儿身上。

孩子哪有不贪玩的，自从七年级暑假家里安上网络以后，她渐渐就迷上了网络。网络上五花八门的东西对一个七年级的孩子来说着实是个不小的诱惑。孩子学会了上QQ，学会了玩小游戏，也学会了查资料、读新闻。作为一个家长，我是看在眼里的，既看到了她的进步，每天上完一个小时的网(我们家是限时的)，她都会兴冲冲地跑来和我分享："妈妈，今天有什么什么新闻啊，同学又教会了我一道题呢!"也看到她的顽性："再玩会，我还差一道题而已，很快就会做完了。"而"很快"，往往意味着11点或12点，每次钟敲过12下，我才听到女儿蹑手蹑脚爬上床，再轻轻地躺下，生怕弄出一声大的声响让我们发现。我知道她也不容易，而我这个妈妈更是心急如焚，我多次旁敲侧击，甚至把"限时上网"的条子贴到电脑前，但是孩子的玩心一上来，还管你这么多?功课、睡眠都抛诸脑后了。

不久后是期末考试，我多次提醒孩子复习复习，她就是一心扑到电脑上去，照样聊QQ，打游戏。你说她，她还回你一句："我是在问题目!"我还能说什么呢?"我相信她一次"，我对自己说。结果不久后孩子的期末考成绩出来了，当然不尽如人意，甚至是差！这是情理之中的事。没想到她竟然懒散到这个样子！上网真是害人！我开完家长会回家，倏地拔掉网线，丢在地上故意弄出很大的声响。她从房里探出头来，仿佛知道一场暴风雨即将迎面劈来，耷拉着脑袋。要是在平时我一定态度大转弯，但今天决不！我招呼她出来，压制着怒火告诉她成绩，然后拿出在路上收的宣传单，说以后你就上这个补习班，任何时候都不得上网。她正想申辩，我把宣传单丢到桌面，转身关上房门。之后很长一段时间，我们都没有说过话。每个周末，我都带着她东奔西跑上补习班，跑完这场赶下一场，其实我也明白有些班她根本不感兴趣，但是为了减少她上网的时间我只能这样。看着别的孩子上完课都出来拉着妈妈的手兴高采烈地说着今天学了些什么，我心里真羡慕。女儿每次给我的都是一副黑脸。

就是这样过了两个月，我和她都疲惫不堪，她的成绩不但没上去，还被老师投诉上课打瞌睡、走神。我深知这是熬夜做作业的结果，上完课回来，孩子只有半天时间做自己的事情。根本做不完，如此几次后，我就知道这种方法行不通。

我决定改变策略，我跟孩子谈了一次心，我说你可以把你对我的不满说出来，我愿意接受你的批评，但前提是：你是正确的。她开始很激动地述说着上补习班后她的忙碌生活，把矛头指向我。我点点头，说道："这点我是错了，但是你必须明白我的用意和苦心，我都是为你好。"她愣了一下，又开始说其他事情。我都一一解释了。这样一次谈话使我更了解她了，作为家长应该走进孩子的世界，不应该以自己居高临下的思想去想孩子，其实她是真的问问题，但是兴致上来了就压制不下去，谈天说地去了。这些都可以理解。孩子嘛，终究是生性活泼的。

我提了个建议，让她用零花钱买一个闹钟放在电脑桌上，上网一个小时闹钟就会响。这次多一分钟，下一次就少一分钟。周末的补习班不上了，省下钱来给她买教辅书更实际。就这样，一场家庭风波就平息了。"上网得有个度"成了她教育表妹的口头禅了。

总之，我们家长对孩子要及时引导、鼓励、督促。用欣赏的眼光去看待孩子，用表率的力量去激励孩子。家长对孩子从小引导得法，重视学习习惯的培养，兴趣的培养，呵护其自信心，再加上他们自己刻苦努力，成功就不会遥远了。

第四节　茁壮成长之学生

作为一所学校，它真正的未来必定属于学生。只有学生茁壮成长，才能真正带来不竭的活力。广附培养学生，既重客观的标准，又重主观考量；既有对学生当下的关注，更有展望未来的眼光；她不单是用“三年”的眼光来培养一个学生，而是用“十年”“二十年”，甚至更久，用三年的教育影响一个人的一生。广附希望，学校大家庭里的每一个学生都能茁壮成长，鼓励每一个人都成为最好的自己，成为一个对社会有用的人。

一、广附 2015 年、2016 年高考捷报

广附高三同学在 2015 年高考中取得优异成绩，重点本科上线率超 72%。刘玮扬同学以总分 705 分(含通过北京大学自主招生加分)被北京大学录取，袁隽同学以总分 702 分(含通过清华自主招生加分)被清华大学录取；大学城国防班严子君、石国良通过空军招飞层层选拔，被广东省高校国防生招生选培办拟送清华大学就读。广附奥数班、国防创新班、“零班”分别以均分高出重点线 67 分、61 分、44 分的优异成绩，实现了学生百分百上重点线的目标。

广附 2015 高考捷报截图

我校 2016 年高考更上一层楼，再次刷新我校历史最好成绩。

两校区合计重点本科上线率 79.3%，其中，理科重点本科上线率

78.33%，文科重点本科上线率 82.01%。

理科生中，秦增益同学以 684 分排广东省第 24 名，陆广泰同学以 683 分排广东省第 26 名，林泽锴同学以 671 分排广东省第 102 名。三位同学均已被清华大学录取。文科生中，廖诗琪同学以 620 分排广东省第 77 名，叶芷晴同学以 617 分排广东省第 105 名，丘子贞同学以 616 分排广东省第 110 名。奥数班平均分超重点本科分数线 103 分。直升“零班”平均分超重点本科分数线 89 分。国防班平均分超重点本科分数线 60 分。文科重点班平均分超重点本科分数线 51 分。

广附 2016 高考捷报

在海外大学申请公布的录取结果中，我校国际部也连年获得佳绩。以 2015 年国际部为例：宗耀威同学被全美商学院排名第四的波士顿商学院录取，杨宏涛同学被公立学校排名第八的伊利诺伊大学香槟分校录取，王依同学被新英格兰地区最佳五所传播学院之一的爱默生学院新闻专业录取。刘晓倩、吕芃宇、詹全智、章正业、杨广宁同学也都分别收到了加州大学圣地亚哥分校、加州大学戴维斯分校、伦斯勒理工学院、华盛顿大学西雅图分校等众多名校的录取通知书。

广附 2015 届毕业生海外大学录取结果(部分)

地区	排名	录取人数	大学名称	奖学金
美国	全美大学综合第 31 名	1	波士顿学院(Boston College)	
	全美大学综合第 37 名	3	加州大学圣地亚哥分校(University of Califomia, San Diego)	
	全美大学综合第 38 名	3	加州大学戴维斯分校(University of Califomia, Davis)	
	全美大学综合第 40 名	1	里海大学(Lehigh University)	
	全美大学综合第 41 名	2	加州大学圣塔芭芭拉分校(University of Califomia, Santa Barbara)	
	全美大学综合第 41 名	2	伦斯勒理工学院(Rensselaer Polytechaic Institute)	
	全美大学综合第 42 名	2	加州大学欧文分校(University of Califomia, Irvine)	
	全美大学综合第 42 名	1	波士顿大学(Boston University)	
	全美公立大学第 8 名	1	伊利诺伊香槟分校(University of Illinois)	
	全美公立大学第 8 名	2	宾夕法尼亚州立大学(The Pennsylvania State University)	
	全美公立大学第 13 名	3	威斯康星大学麦迪逊分校(University of Wisconsin-Madison)	
	全美公立大学第 14 名	1	华盛顿与李大学(Washington and Lee University)	

续表

地区	排名	录取人数	大学名称	奖学金
美国	全美公立大学第14名	3	华盛顿大学西雅图分校（University of Washington）	
	全美公立大学第16名	1	德州大学奥斯汀分校（University of Texas at Austin）	
	全美公立大学第18名	3	俄亥俄州立大学（The Ohio State University）	
	全美公立大学第19名	4	康涅狄格大学（University of Connecticut）	
	全美公立大学第27名	5	罗格斯大学（Rutgers University）	
	全美公立大学第27名	2	明尼苏达双城分校（University of Minnesota，Twin Cities）	
	全美文理学院30名	1	里士满大学（University of Richmond）	
	全美文理学院37名	1	狄金森学院（Dickinson College）	1万/年
	全美大学综合第54名	1	佩珀代因大学（Pepperdine University）	
	全美大学综合第58名	1	福特汉姆大学（Fordham University）	
	全美大学综合第58名	1	雪城大学（Syracuse University）	首年全奖
加拿大	加拿综合大学第1名	1	西蒙弗雷泽大学（Simon Fraser University）	

二、广附“学霸”养成记之2016篇

在2016年高考中，我校涌现了许多学霸。理科秦增益同学以684分排广东省第24名，陆广泰同学以683分排广东省第26名，林泽锴同学以671分排广东省第102名。三位同学均已被清华大学录取。文科廖诗琪同学以620分排广东省第77名，叶芷晴同学以617分排广东省第

105 名，丘子贞同学以 616 分排广东省第 110 名。

他们是怎样学习与生活的，才能够取得如此优异的成绩呢？下面让我们通过他们的班主任对他们的评价以及他们自己的感言这两个方面，来一探究竟。

1. 秦增益

(1)班主任眼中的秦增益。

增益可以在高考中取得这么优异的成绩，如愿考上清华大学，在老师看来，是天道酬勤、水到渠成的事情。增益有以下三个突出的表现：

第一，志存高远，目标明确而清晰。在九年级就读广附时，增益已经树立上清华的远大目标，四年来为之不懈奋斗，从未动摇。而清华的电子工程系是增益梦寐以求的地方，这也是他更加长远的梦想和追求之所在。

第二，意志坚忍不拔，执行不打折扣。增益对自己的时间安排得非常细致，甚至具体到分钟。多年如一日地，在其他同学可能玩和放松的时间，增益都在为了梦想而学习。对他来说，学习是乐趣，丝毫不以之为苦。只要自己做好的计划和安排，也是尽全力地去落实和实践。

第三，谦虚好学，注重自我反思。增益的自学能力非常强，他除了消化课堂上老师们所教授的知识外，还做了大量的功课以外的习题，并阅读了大量的课外资料。所以他可以长期保持在年级遥遥领先的优势，但他并不因此而骄傲自得，而是非常谦虚地积极地向各位老师请教，并根据测试结果主动地对自己的学习进行调整和修正，从而保持了不断进步的节奏。

(2)秦增益自我感言。

我的座右铭是：躺着的人，无法享受跌倒的快感。

艺术节的舞台上，玩悠悠球节目“掌上乾坤”。音乐响起来了，悠悠球转起来了。转动的悠悠球是青春的象征，飘扬的绳圈是技术的见证。

为什么我要参加艺术节？因为“零班”需要节目，因为我爱着“零班”，深知“零班”对我的培育，深知自己对“零班”的亏欠。牢记东平、粤铮、何杰、凯桐、钰斌五位表演者的鼎力相助，永存每一位同学的掌声与指点。“掌上乾坤”，表面上是表演，实际上是报答，报答“零班”洋溢着的温暖，报答“零班”飞翔着的希冀。

题山题海的包围下，弹指一笑，垂眸启笔。笔尖流淌的是汗水，纸上书写的是信念。有问必答，不怠慢任何来交流的同学；有错必改，不疏忽任何知识上的漏洞。比年级第二高出几十分，仍然不敢懈怠；偶然失去“宝座”，也不垂头丧气。成绩便如波涛，自己便如岸。“惊涛拍岸，卷起千堆雪”，然而岸仍然是岸，岿然不动。缓涛拥抱，猛涛拍打，我都笑纳。

学长学姐的硕果激励了我，我的果实也将激励学弟学妹。我的梦想是为广附创造佳绩，希望为广附争得力所能及的荣誉。我要告诉学弟学妹，“广附人”，中山大学就在身旁，清华、北大不是梦想。我还要告诉学弟学妹们，虽然人的精力是有限的，全面发展是很难的，但是必须要有全面发展的意识。对于全面发展的渴望，本身已是一种全面发展。

能考上清华，让我过去的努力有了报偿，未来的努力有了方向。这不仅令我感到欣喜，更引发了我的反省。为什么做得好？是否有欠缺？三省其身，择善而从，相信我终能以瞬息的身份留下永恒的芬芳。

我所在的初中高中班里都配备了出色的老师，他们会先为我们打下牢固的基础，让我们在最后冲刺阶段展翅高飞。当然广附给予我的绝不仅是知识，更是塑造人格的良好环境。社团活动、体育节、艺术节和科技节等，让我们在学业中找回自己。同学们一是和睦，二是合作，结成了永恒的挚友。我们“广附人”，永远向往着，“做最好的自己”。

2. 陆广泰

(1)班主任眼中的陆广泰。

陆广泰同学学习成绩优异，各科全面发展，理科能力突出，在高二时获得全国青少年信息学奥林匹克竞赛(省级赛区)一等奖，在高三时获得全国高中数学联赛(省级赛区)一等奖，还获得全国高中物理竞赛省级二等奖。更难能可贵的是，他的基础成绩一直名列前茅，能够兼顾基础学习与竞赛两不误。

在抓好学习的同时，陆广泰同学还在班内一直任班委一职，积极协助老师协调、管理班级，有较强的组织能力与集体荣誉感，乐于为班级奉献、为同学服务。志存高远，勇于探索，踏实质朴，素质出众，对知识孜孜以求，爱好广泛，在学校的各项文体活动中均有积极表现，是一名全面发展的优秀高中生。

广泰是一位智慧型的学生，对自己的长板、优势和发展方向都了然于胸，是中学理科学习浪潮中勇敢而干练的弄潮者！

广泰是一位理智型的学生，独立自主、律己慎独，承载着父辈以及自我的高远期许，是学校同学敬仰的对象，身上拥有许多光环，却一如既往地淡定、低调，面对成绩、荣耀不急不躁，敢于迎难而上、挑战自我，能坚定不移地走自己的道路。

(2)陆广泰自我感言。

作为广附的一员，我爱我的学校，六年来，在这里，一草一木，一阁一亭，都是如此的熟悉，聆听知识的教室，自由遨游的图书馆，接触大师的礼堂，更有充满爱的教育软环境，给我营养，伴我成长。

在广附，我遇见了一批批优秀教师，他们不但学识渊博、教学有方，更勤劳努力、日夜拼搏，一天又一天我看到太多老师在晨曦夜幕中工作的身影。在广附，我享受着大量的学习资源。无条件开放的自助图书馆、电子阅览室、自习室，老师提供的丰富信息资源和同学间的资源共享，让所有学生都能受益匪浅。在广附，不只有课本，还有广阔的课外学习，数十门选修课，超过半百的社团，我在其中汲取了丰富的知识营养。在广附，也不只有学习，还有丰富多彩的课余生活。八大节、八大主题活动，外加达人秀、广附好声音等，参与其中，或组织、或主持、或发言，更别有一番味道哦。

在广附，我不但收获了知识经验和技能，更收获了“亮剑”精神。就拿我解决定弦长中点轨迹问题为例，当我将自己经过三天苦思出的解法与网络上的解法比对后，我发现了其中的共同漏洞，于是又开始尝试运用高等数学知识，最终在仿射变换的帮助下使该问题得到完美解决。我的这种个性精神，也得益于广附对我的塑造。

“我在哪里，学校就在哪里”。六年来，广附见证了我长大成人、业有小成，我也见证了广附飞速发展、屡创新高。我一直相信，广附是发展的、进取的，未来的广附必将更加辉煌。

3. 林泽锴

(1)班主任眼中的林泽锴。

林泽锴同学学习态度端正，努力刻苦，学习成绩优异，学校排名稳居前三；始终保持好学、好问、谦虚、严谨的良好学习习惯，对新知识、新事物拥有较强的求知欲和领悟力，在班级乃至年级都起到了很好的表率和榜样作用。积极参加数学、信息、化学、物理等各大学科竞赛，获得高中数学联赛二等奖、青少年信息学奥林匹克联赛二等奖、化学奥林匹克初赛三等奖。

林泽锴同学为人谦虚，真诚待人，做事认真，具有当代青年良好的综合素质和优良的道德品质，在班级具有很高的威望。身为班级的学习委员，林泽锴同学积极参与班级管理，为班级各项活动积极建言献策，并组织参与。多次被邀请向学弟学妹介绍学习经验，且每次都认真准备，毫不藏私，赢得了师生的赞誉。中学阶段分别获得“广州市三好学生”“广州市优秀学生”两个荣誉称号，以及广附首届“十佳学生”称号。

“学霸”是同学们冠予林泽锴的称号，泽锴拥有恒定高度的学业让同学们“高山仰止”；“精确”是泽锴的代名词，工作严谨细致，学习精益求精，书写的答卷如同标准答案一般精准、印刷体一般规范；“优秀”成为泽锴持守的习惯，泽锴一如既往的沉稳坚定，学习和班务始终都能安排得井井有条、相得益彰，泽锴是老师的得力助手，是同学们的良朋益友，是德智体全面发展的优秀学生！

(2)林泽锴自我感言。

六年前我第一次来到广附时，我觉得这个校园真是又大又漂亮；六年过去，我渐渐觉得广附已经没有那么大了，但也变得更加美丽了：宽阔的操场、幽静的花园、典雅的咖啡厅，就连那略为荒凉的地理园和生物园也别有一番风姿。在广附，我还结识了一群优秀的老师和同学，他们使我的学校生活更为丰富，使我的思想更加锋利，我想，这也是一种“广附美”吧。

邓云洲校长与秦增益、陆广泰、林泽楷合影

4. 廖诗琪

(1)班主眼中的廖诗琪。

诗琪是我班有名的才女，她无意成为诗人，写出的小诗却清新动人，感动了老师；她无意做主持人，可主持的大型活动庄谐有趣；她无意做体坛名将，可在一次次体育运动会上屡屡夺魁。她特别有主见，不管是文理分科还是人生的目标，事后看来，往往都是正确的决断。每次考试都是名列前茅，偶尔一次的失误又能变成下次的经验。积极参加校内外活动，关心帮助同学，是小小的社会活动家。参加市内各科竞赛，总能轻松拿到一等奖，是同学们眼中的“学霸”，父母的宠儿，老师的得意弟子。

(2)廖诗琪自我感言。

岁月荏苒、光阴似箭。清晰地记得三年前的9月，我初到广附，看到稀稀拉拉的小树林，还在动工的操场，还有广播站破旧的设备，总觉得不尽如人意。但三年来看着校园里树木逐渐繁茂，教学楼下也刻上了壁画，就连咖啡馆这么高大上的学生创客空间都在学校的鼓励下成功开业，让我们这些曾经的高一生也不禁感慨现在在广附学习和生活的幸福。每每在晚修后的11点半，独自走在清冷的校道上，我都会不知不觉地陶醉于漫漫星空的动人美丽和无穷魅力之中。这就是广附，白天激情四射，夜晚冷静幽雅，吸引着莘莘学子投入充实的学校生活中。

5. 叶芷晴

(1)班主任眼中的叶芷晴。

叶芷晴是我班实力派的象征，在学习上有一股不服输的精神，提出的问题新颖而深刻，使老师把“教学相长”发挥到极致，课堂上芷晴会默默地记下有异议的问题，课下同老师进行探讨分析。每次考试保持亚军，偶尔还能占第一，这给芷晴的学习提供了无穷的动力。“学霸”不是芷晴的唯一标签，运动场上频现芷晴飒爽的英姿，芷晴和一帮女生为高三18班赢得了“女汉子”的美誉，积极参加课外活动，是我班“跑步大军”的主力，关心爱护同学和班级，参加市各科竞赛轻松拿第一，是老师的得意弟子。

(2)叶芷晴自我感言。

校训“做最好的自己”就是我的准则。清晨，天微亮就已经匆匆在绿杨小径上赶往课室的，是广附学子，我们做最勤奋的自己；疲倦了倚在栏杆上俯视，那是次第绽放的紫荆花，我们做最浪漫的自己；正午，快乐的飞往饭堂，谈天说地，做最快乐的自己；傍晚，在跑道上汗流浃背，那是18班的跑步大军，不知不觉，汗水冲走了压力，我们做最坚强的自己；深夜，在清幽而温暖的校道上窃窃私语，我们做最神秘的自己：三年广附，我们做了最好的自己！

6. 丘子贞

(1)班主任眼中的丘子贞。

丘子贞同学品学兼优，兴趣爱好广泛，特长突出，领导能力出色，富于创新，是一名非常优秀的高中生。

学习上，她勤勉发奋、刻苦钻研，各学科均衡发展，成绩一直稳居年级前列。她曾被我校评为“三好学生”“三好学生标兵”“十佳学生”，更被广州市教育局授予“2014—2015学年度广州市优秀学生”光荣称号。在地理学科方面，她表现出强烈的兴趣和专长，在国家级、省级中学生地理奥林匹克竞赛中，斩获第七届全国中学生地理奥林匹克竞赛金奖(一等奖第三名，并获得进入国家集训队的资格)、第六届全国中学生奥林匹克竞赛个人二等奖、2015年广东省中学生地理奥林匹克竞赛二等奖。

作为重点班班长，她以身作则，团结同学，学习上热心帮助同学，在她的带动下，班级和谐竞争的氛围蔚然成风；在班务管理、年级学生事务管理上，她认真负责、踏实肯干；在我校各项特色活动中，她总是身先士卒，以饱满的热情、积极的态度，带领本班同学积极参加；在校园合唱艺术节活动中，富于创新的她，与班上文艺骨干一起精心编导演出节目《打起手鼓唱起歌》《古韵流芳》，为班集体赢得了第26届广附合唱艺术节总决赛合唱类二等奖；第27届广附合唱艺术节总决赛非合唱类节目一等奖、最佳服装奖、最佳演绎奖，合唱类三等奖的盛誉。在高二下学期，她还参与了班级微电影《M. E. 6》的摄制。她，是让级长和我称心、省心的得力骨干，更是班级活动的“领头羊”、核心人物。她稳重、担当的领袖气质，她为班级倾心力的付出，得到了师生们的认可，也为她赢得了学校“优秀学生干部”以及“2013—2014学年度广州市优秀学生干部”的美誉。

她，不仅品学兼优，还是个擅书法、懂摄影、单簧管九级的多才多艺的“学霸”。她的硬笔书法曾获广州市第六届中小学生规范书写汉字大赛高中组二等奖，连班级门口都贴着她亲笔写的春联；她曾是我校管乐团团长，她还参与创建了广附黄华摄影社。在担任摄影社首任社长期间，她组织社员进行摄影技巧学习，对学校各类活动进行主题拍摄，参与创办摄影社社刊，带领组员参加“拍好广州”等摄影比赛，为学校争取了多个奖项。

她，始终将校训“做最好的自己”作为座右铭，臻善臻美自我。作为老师，我为有这么优秀的学生感到开心和自豪！作为班主任，我为有这么优秀的班干部感到幸福和满足！

(2)丘子贞自我感言。

从晨曦映衬风帆，
到斜晖铺满行廊。

从烈日炙烤操场，
到晚风轻拂教室。

恩师春风化雨，
同窗手足情深。

大叶榕六度吐翠，
睹我六年青春。

这青春有个名字，
叫作黄华！

欧卫国书记与廖诗琪、叶芷晴、丘子贞同学合影

三、广附“学霸”养成记之2014篇

1. 广附“学霸”采访录

2014年高考，庞景豪、凌枫同学无疑是广附众多学子中的佼佼者。庞景豪同学高考成绩680分，全省第61名，被清华大学电气工程及其自动化专业录取；凌枫同学高考成绩677分，全省第80名，被清华大学机械工程专业录取。

六年前，他们以奥数华杯赛获奖者身份进入广附学习；六年后，他们依依不舍地离开广附校园，赴清华大学开启新的人生篇章。

问题　好的学习成绩离不开好的学习习惯，你们在学习中是如何制订与实施学习计划的呢？

庞景豪 有计划的学习，能使自己的学习效率倍增，明确自己每一天、每一个阶段要学什么。好的学习习惯和计划对提高学习效率而言是很关键的，特别是在高三最后复习阶段，有选择性的进行复习，必须有一个清楚的目标计划，当然前提是要对自己有一个很清楚地了解，认真剖析自己的优缺点，在各学科的优缺点，统筹制定并按部就班的学习。

凌枫 学习计划首先要符合自身的情况，反对僵化的学习。采取反向的方式，通过考试反向寻找错误，找出自己学习上的缺陷，从而通过缺陷来制订相应的学习计划。学习计划不能盲目仓促的制订，需要花上一天的时间来认真思考自己、确定计划。

问题 广附校园有着丰富多彩的社团生活，为学生的成长提供了许多舞台，对社团你们有些什么感悟？除学习之外，平常有些什么样的业余爱好？

庞景豪 初中的时候，主要参加学校的数学社团活动，享受在奥数中翱翔的那种感觉。高中时加入团学会，担任文体部部长，组织策划三人篮球赛、爱心嘉年华等大型活动。和几十个小伙伴们将团学会活动搞得有声有色，不仅是挑战自己的能力，也是高中生活中最值得回忆的一幕。团学会的两年，使我懂得了什么是团队，什么是协作，更懂得了什么是奉献。感谢小伙伴，感谢广附团学会。我平常最大的爱好就是玩电脑游戏，动作射击类游戏，一开始家长反对，但当我自己能合理科学的分配玩和学的时间，学会克制的时候，家长慢慢能够理解，觉得游戏锻炼了我的思维能力。高三的很多时候，周末回家就不再学习，而是痛痛快快地玩场电脑游戏，放松紧绷的学习压力。

凌枫 机器人社团有着我太多太多的美好回忆，初中的时候就加入机器人社团，跟着社团指导老师拆装、编程，那时候我经常利用周末的时间外出比赛，也取得了一点成绩。高中选社团的时候，我毅然选择机器人社团，还开发过 1000 多行源代码的小游戏，虽然离开社团几年，但我喜欢编程、摆弄小零件的习惯仍然没有改变。学习之外最大的爱好就是玩电脑、网游、策略类的游戏。

问题　阅读虽不能改变人生的长度，但是能改变人生的宽度。阅读是一个人终生学习的基础。你觉得哪一本图书或者哪一篇文章对你的人生有很大的启发或者是启迪作用？

庞景豪　喜欢买书，不喜欢借书。初中以前没看什么课外书，这可能跟家庭的读书环境也有很大关系。上高中后，明显感觉到自己的阅读量缺乏，才开始有意识的恶补，最喜欢的杂志是《看天下》，喜欢人物传记，比如李开复传，乔布斯传等。推荐大家阅读图书《乔布斯传》。

凌枫　初中以前看书也比较少，高中的时候慢慢多起来，喜欢读些杂书，找书有一个习惯，一般不看畅销书，而是找一些经典名著来阅读。喜欢《约翰·克利斯朵夫》那句：伟大的心灵永远不会孤独。假如将罗曼·罗兰和乔布斯联系起来阅读，就发现自视过高的人往往交流有障碍，要学会正视自己的缺点。

访谈后，学校将冯友兰的《中国哲学史新编》和安东尼·肯尼著的《牛津西方哲学》送给他们。哲学是一切学科的基础，是学科之母，希望他们在大学殿堂里学有所成！正所谓：今天你以广附为荣，明天广附以你为傲！

校领导与庞景豪、凌枫同学合影

2. 广附学子圆梦波士顿大学

宗耀威，广附国际部高三级学生，被全美商学院排名第四的波士顿大学(Boston College)的商学院录取。宗耀威同学综合素质强，学习成绩优秀，其中SAT成绩2130分，托福107分。2014年暑假，他被纽约大学选拔参加他们的暑期课程，与当地的大学生一起学习生活，期间出色地完成了各项课程和测试，获得校内同学、教授的普遍认可。

“我在2014年10月通过Early Action申请了Boston College(波士顿学院)，并于12月收到了Carroll School of Management at Boston College(卡罗尔管理学院)的Admission Letter(录取通知书)。通过一个并不算出众的标准化考试成绩申请到一所一流的商学院，我认为原因主要是我精心准备的文书，丰富的课外活动和暑假期间争取到的一封来自纽约大学Stem商学院(NYU Stern School of Business)教授的Recommendation(推荐信)。最后我要感谢国际部上下的老师，他们在我求学的道路上指导了我很多——无论是知识还是做人的道理，使我能拥有今时今日的成绩。能在广附国际部这个大家庭度过高中三年，我非常自豪。”宗耀威如是说。

宗耀威

校长、教师以及学生，每一个部分都是广附这个大家庭里不可缺少的一部分，每个部分都做好了，才能让学校向着更好更强的目标发展。在追求好教育的品牌之路上，广附不止步，鼓励每个人都“做最好的自己”，收获更好的未来。

四、广附学子风采录

1. 北大骄子——周舟

周舟，2008年考入北京大学新闻与传播学院。大学四年里自编自导多部微电影获得好评，同时作为北京大学学生合唱团的副团长参加国庆六十周年大阅兵，并参与了多场国内外大型合唱比赛及中外交流活动。2012年赴美攻读传播学，圆满完成两年的学习并荣获优秀研究生称号。下面让我们通过周舟的一篇寄语，来探视她在广附成长的点滴。

我叫周舟，三年前我以较好的成绩考入广大附中。在高中三年的学习中，我经历了酸甜苦辣，考入北大。回顾三年的高中生涯，我实在是感激培育我的广附老师们。他们如同父母般的爱，给了我阳光向上的个性；他们严师般的要求，给了我足以受用一辈子的良好习惯。今天，我在此深深地感谢我的母校，感谢一直以来关心爱护我的师长们。初中毕业，选择什么样的高中就读成了我们家的大事。父亲在网上详尽地研究各校所长，爷爷奶奶每个星期到不同的学校考察，妈妈找不同的老师咨询，我呢，也有自己的想法，凭我的实力我能考上广州市任何一间学校。经过多重因素综合分析，我们一致决定选择校风一流，没有扩招，师资力量雄厚的广附就读。现在看来，我十分庆幸自己当初的选择。

我们当时有几位好同学，他们都以优异的成绩考入比广附更好的名牌中学。在广附的重点班，我以668分的总分考入了北大，我们其他的同学都在广外、暨大上学。不是我的天赋有多好，我只是想说，一个人要选择符合自己发展的学校。“什么是最好的学校?”符合自己发展的学校才是好学校。广附有五十多个学生社团，非常注重学生综合素质的培养，尤其是广附的学生干部在大学大多都成了各个社团的骨干力量。令我感悟最深的是学校的“博士讲坛”，邀请全国知名专家给我们讲课，开拓了我们的视野。我现在深刻地感受到，广附的高中就像大学的“预科”。

我记得在毕业纪念册上，校长给我们的留言是：“出生了，你就无法选择父母，毕业了，你就无法选择学校。常怀感恩和爱，是你们走向人生成熟的最重要的情愫。”广附的三年，我们辛苦并快乐着，广附的教学理念、道德教育至今是我生活学习中的重要部分。

今天，学校要我来为学弟学妹们说几句话，尤其是在选择读高中的问题上。我以为，广州的省属、市属重点学校，在本质上区别并不大，以广附为例，虽然入学分并不高，但本科率却高达90%左右(2008年数据)，我所在的重点班，除两名同学上二本外，其他五十多名同学全部考入重点大学。选择学校的几个重要指标是学校的文化和传统，学校的办学理念、学校的活动、学校的师资条件，还有学校的德育管理。当初我报读广附，一家人高度认同她的校风和优良的管理，她的在“活动中育人”的办学理念，在我们每一位同学身上都烙上了深深的印记。最后我想说：“选择了一所学校，你就选择了一种未来的生活。”

周舟

2. 少年作家——韩星鹭

韩星鹭，女，广州市作家协会会员。2010 年 6 月，被共青团广州市委、广州市教育局评为“广州市优秀少先队员”。中国作家协会会员、一级作家、广东省作家协会校园文学创作委员会王俊康主任曾这样评论韩星鹭：“我特别惊叹小姑娘尤其难能可贵的品质，就是她的反思求进意识。这或许是内因中的内因，画龙点睛的那一点。她敢于在反思中正确认识自己，这也许不算太难。最难的是她勇于在反思中自觉比较、寻找不足，然后给予否定，继而努力寻觅突破创新的口子，这也是一种值得称道的艺术素质。”

她在省以上中学生文学刊物上公开发表 71 篇散文、小说、诗歌等文学作品。个人文集《年华是奔跑的花》已由作家出版社出版，2014 年 7 月在第十二届“叶圣陶杯”全国中学生新作文大赛现场决赛中，荣获“全国十佳小作家”荣誉称号。

由广附高级教师余伟指导的，韩星鹭创作的 30 万字的个人文集《流行爱慕》，亦在作家出版社出版。本书用隽永率真的文字直抵当代中学生的情感深处，是她继出版《年华是奔跑的花》之后，在文学上取得的新成绩。

对于生活和写作，韩星鹭有自己的看法，下面我们就透过她的一篇名为《漂流在海上——关于我的文字》的文章来看一看这个心思细腻、文笔温婉的女生怎么说吧。

掩耳合目的时候，我会觉得我们漂泊在瑰丽的大海上，身边是美丽而危险的水流。在这里，水母的蓝色萤火和银白色的鱼鳍薄情而强大，海豚不能拯救我们，一条鲸鱼便能让我们全军覆没。我们就像电影中那个叫作“派”的少年一样，乘一叶浩渺的孤舟，茫然地在大海中等待一座岛屿。哪怕脆弱得像是庞大宇宙中的浮游物，也能拥抱着红色本子，写下“文字是我唯一的寄托”的话来。

这就是我们所在的世界。

世界上没有全能的倾听者，连知己也做不到。没有人能在所有话题上与你产生共鸣，从“雪是颔首低眉间揉进眼底的忧伤。”到“我对某种教学模式的仇恨几乎让我想写篇刻薄的文章发表在羊城晚报上！”其间夹杂着“比起进口电影我更偏爱国产片。”“我梦见我被人枪杀了！”等等。

但我迫不及待地想要谈到它们，急切得甚至懒得去和别人兜个大圈子绕到我想说的话上，于是我找到了超越知己的存在——Word文档以及一连串的打字声。我用漫长的假期把我这么多年来想说的话像开闸一般倾倒了出来，连童年的细枝末节也没有放过。

与其说文字是我的灵魂伴侣，不如直白地说它是我宣泄的出口。它能把我的声音无论优劣好差尽数吞了下去，再准确无误地传递给我愿意倾诉的人。这比迎风站在山崖上，对着深渊喊得声嘶力竭要轻松了不少，却也一样有着大快人心的功效。

时间是最伟大的治愈师，也是最愚昧的刽子手，它天真地以为割除痛苦的部分便能减轻我们的痛苦，就好比认为截肢手术会让病人觉得无比幸福。药物过量会杀死体内的有益细菌，时间会在无意间剥离美好的东西。名字念得少了就会变成生涩的新词，好朋友牵着手跑着跑着就散了，散着散着就再也找不回来。我甚至会困惑我和她们之间的藕断丝连是因为曾经共同经历过笑与泪，还是简单地需要一个玩伴。

直觉告诉我这些故事不应该被荒弃，我应该在它们的容颜老去前留下它们最美好的样子，就像永不苍老的画中仙。如果没有一柜子的相册，我或许会过早地忘记这些活泼的小段子，三个好朋友在白云山脚下的鸣泉居喂鸽子放风筝，或是趁警察不在偷偷爬上机场的巡逻车。我甚至不记得某个小学同学是否在毕业那年拥有了一个亲妹妹，但我至少可以把这些烦琐的事情记下来，存入电脑或纸张永恒地储蓄。

如果这些故事在兵荒马乱中愈发残破，那么我要用石头刻字护它们周全。如果大海的涛声会洗掉沙滩上的凹槽，那么我要用袋子把沙砾兜回家。我要阻止它们的风化，直到我坐在躺椅上白发苍苍。那时的我说不定会捧腹大笑吧，但至少在此刻，我要严肃地对她保证一句“如假包换”才好。

我曾度过这样一段消极而敏感的日子。那时我被“中考成绩”和“毕业典礼”这两个沉甸甸的未知数压迫，没日没夜地宅在屋子里写散文。既不能出门又见不到同学，我只得面无表情地直面电脑辐射，不想哭也不想发火，甚至怀疑这是否是抑郁症的前兆。我无法说出轻快的话语，也拒绝看打着“贴近生活”的旗号的模范文学，毕竟坏学生在听了好学生的说教后应该一个耳光扇过去，而不是低头说“对不起，我错了”，然后两个和语文教科书一样虚伪的小家伙手拉手向着太阳边跑边说，“我们是好朋友呢。”这样太伪善了不是吗?

我沉溺在这样的囚禁中，有文字纵容我，但它不能让我得到解脱，它会让我无休止地陷入消极的泥潭，从感知到融化成麻木且悲哀的淤泥。这是文字让我又爱又恨的魔力。直到发生了一个小小的突发事件——书房的空调机忽然不再制冷，于是我被迫转移到长辈卧室里一张软塌塌的床垫上去睡午觉。床垫挨着巨大的向阳飘窗，有阳光乘虚而入穿透窗帘单薄的躯壳，亮堂堂，暖融融。我想我不会忘记当我拉开窗帘后窥视到的风景。柔光温暖了行人的脸，呈现出毛茸茸的质感，哪怕楼下的气温其实很可能煎熟一个鸡蛋，我也只会想到热腾腾的拿铁咖啡或是懒洋洋的午后的猫。都是很矫情的说法啊，但如果不是这或多或少在作祟的矫情，我或许不会那么迫切地想要出门走走了。

世界多么美。

有时候会为了一篇散文而在小区里漫无目的地兜圈子，美其名曰“找童年”。自以为衣服口袋里揣上一支笔和一个小本子就是小记者招摇过市，迈着优哉游哉的步伐，像游吟诗人一样用挑剔而陶醉的眼光收纳藏在每一个角落里的感慨。别人都会觉得很奇怪吧。喂喂别用这种眼神看着我，我不是疯子，真的。

停停走走一个多小时，本子上写满了“轻而易举地跳上了当年说什么也爬不上的小丘”，“可以沿着干涸的河床一直走”，“三年前在沙坑里埋下的一元硬币被挖走了”等等。如果不是突发奇想的散文我不会贸然前往这些熟悉的领地，我低下头，瞥见非主流的本子右下角有一行小字，“我是不是老了?”物是人非的疏离让我有些窒息，也可能是天气太热。

父母说我关显示屏关得比什么都快，哪怕把开门的声音减轻到了极致，也窥探不到文章的半个字眼。所以他们一般会得出一个结论：我在玩电脑。

其实每个文章处于现在进行时的作者都脆弱得不堪一击，尤其是篇幅稍长的时候。我就是这样，哪怕正把键盘敲打得如鱼得水，我也能在一句漫不经心的来自旁观者的评价中败落下来，“我怎么没看出这有什么意思?”“这个名字我不喜欢，你一定要改。”“废话有点多了。”“你到底想表达什么?”……其实都是善意的，也有很大成分是因为没有阅读全文，但我即使表面上一副无所谓的样子，内心里那一点微薄的自信也会被尽数击溃，以至于严重的话会因为失去足够的斗志而无法支持我继续下去。就像一个越吹越大的气球，快要膨胀成它最理想的形态了，却是有一根绣花针，轻轻地触碰了它一下。于是它颜面尽失地爆破了，响亮地宣告了失败，而且再也无法恢复完全。

这只是一根小小的绣花针啊。所有人都会这样想。

但我还是尽可能地躲避带刺的东西了，我甚至会看似很不虚心地请一些说话比较和气的人来评价我的半篇文章，与其说是听取建议，不如说是索求鼓励和赞美，因为我往往会诚惶诚恐地添上一句，“我没让你说缺点!”

我就是这样脆弱得不堪一击。

我迟迟不敢写小说。不是觉得自己不够强大以至于毁掉十来年的过往——还有什么比过往更美丽？也不是守财奴一样把自己的故事藏着掖着就是不把它们放出来晒晒太阳。而是一点怯弱，“写出来会被所有人嘲笑死的吧?”“那个谁谁谁看到了会不会生气呢?”“如果结局不是大团圆的话他们会不会觉得我是在诅咒他们呢?”“可能大概应该不会来找我麻烦的吧。”……

然后就一直为这些犹犹豫豫的，直到我找到了光明磊落的借口，“文学是需要虚构的。”可能会看到熟悉的人和事，“啊这不就是某某某吗？”“原来某某在你眼中就是这样子的啊。”但我可以名正言顺地逃避这些，因为每个人物都是掺和成一团色块的颜料，本色的纯白，别人眼中的大红大紫，我眼中的蔚蓝，再抹上背景需要的黑灰，美感需要的浅粉，幽默需要的暖黄等等，什么都蘸一点，什么都涂一下，最后融合成一个看不出所以然的颜色，于是再也不能用纯白或是蔚蓝来定义，虽然依旧能看得出真实的影子，但怎么猜想都觉得似是而非。

“你这明明就是某某某嘛！”

“嘘——”

哪怕海上风暴卷走少年派的红色本子是为了偿还他一汪淡水湖和一座狐獴遍野的岛屿，哪怕这座麦田般美丽的岛屿能让人生存下去，我也宁愿像抱着救命稻草一样死守着我的日记。与其在日记和岛屿中选择岛屿，不如与海洋的万千银鱼漂游在一起。

毕竟文字比起狐獴来得更让人安心。

韩星鹭

第九章　第三只眼：我们的学校有多好

一所学校的好与坏，不仅源于自信，还来自于外界的评价。作为一所年过半百的学校，我们有着坚固的根系，历经时间的打磨，继往开来，在一代一代学校领导的带领下步步攀升。特别是最近十年来，广附更是取得了可喜可贺的成绩。

旁观者清，用“第三只眼”看广附，对学校来说，既是挑战又是鼓励，学校可以通过别人的视角来看待自身的优势与不足，外在的评价就像一面镜子一样，重要的是你在看它的同时要能看到自己。除了学校自己之外，“第三只眼”可以来自很多方面，有新闻传媒、家长同行以及社会和政府方面等。下面，我们一起看看“第三只眼”中的广附。

第一节　媒体之窗看广附

媒体就像一个万花筒，我们可以从中看到精彩缤纷的生活。对于广附而言，媒体有校内的也有校外的，比如校内媒体主要有校园网、微信平台、校报等；外媒则主要是各大电视台和各大报纸。

一、爱心行动流芳诸媒体 对口帮扶遍及省内外

我们每个人在这个社会上都不会是一座孤岛，我们需要他人，他人

也需要我们。当你温暖了他人时，收获的不仅是一声真诚的感谢，同样收获了自己精神生活的富足。俗语说："赠人玫瑰，手留余香。"广附一直以来都在坚持用自己的行动传递着一份份温暖。

2007年1月9日，《南方都市报》有这样一篇报道，广附教师和高二年级学生代表到广州市孤儿院探访，他们用在校内募捐的1万多元款项为孤儿院买了新书和物品，让孤儿院的寒冬不再那么冷。

这一年广附的爱心脚步才刚刚开始。2007年2月11日，在邓云洲校长的带领下，广附一行来到粤北清新县，为飞来峡二中、白湾中学、珠坑中学捐赠价值30多万元的教学物资。不仅如此，邓校长还表示，学校将会进一步关注和帮助贫困学生就学。从2007年9月开始，高中部将特设40个优惠指标，面向全省招收贫困优秀学生。清新县的领导十分重视该项活动，亲自对广附师生表示了感谢。媒体各界也对广附的这项活动进行了追踪报道，比如，广东卫视和广州电视台对捐赠仪式进行了报道，而《南方都市报》更是赞誉广附"扶贫而不居高临下"。

2008年5月12日，神州大地被一件事心心相连，这就是汶川地震。这个时候广附自然站出来伸出援助之手，秉承一贯的行善为爱的行为。广附为那些因地震而不能学习的灾区学子准备了最好的班级，供他们免费借读，让灾区的学生感受到了广附的温暖以及大难下的大爱。广东卫视、《新快报》等多家媒体特地对此进行了专门报道。

除此之外，学校每年都举办"爱心嘉年华"活动，让学生们参与到活动中，学会感恩、分享，学会互相帮助，奉献自己的爱心。

广附一直坚持的温暖行动还有对薄弱学校的帮扶。2014年5月，根据《广清教育对口帮扶2014年度工作计划》，广附与清远市第一中学建立对口帮扶关系。邓校长向清远一中全面介绍了广附近年的教学教改特色，期望两校本着优势互补、实事求是、行必有效的原则，建立全方位对接模式，并将帮扶工作细化。根据"一中所需，广附所能"的主题，立足以学校特色教学、优势学科为引领，全面辐射，从学校管理、制度建设、队伍建设、教学教研、德育实效等多方面实现对口交流与帮扶。

2014 年 10 月 28 日，我校与韶关市始兴县教育局在大学城校区签订了对口帮扶协议。始兴县副县长刘胜春介绍了始兴县的教育改革情况，高度评价了广附十年来的办学成就，并希望在怎样有效提升教师的教学水平和能力，以及基础教育的出口怎样找到突破口两个方面，得到广附的帮助，帮助全县破解教育瓶颈、走出困境。邓校长在会上表示，应该发挥双方各自的优势，共同关注山区教育的发展，并对帮扶合作提出了许多具体的建议。

2015 年 3 月 27 日，为贯彻落实广东省“千校扶千校”行动第二周期帮扶计划，进一步有效推进教育均衡发展，广附向韶关浈江中学捐赠了码洋 59000 元的图书共 1234 册。校党委原书记朱东平同志带领我校初三年级中考会考科目骨干教师，到浈江中学进行交流活动，骨干教师们就学校、年级的德育特色和管理方法，以及面上总体备考计划做了精彩汇报，并结合广附特点，分别对数学和英语学科的中考备考计划、策略与实施等方面做了全面细致的介绍。浈江区教育局副局长李沿生对广附的帮扶活动给予了高度评价，并感谢广附给浈江地区教育理念和教学思想做出引领和指导。此次活动，达到了相互促进、优质资源共享、共同进步的目的。《韶关日报》《广州日报》，以及韶关电视台等多家媒体对帮扶活动进行了采访报道。

2016 年 7 月 21 日，在欧卫国书记等校领导的带领下，我校第四届全体国防班学生 200 余人前往贵州开展“重走红军长征路”活动。在为期 8 天的活动中，广州电视台、《羊城晚报》社、新浪广东三家媒体全程参与，学校官方微信同步推出“重走长征路”系列报道。校领导和国防班老师们带领国防班学生参观了四渡赤水纪念馆、赤水红军烈士陵园、遵义会议会址、息烽集中营、王若飞故居等地，向烈士们敬献了花圈，并在娄山关进行了10千米拉练。

“雄关漫道真如铁，而今迈步从头越。”回首长征路，重忆长征史，是我们国防班学子送给长征胜利八十周年纪念的献礼。水流千里终归海，山川在见证；长征精神要薪火相传，我们不会忘记。为了深刻地体悟长征精神，国防班还走进了土城镇乡村小学少年宫，开展两校手拉手帮扶活动，并向土城小学捐赠1000册图书，同时，还正式确定了手拉手帮扶关系。

2014年5月，广附与清远一中签约对口帮扶

2014年10月，广附与始兴县教育局在广附大学城校区签订对口帮扶协议

2015年3月，广附向浈江中学捐赠图书1234册

广附及广大附小与土城镇
小学开展手拉手帮扶活动

李卫副校长代表学校向土城镇小学捐赠图书

国防班学生接受广州电视台记者采访

二、中国教育电视台报道广附英才培养计划

广附在素质教育方面独树一帜，在“以生为本”理念的指导下，广附尊重每一位学生，挖掘学生的潜能，培养其所长，锻炼其所能，希望每一个孩子都能“做最好的自己”。近年来，广附培养了很多优秀的学生，很多学生现在成了社会各界的人才、精英，得到了社会各界的肯定。这不，2015 年 4 月 5 日，中国教育电视台《请教请教》栏目以《天才培养计

划》为主题，以广附九年级15班杨承熹同学的学习成长经历为切入点，邀请杨承熹同学的竞赛辅导老师王晓鹏老师、杨妈妈詹广平女士做客节目，制作了45分钟的专题节目，介绍和分析了杨承熹同学在广附的成长轨迹。

《请教请教》栏目常以新闻事件或热点话题为切入点，立足教育，服务教育，用优秀的教育理念提请全社会注重教育，节目每期都精心选择若干教育界人士与心理学家组成专业团队，把专业的教育理论化为对实际问题的指导，帮助更多人了解受教育者的特性，了解教育的规律。

本期节目高度评价了广附的教育模式，对广附的教育理念进行了充分的肯定，在节目中多次强调广附“注重素质教育，因材施教，注重学生全面发展，这种培养教育模式，值得借鉴”。

三、《学校品牌》杂志对广附的专题报道

一所名校，不仅要围绕着师生的教育教学活动展开，也要注重学校的品牌建设。2008年10月，《学校品牌》杂志的“名校解读”栏目对广附进行了专访报道。报道中以“以一个实干家的眼光求索治校之道”为题，对邓云洲校长进行了专访，并且报道里还重点介绍了广附的特色活动：语言文化节、DJ大赛、爱心嘉年华、毕业典礼等。这次宣传报道全面介绍了广附的办学情况，重点介绍了广附的办学亮点，进一步提升了广附在社会上的美誉度。

《学校品牌》杂志如是报道：“广附在教师队伍的建设上有一套严谨的制度和具体的实施方案。实行三级教师培养制度，较好解决了老、中、青教师的衔接，另外学校还通过专题培训相结合的办法在教学理念、教学能力、教学评估、教师师德与态度等方面努力提升教师的专业素养，实现教师的阶梯式发展……通过一个个社团建设，广附解决了学生自身的爱好问题，实践证明广附是成功的，对学生的综合能力的培养成绩是显著的……博士论坛、毕业典礼、爱心嘉年华、数学文化节、语

言文化节等一系列活动，提升了全校师生对学校文化的认同感，为师生营造了和谐发展的精神家园，切实促进了学生的全面发展。”

四、媒体对广附国防班的连续报道

在高中办国防班，广附的这一创举得到了社会各界的关注。

1.2012年全国首家高中“国防班”落成广附

自2011年9月始，在广州军区选培办的大力支持下，广附的国防课程和高中“国防班”开始了一系列的筹备工作。2012年，对于广附而言注定是一个值得铭记的年份，同年5月，广东省教育厅和广东省军区政治部联合下发《关于确定广州大学附属中学为广州军区国防生源基地的通知》(政选〔2012〕6号)，并在黄华路校区举行了广州军区国防生源基地揭牌仪式。2012年10月11日下午，全国首家高中“国防班”开班仪式在广州大学附属中学大学城校区举行，军地双方正式签订了共同培养国防后备人才协议。

广附这一开创性的特色班级，一时间成了媒体各界关注的焦点：10月12日，中央一台《新闻联播》、中央十三台《新联直播间》、中央七台《军事报道》等栏目报道了全国首家高中“国防班”开班仪式。《战士报》《南方日报》《羊城晚报》和新浪、凤凰、搜狐、腾讯等各大报纸和网络媒体也进行转载。11月6日，《解放军报》(内参增刊)刊登了反映广东省军区在广附开办国防班经验做法的文章。

经过2012年国防班的“试水”成功，自此，广附每年招收国防班，且年年创佳绩。媒体称广附的创新办学很“牛”，称国防班的学生是“文武双全”；媒体还评价这些“军味十足”的广附国防班的学生们有了一个“磨砺顽强作风，培养优良品格”的机会；甚至2013年、2014年广附招生率得到明显提升之后，媒体分析，这充分体现了国防班的优良带动作用。总之，用现在流行的话说就是“广附让我们涨姿势啦!”下面就让我们一起领略一下媒体视角下广附国防班学子的飒爽军姿吧。

下面这幅图是2012年8月27日，《羊城晚报》一幅名为“广大附中首年招收的国防生，英姿飒爽”图片。一个个中学生穿上军服之后，阳刚之气势不可当。

广附国防班学生进行军事操练

接着一幅图，是2014年8月19日《羊城晚报》一幅名为“广附国防班，首次集体亮相”的报道中所附的照片，在他们身上，我们看到了青春和力量！

国防班新生军训

2. 首届“国防班”迎来第一批高中毕业生

2015年，广附“国防班”迎来了它的第一批高中毕业生。三年前，这些学子百里挑一，被选入国内首个高中国防班。如今，经过磨炼，他们的精神和身体各方面都得到成长，顺利毕业。

2015 年 5 月 17 日，省招生办会同省军区招生办在广附大学城礼堂召开广东省 2015 年军校和国防生招生信息发布会暨广附国防班报考专场咨询会。省军区政治部和招生办、省招生办领导，驻广东签约高校军选办负责人，国防科技大学、海军工程大学等军校招生办代表，广东省内媒体，广州市部分高三年级考生和家长约 800 人参加了活动。活动结束后，广东卫视、南方卫视、凤凰网、新浪网、《南方日报》《广州日报》《信息时报》《羊城晚报》等媒体全方位立体报道了此项活动。

《南方日报》在 2015 年 6 月 12 日报道了身穿军装参加毕业典礼的广附首批国防班的毕业生们："他们以一致的步调、标准的军姿，展现出国防后备人才的飒爽英姿……与普通班相比，国防班每个星期会多一个单元的军事训练，增设军政理论、国防科技等与军事相关的课程，并且实行准军事化管理……由于学生以学业为主，准军事化管理主要是通过严格的制度加上柔性的关怀对学生加以管理。"《信息时报》也在 6 月 12 日报道"叠豆腐被、打军体拳、听国防讲座……全国首家高中国防班的 70 多名学生三年'军味十足'的高中生活……首届进入广大附中国防班的学生，都是当年中考十里挑一的苗子，学校举全校之力抓国防班，减免他们高中三年学费、择校费共 500 万元。到今年毕业时，共有 70 多名学生从国防班毕业，即将入读心目中的军属院校。"

《解放军报》在 2015 年 11 月用大篇幅对广附国防班进行了详细报道，现引原文如下。

广东省军地开办全国首个高中"国防班"

……记者从有关部门获悉，今年首届毕业的"国防班"不同凡响：超过半数的毕业生志愿报考军校或国防生，其中被录取的 21 人平均分超过重点本科录取线 41 分。如今，这个班已成为广州高中特色课程班的亮丽品牌，备受军地各界关注。

开办“国防班”的初衷，还得从几年前的一份调查报告说起——广东省作为高考生源大省，报考军校和国防生的人数却一度在全国排名靠后，计划和录取比例还不及全国平均水平的五分之一。以 2012 年为例：广东省高考 650 分以上的有 1880 人，但报考军校或国防生的才 11 人，仅占总数的 0.59%。

与此形成鲜明对比的是“出国热”。就拿广州市来说，大部分师资力量雄厚的中学都开设了“国际班”，不少学生高中一毕业就选择出国留学。国内外一些知名大学也纷纷通过建立生源基地、自主招生、设立高额奖学金等措施吸引优质生源。

基于这些现实情况，广东军地领导清醒地认识到：如果因循守旧被动等待，军校和国防生的生源就会受到影响，必须在开拓创新中突出重围。

突围，路在何方？经过反复调研论证，广东省军区在总部支持下大胆创新，尝试依托办学水平高、校风学风优良的重点中学开办“国防班”，把国防人才的关口前置到高中阶段。

经过实地考察，具有 60 多年光荣历史、前身为“东北民主联军南岗干部子弟学校”的国家级示范性普通高中——广州大学附属中学，最终被确定为开办“国防班”的试点学校。

2012 年 9 月，经过政治审查、文化考试、面试体检等层层筛选，首届 100 名学生从 1300 多名报考者中脱颖而出，进入全国首个高中“国防班”。

“突出部队特色、传承红色基因，是‘国防班’教育管理的最大特点。”广州军区“国防之星”——广州大学附属中学校长邓云洲介绍，他们本着注重文化学习、军政培养适度的原则，按照以学校为主、军队全程嵌入、军地联合培养的思路，推动部队传统融入办学理念、军营特色融入管理模式、军政理论融入课程体系。

采访期间，适逢“国防班”学生赴海军陆战学院进行军政集训。记者翻阅集训课表看到，他们集中开展了政治理论、军事理论、军事技能等4方面课程，重点学习条令条例、军兵种知识等军政理论，以及单个军人队列动作、轻武器射击等基本技能。

据介绍，“国防班”参照军队院校学员队管理模式，每周组织一次早操、一次军事体育锻炼，每学期举办一次国防知识讲座，节假日组织开展军事实践、参观见学、军事训练等活动，在点滴之中融入军味兵味，增强青年学生对国防和军队的认同感。

“孩子到军校报到，队干部见面就说他特有军人气质!”已考入军事经济学院的“国防班”学生周加镕的父亲对记者说。

与周加镕一样，在长期的磨炼养成中，这个班的每名学生身上都打下了深深的“国防烙印”：所有学生都能按照军队条令条例要求规范内务、作息操课、集合点名；95%以上掌握了单个军人队列动作、军事理论基础知识、基本军事技能，会唱革命歌曲、讲传统故事；90%以上毕业时达到新兵入伍体能达标标准。

经过3年的探索实践，“国防班”以鲜明的军事特色广受赞誉。在广州市各类高中特色课程班评选中，“国防班”综合排名第一，被作为全市27个高中特色课程班重点立项。同时，该班《国防教育课程》入选普通高中重点特色课程。该班所在学校先后被评为“国家安全教育示范基地”“广东省青少年军校基地”。“国防班”展现出了良好的示范效应，在岭南大地掀起一股携笔从戎的热潮。据统计，今年广东省军校和国防生报考人数较去年增加28%，招生计划增加30%。广州市初中毕业生报考国防班持续火爆，3年间录取分数线共提高了34分。

广东省军区政治部选培办主任张迪良介绍，下一步他们将积极推广

“国防班”的经验，在更大范围内逐步推开，带动更多中学参与其中，从源头上提高国防后备人才选拔质量。

国防班学生进行 10 千米拉练

3. 国防班学子重走长征路

2016 年，是中国工农红军长征胜利八十周年。作为有着红色革命传统的广附，在暑期组织开展了为期八天的，以“弘扬长征精神，同筑中国梦”为主题的重走长征路活动。该活动由学校党政一把手带队，广州市教育局指导支持，广州电视台、《羊城晚报》社、新浪广东三家媒体全程跟进直播，第四届国防班全体师生 200 余人全员参与。

下面，我们转引《羊城晚报》2016 年 7 月 28 日的专题报道，来感受中国首次中学生重走长征路的全过程。

好酷！广大附中国防生用自己的脚步丈量长征路

“雄关漫道真如铁，而今迈步从头越。”为了纪念中国工农红军长征胜利八十周年，作为有着红色革命传统的广大附中，今年暑假组织国防班约 200 人的队伍浩浩荡荡往贵州进发，开展“弘扬长征精神，同筑中国梦”为主题的重走长征路活动。羊城晚报记者应邀随团一同前往。

遵义会议、四渡赤水，抢占娄山关……广大附中国防班的学生追随着革命先烈的脚步，在徒步拉练中重温长征史，追寻惊心动魄的红色记忆。

重走“四渡赤水”，缅怀革命先烈

21 日，广大附中即将升上高二的约 150 名国防班学生，分成 4 个营共 15 个连队，穿上整齐的军装，登上从广州开往贵阳的高铁。

《羊城晚报》记者发现，不同于普通的学生游学团，国防生的出行纪律性非常强，集合动作迅速，无人喧哗，几分钟内就可以全部归位。列车上，国防生们并没有成为玩手机的“低头族”，而是由教官组织开展了一场朗诵革命诗词的活动，一阵阵嘹亮的军歌，一首首动情的革命诗词，让学生提前感受到红军长征那激情澎湃的革命岁月。

五个半小时的高铁将国防生带到了贵阳。第二天一早，队伍赶往 80 年前红军长征的重要地方——赤水，那里曾发生红军“四渡赤水”的伟大战役。

汽车穿过崇山峻岭才来到赤水的丙安古镇。脚下湍急的赤水河，涌动着一个个若隐若现的小旋涡，远处斜阳下单薄的铁索桥的残影，将国防生们带进了当年红军长征的那些日子。虽然脚下的路已不像以前那般崎岖不平，但狭窄的山道还是颇为惊险，穿过弯弯曲曲的山道，爬上一段近 90 度的布满青苔的陡峭斜坡，才走进当年红军驻地的丙安古镇。这一路，对多数平时接受过训练的国防生来说并不算太难走，但也有些学生汗流浃背、气喘吁吁。不过，他们仍然保持整齐的队伍，举着队旗，阔步向前。

在丙安古镇，国防生参观了红一军团陈列馆，馆内展出了当年红军一渡赤水的作战线路、用品等，有学生停下来仔细研究作战线路，看到当年红军高超的战略战术，穿插迂回，不禁拍手称绝。“感觉比在书本

国防生登上丙安古镇，当年红一军团在此会师

上看到的更深刻、更震撼。可以想象到当年红军有多艰苦。”

告别丙安古镇，队伍直奔赤水红军烈士陵园，在丰碑下深切地缅怀先烈。“这只是四渡赤水牺牲的烈士，古今以来还有更多的战争，更多献身的战士们，我们怎么能忘怀?”国防班 1 营的刘兆森说。

牵手土城小学，烈日下展军人风采

红军不怕远征难，万水千山只等闲。23 日，广大附中国防生重走长征路继续启程，这一站抵达的是千年古镇——土城，这里也是一块红色圣地。当年土城(青杠坡)战斗就是毛泽东在遵义会议后亲自指挥的第一战，土城是四渡赤水河第一渡口。

除了参观四渡赤水纪念馆，深度了解毛泽东自称“最得意之笔”的这一战役，国防生还来到了土城中心小学，与该校开展结成手拉手学校活动，向他们捐赠 1000 册图书。同时，土城中心小学与广大附小结成对子学校。

现场，炎炎烈日下，踩着滚烫的土地，国防生为土城中心小学的小朋友展示了站军姿、队列和军体拳表演，他们威武帅气的表演，让现场的小朋友很是崇拜。

国防班2营的女生丁欣然，担任重走长征路全程的旗手，她告诉记者，那一天在土城中心小学，站在热辣的太阳底下，有种快中暑的感觉，全身湿透，但要保持站姿不动，班旗屹立不倒。“既然选择了扛旗，就一定要坚持住。”她在内心不停地暗示自己。

身材高挑、皮肤晒得黝黑的国防生陈罡，扛的是广大附中的校旗。“汗水都滴到眼睛里了，有些苦涩，但我不能动，更不能用手去擦汗。”陈罡说，这一路走来，他的人在哪里，旗就在哪里。

重走四渡赤水路，参观纪念馆

娄山关10千米拉练，追忆红军长征之艰辛

24日，重走长征路过程中最艰苦的时候到了——娄山关10千米拉练。在山下，望着连绵不断的山脉，身材瘦小的国防班女生林悦滢心里有些忐忑了。“天气很热，我怕自己体力撑不住。”刚开始，是一段很长的天梯，林悦滢跟着大部队不断向上爬。为了给自己鼓劲，大家开始拉歌，一路军歌嘹亮唱响，“没想到越唱越有劲，全身的气被提了起来，浑身都是劲。”林悦滢深刻感受到，原来在最辛苦的时候，只要保持乐观也能很积极地坚持下去。

脚步没有停歇，队伍一鼓作气登上了娄山关的小尖山，校旗和国防班旗在山顶迎风飘扬，国防生在山顶远眺壮观的如海苍山，想象着红军战士翻山越岭的场景。“他们那时要负重行军，还要时刻提防着后面的追兵……”刘兆森脑子里在联想，万般感慨，思绪在翻滚。

“是强大的必胜信念和直面苦难的智慧支撑他们不断向前的勇气，长征精神，不应该只是书本上的只言片语，应该被赋予时代气息，我们也要不怕苦，敢于直面苦难。”林悦滢说。

国防班女生刘玉也坦言，生于和平年代的年轻人，不应该忘却这段红军长征的历史，不能让遗忘成为遗憾的温床。“牢记历史，不忘最初的信念与理想，才能不让‘爱国’淡化成政治课本上一个抽象的概念。”

全程10千米的盘山公路拉练，同学们的士气没有一丝锐减，“一、二、三、四”的口号声响彻云霄，在群山之间回响。各营甚至还赛起了军歌，一阵高过一阵。一路上，激情澎湃的红歌、整齐划一的口号、铿锵有力的步伐，无不引来路人注目、拍照。“一点都看不出来是学生，完全是军人的精神气儿。”一位路过的老伯如是说。

国防生登上娄山关顶，校旗、班旗迎风飘扬

告别娄山关，一路向前！国防生重走长征路的队伍还前往三渡赤水的茅台镇，遵义会议旧址、息烽集中营等留下红色革命足迹的地方参观，追忆红军长征的诸多细节。

25日晚上，一抵达贵阳，国防生又进行了一场“弘扬长征精神，同筑中国梦”为主题的演讲比赛。《羊城晚报》记者发现，国防生用自己的脚步丈量过长征的历史，用自己的眼睛目睹了长征历史之后，讲述起长征的历史更显得有血有肉，流露出的感情更加真切。

国防班并不苦，训练是一种放松

很多人听到国防班，就会觉得学生平时肯定会过得很苦。但是，广附国防生却告诉记者，其实国防班只是比普通学生训练稍微多一些而已，学习时间并没有少太多。相反，训练对他们来说是另外一种形式的放松。

女生杨雨弥中考时没有考进国防班，在高一下学期毅然选择转入国防班。“我喜欢国防班严谨的环境，喜欢这一身军装带来的纪律性和自豪感，时刻提醒自己要做榜样。”

广附国防班军政总教官雷鹏俊，训练时对学生要求很严格，但平常却是学生的知心朋友。“这次出来，我们规定如果违纪，立即签名离开国防班。”在雷教官看来，对国防班学生进行体能训练，目的在于培养学生气质。“国防班经常200人一起训练，团队精神很强，自律性和心理素质都特别强。这是他们跟普通班学生的不同之处。”

“现在很多孩子娇生惯养，没有斗志，国防班就是要培养学生争强好胜的意识。”据雷教官介绍，学生进入国防班的最大障碍是怕吃苦，但只要坚持一个月学生就可以适应，一年时间在形象气质上就会有很大的变化。

据介绍，国防班的男女比例是6∶4，但女生不再是清一色的娇娇女，而是由很多被磨炼出来的女汉子担任骨干，跟教官称兄道弟。“对我来说，学生颜值高、成绩好都没用，最关键的是有气质、心理素质和管理能力。”雷教官说。

据广附党委书记欧卫国介绍，该校开办国防班特色课程，除了让高一国防新生走进军营之外，高二还会带着他们开展红色革命之旅，高三会去科技大学见习，增强他们的国防意识，确定立志报国的方向。

据介绍，2016年，国防班高考重本率达98%，平均分超重本线60分。六成学生考入国家985、211重点院校，其中20位学生考入中国人民大学等高校及各级各类军校。

提醒：新一代要有忧患意识

全程一起重走长征路的广州市教育局体卫艺处副调研员华峰表示，广大附中国防班学生在重走长征路上表现出良好的精神面貌、组织纪律和团队意识，让众人看到了“少年强则国强”的信心和力量本源。

“苦不苦，想想长征两万五；累不累，想想革命老前辈。”当前，社会上很多人认为00后不能吃苦，华峰认为，虽然现在重走长征路的历程，跟80年前真正的长征相比根本不算什么，但一路走来，特别是经历10千米的拉练，证明学生是能吃苦的、吃得苦的。社会、学校、家长要给更多的机会，让学生经历多种形式的磨砺，培育坚强的意志品质。

“国防班的学生一定要有担当。”华峰说，天下虽安，忘战必危，新世纪的第一代人应该要有忧患意识、责任意识，更加自觉地担起国家复兴的重任。同时，对历史知识学习还要更广博、更深入，“长征有很多东西值得学习，我们要从历史中汲取前进的动力”。

五、从“出口”看“入口”，广附“加工能力”领跑“前八俱乐部”

广附的“加工能力”在广东省小有名气。在学生的培养上，广附有一套独特的行之有效的办法。2014年7月7日，《广州日报》在“广州高中前八校，招生谁领风骚”一文中，全面梳理了广州市实力最强的前八所名校招生育人的情况，“惊呼”广附：“‘跃升’到今年高考重本率的第五，显示出强大的‘加工能力’。”

排名变迁原因何在？《广州日报》在文中提出：

不妨关心教学转化率……简言之，就是从“出口”看“入口”……这 8 所学校各自的“加工能力”如何呢？记者选取今年高考各校重点率排名，与三年前同一批学生参加中考时，各校的录取公费分数线排名进行了对比。当年，排名第一的是华附，公费线 740，第二为省实，728。执信、广雅分别以 724 分、718 分名列第三、四名。第五至八名分别为二中、六中、铁一、广大附中。

对比两份排名，可以看见部分高中的座次有所不同。其中广大附中的排名变化引人注目，该校以三年前第八的录取分，“跃升”到今年高考重本率的第五，显示出强大的“加工能力”。

六、媒体对广附新校区落成的关注

教育事业欣欣向荣，预示着祖国的未来和希望。广附新校区的筹建是政府、社会以及学校等共同关注的事，它是现代化教育的新起点，意味着有更多的教育资源将面向群众，孩子们有更多的机会接受更好的教育。

2010 年 1 月 10 日，广附大学城校区基本竣工。它在广州大学城落成、绽放，顺利竣工运行，给广州市教育界带来了又一个“福音”。《广州日报》社、《羊城晚报》社等多家媒体的记者首次进入大学城校区进行采访。从此，一个全新的高配置型校区诞生了。作为广州市重点建设的 24 所示范性普通高中之一，广附是进驻大学城的唯一一所中学。学校处于大学城的中央，被各大高校环绕，被誉为“大学怀抱中的中学”。广附的学生不仅可以享受到大学城的公共资源，同时，也可以感受到大学离自己只是一步之遥，只要自己靠勤奋与智慧奋斗，也可以实现梦想。

2010 年 5 月 21 日对于“广附人”而言，注定是一个值得铭记的日子，就在这一天，广附大学城校区举行了隆重的落成典礼。这场典礼可谓声势浩大，一时间成了羊城的重大新闻。广州市发改委、广州军区联勤部、执信中学等二十家友好单位的代表出席了本次典礼活动，广东省电视台、《广州日报》等多家媒体对活动进行了报道。

自大学城校区落成后，广附又先后开辟了金沙洲校区、花都校区、黄浦校区、南沙校区，还创办了附小、幼儿园，至今形成"一校八区"从幼儿园到高中的"大广附"办学格局。在这片校园里，"广附人"不负社会的关注与期待，不断创造着新的神话与奇迹。

2010 年 5 月，我校新校区落成，作为大学城岛内唯一中学引发媒体广泛关注

第二节　家长同行评广附

2005 年以来，广附学校领导班子坚持依靠全体老师，关心老师们的工作和生活，通过"搭台子，铺路子，压担子"等方式，坚持不懈地开展"强师工程"，全面提高教师素质，造就了一支业务精湛、充满活力、勤教爱生、敬业奉献的高水平的教师队伍，形成了敬业乐教的良好精神风貌。

目前学校近400名教职员工，平均年龄三十岁，是一支非常年轻、活力十足的队伍。学校抓住年轻教师可塑性强的特点，通过“园丁之星工程”和“分级教师培养制度”，让新教师能尽快站稳讲台，让骨干教师能尽快形成自身的教学风格，让专家型的名教师发挥辐射带动作用。

一、值得家长同行认可的广附师资力量

十年来，广附教师的专业发展取得实质性突破，2014年，广附有3人担任广州市学科教研会会长或副会长，50余人担任广州市各学科中心组、研究组成员。学校现有省南粤优秀教师3名，市级优秀教师12名，省骨干教师3名，省名师培养对象1名，市骨干教师3名，国培骨干教师1名，等等。

据不完全统计，近十年来全校教师共获得国家级、省市级政府立项课题近50项，省教育研究会课题85项，教育局教研室课题191项，其中2015年、2016年每年获得课题研究经费均超过100万元，教学科研水平在广州市乃至广东省的中学中均处于领先的位置。课题研究的深入开展大大提升了教师的专业水平和理论功底。

十年来，广附不断强化“教学质量是学校工作生命线”的意识，坚持以优化课堂教学为抓手，以学科教学改革为突破口，推动教学质量不断提升，各个学科在课堂教学优化和高考、中考备考等方面，积累了一些针对性强、效果好，富有广附特色的“秘密武器”，也培养了一批教学效果突出的优秀老师。

近年来，在高考以及广州市举行的“高二水平测”“高三一模”等大型统一考试中，广附有多个学科的成绩进入广州市前三名。在2015年广州市“高三一模”考试中，广附以第八名的生源水平考出了多个前三名，其中文科数学成绩获得第一名，历史成绩位列第二名，理科数学、物理、政治等学科位列第三名。

“强师工程”和“特色教学”，使广附的教育质量跃上了新的台阶，创造了“奇迹般的成绩”，也引发了同行一次又一次惊叹：“广附是广州市近年来进步最大，加工能力最强的学校！”

二、我被“洗脑”了——来自数学基地班家长的一封信

“兴教之道在于师”，优秀教师是学校可持续发展的第一要素。为了建设好优质教师队伍，广附制定了“教坛新秀、教学骨干、名教师”三级教师培养制度，鼓励各年级组、学科组组织各种教研活动，促进教师成长，激励教师以独立方式自由发展。广附还特别注重班主任队伍建设，让他们在“放任”中出成绩、出特色；让他们有风格、有魅力、有创新。在班级建设上，在不违反校规的前提下，班主任可以大胆尝试，只要是有利于教育教学的创新活动都可以开展，制定符合自身特色的“班级名片”，使学生感受到了班主任的魅力。广附的教育正如邓云洲校长在其教育随笔中概括的那样，是“感动的教育和教育的感动”。

下面是摘录广大附中数学基地班家长的一封来信。

让我一点一点喜欢上广附的，是儿子的老师，那个神一样的班主任。孩子们都叫他“天子”，我也跟着孩子们叫他“天子”。周老师以一个老师的力量，从改变一个班开始，带动了全校。

“天子”老师每个月都给孩子们过生日会，生日会对于孩子们来说都是节日，因为，“天子”老师把生日会变成了孩子们自己的活动日……我有幸参加过一次他们的生日会，当我看到其他班同学趴在窗边露出无比羡慕的表情时，我为儿子身在这个班感到幸运，为儿子遇上这样的老师感到幸运，为“天子”老师尽心给予孩子们爱的教育，更是感动无比。

从七年级军训开始，“天子”老师每天早上带着孩子们跑步，这一年多来，始终坚持，这是一件简单的事情，也是一件极其不简单的事情。一个星期 5 天，“天子”在孩子们睡觉的时候去查寝，在孩子们休息的时候还要工作，晚上 12 点还在 QQ 上与家长互动，早上 6 点就要带孩子

们跑步……读书重要，但锻炼身体更重要，这样的坚持，我自问是做不到的，但老师做到了，带着孩子们做到了。就这么跑着跑着，同年级的其他班加入这个队伍；就这么跑着跑着，低年级的学弟学妹们加入这个行列；就这么跑着跑着，九年级毕业班的哥哥姐姐们也开始了晨跑，高中的哥哥姐姐们也开始了跑步……原来偌大个操场，只有老师带着孩子一个班在跑，现在，满操场都是人，我想起了《阿甘正传》，一个人的力量，可以带动很多人。

“天子”是数学老师，他带领着这群顶尖但不是最出色的孩子，和广附其他班的孩子一起，开创了广附的第一次，在华杯赛上，第一次战胜最牛的对手——华师附中……他要的不仅仅是孩子们在数学领域的光芒，他要孩子们在各科的优秀和领先，他要孩子们身心的健康，要孩子们拥有成长正能量，他给予孩子们无比的爱，他让孩子们懂得责任，这样的老师，已经不仅仅停留在我们传统层面上的授业解惑了，他是孩子人生与成长的导师。

为孩子们做了这么多，我们的可爱的“天子”老师啊，神一样的老师，继续他新的征程。他遍访名师，向上海顶尖中学的顶级名师们探讨管理班级的秘籍，然后综合自己班级特点，在开学之后开始了“小组量化评估”等一系列改革。

……

实行改革以后，儿子回来最明显的变化是，居然盼望考试了，因为，他们组一度落后，只有考试，而且全组进步，才能扳回局面。儿子会谈论量化管理规定的条款合理与否，会谈论他们组成为倒数第一的原因，会为他们组最近翻天逆转成为第一而沾沾自喜，会谈论掌握扣分的权力和不要滥用的原因（儿子是历史课代表，对迟交作业同学有权扣分），这些点点滴滴，都是课本没有的内容，但这正是我们工作以后每天面临的问题，怎么管理和带领团队？怎么制定相对公平合理的规则？

如何让大家统一意见？怎么让大家心服口服？怎么解决碰到的难题？很多家长以为做班干部就可以了，事实上，很多一直做班干部的同学，每天执行着老师的任务，从没主动去制定过规则，主动地想办法解决问题，根本没搞懂这些规则。

……

我突然明白我喜欢广附的缘由了，因为广附有这样的老师，有这样的教育，孩子们不仅仅会考试，更有美好的将来，我关注孩子的考试成绩，但我更关注孩子在这方面的成长。

三、全国中学管理骨干班学员眼中的广附

近五年由于学校知名度不断提升，平均每年接待各级各类教育教学骨干培训班多达十余次，受到举办单位和参训骨干们的一致好评。

2015 年 3 月 14 日，全国中学管理骨干班的学员来到了广附，听了语文数学两节生本课，同时聆听了邓云洲校长关于“以生为本”做好高中教育管理的精彩报告。管理骨干班学员对这次学习非常满意，这次学习让他们觉得受益匪浅。

多年来，广附坚持“以生为本”的教育理念，富有创造性地进行教育管理，取得了巨大的成果。学校课程的生本化再造卓有成效，学生的主观能动性被调动起来，许多学生自主学习的进度已经大大超越了原定进度，全校近百个社团，8 个学校节日，生动活泼，阳光灿烂，学校带领师生，“只要学得活，就往活里学”，体现了生本教学思想，并在高考中取得了优秀的成绩。十年来学校高考成绩每年上一个台阶，从广州市第十四位，提高到第五位，地位仍然在继续提升。

一位管理骨干班学员说：“今天聆听了广附邓校长关于‘以人为本，培养全人’的专题讲座，该讲座全面阐述了该校在管理中突出以人为本的理念，全面发展。通过开展各类活动促进学生全面发展。其先进的管理理念值得我深思。”

融水县陈彩娟老师说："在广附听了两节生本公开课。学生精彩的发言和他们思想的碰撞，使我大开眼界！特别是听了邓云洲校长的讲座后，我思路大开！邓校长带领他的管理团队，真正地在学校管理上动了很多脑筋。他的讲座为我在今后学校的德育工作指明了一条路——充分发动学生，做好生本德育管理工作。"

第三节　政府社会赞广附

广附能够取得今天的办学成就，除了学校内部各部门的努力奋斗外，还离不开政府领导的协助与支持。这些支持有的来自教育部门及其他政府部门，有的来自广附军中校友。他们的帮助与支持，为广附的发展和前行提供了不竭的动力。

一、广附开办的全国首个高中国防班

2012 年 12 月 27 日，教育部体卫艺司王登峰司长在广州市教育局屈哨兵局长、吴强副局长，广州军区选培办主任何晓赓大校以及省教育厅有关部门领导的陪同下，到广附大学城校区进行"高中国防班教育"的专题调研。

王登峰司长在实地考察后高兴地表示，广附高中国防班的建设在地方教育事业发展和国防人才培养方面都有非常重要的意义，也是教育体制改革创新模式非常有意义的一个探索，这是一个值得高兴的事，也是值得我们去探索的事，应大力支持。将来可以将广附国防班的这种模式在全国推广，这件事情意义非常大，在中国教育史上具有里程碑意义。

二、广附创垃圾分类工作新模式

我校在垃圾分类工作中充分发挥学生自主性、创新性，在姚海霞、胡静等老师的指导下，学生们研发了一系列操作性强、有创意的垃圾分类模式，由于表现突出，被广州市评为垃圾分类标杆学校。

2015 年 4 月 3 日上午，应广州市市长邀请，我校八年级的毛瑕、仵润宜两位同学参加了市政府召开的广州市固废办垃圾分类处理专题工作会议，毛瑕同学还在大会上作了专题发言。我校是广州市基础教育系统唯一一所应邀参加会议的学校。

市长在总结讲话中，对我校学生志愿者对接越秀区华乐街社区垃圾分类工作的模式给予了高度赞扬，认为该模式应该在全市推广。

会上，我校黄华路校区八年级的毛瑕同学作为学生代表向与会人员汇报了广州市中小学生考察台湾垃圾分类的情况，并分别从学校、师生以及家庭、社区等方面提出了做好垃圾分类的方法和建议。毛瑕同学建议全市学生食堂要做好干湿垃圾分类投放；提倡学生自带水杯、节约纸张和践行“光盘行动”；建议在学校组建校内垃圾分类志愿者服务队，为周边社区居民以及新入学学生进行指导示范，推进垃圾分类教育。

在会议讨论环节，我校欧卫国副校长代表学校作了发言。欧副校长表示，在中小学生中普及并推广垃圾分类，是学校环境教育和德育教育的重要补充，今后将加大校园垃圾分类教育，并进一步发挥我校作为垃圾分类示范校的社区服务功能。

毛瑕同学代表我校学生志愿者团队作专题发言

市领导高度赞扬我校学生志愿者团队进社区服务

三、广州市教育局关怀广附成长

2015年9月11日，市教育局党委书记、局长屈哨兵同志在广附进行教师节慰问时，即兴发表讲话。屈哨兵同志在肯定广附取得的成绩同时，期望老师做好学生成长道路上的“筑梦人”，培育更好的学生，以下为讲话全文。

今天的致辞如果要安排一个题目的话，我想应该是“办更好的学校，当更好的校长，做更好的老师，育更好的学生”。

首先，办更好的学校。曾经，我在广附的一次讨论会上谈过这样的一个观点，我愿意在这里复述。一所真正的好的学校，她应该有这样的本事——就是把正在做的事情变成故事，然后把故事变成传说，最后把传说变神话。广附创校60多年来的历史，基本上可以证明一个好的学校就应这样把故事变成神话。刚才，董皞副校长谈到了近年来，尤其是今年，广附考试成绩的种种表现。我刚刚也观看了《广附十年》的宣传片，从另外一个角度证明，一个好的学校是需要我们共同努力的。所以，这是我们努力的一个方向。

其次，当更好的校长。我想在这里，不仅仅只是指邓云洲校长，而是一个以邓云洲校长为代表的广附的所有在任的校长群体，和已经离开领导岗位的校长群体。这个校长群体是否优秀、是否成功，一个非常显著的标志或者标准，就是有点石成金的艺术，有迎难而上的勇气，有因材施教的本事，有把一个学校从不知名带到知名的成绩。如果拿这样的标准来衡量广附这些年的办学历史和这几年的办学业绩，我想“做更好的校长”已经得到了非常充分的验证。

再次，做更好的老师。我想这是今天庆祝第31个教师节最重要的主题。回想起来，从大学毕业到现在，每一个教师节我都在反思，作为老师我们做过什么，我们还能做什么，我们即将做什么。如果让我体会大家的共同心理的话，做老师最重要的一个特点，就是做好学生成长道路上的“筑梦人”。所有的孩子都是一张白纸，他们也会真正的知道他们未来的梦将是如何的绚丽，谁来描述他们未来的梦，就是老师。用比较传统的话来说，我们要真正做好“人类灵魂的工程师”；用习近平总书记的话来说，就是我们“要有理想信念，要有道德情操，要有扎实学识，要有仁爱之心”。不管从哪个维度，我们都要通过言传身教，为孩子们的成长描绘出或构造出他们未来发展的美好梦境，这就是筑梦人的职责。最近，我们在市媒体上推动一个叫“走近优秀班主任”的活动，有一个学生在自己微博上的留言让我非常感动。这个孩子非常调皮，教他的老师伤透了脑筋，但是老师并没有放弃他，于是这个孩子在自己的微博上留了一句言：虽然我知道我很不好，但是你始终把我当成一个宝。虽然朴素，却道出了孩子对老师的尊重……在这里，做更好的老师我想也是我们共同的努力的方向。

最后，育更好的学生。我想不用多说，我们所有的努力，就是为了使学生能够成长的更好，能够发展得更好。只有更好，才能最好。现在社会更多谈论的是学生的成绩、学生的重本率、中高考高分率、高考的重本率，这都有它的道理，但我想强调的是另外一个方面，作为一名优秀的老师，优秀的校长和一所负责任的学校，我们更多的要探讨和关注孩子们今后的教育所成，在五年、十年，或者二十年之后，他们能否成为合格的优秀的社会公民，这才是我们教育的真正目的。

谢谢各位！

屈局长精彩的即兴演讲，极大地鼓舞了大家的士气，赢得现场近900名广附教职员工数次热烈掌声。我们坚信，在上级领导亲切关怀下，全体“广附人”在校领导班子的带领下，必将不辱使命，不忘初心，做最好的自己，办更好的学校，实现更好的教育！

2015 年 9 月，广州市教育局屈哨兵局长在教师节寄语我校

四、锐意创新，富有实效

2014 年 4 月 24 日，广州市妇联李艳林副主席、市妇联儿童部许东雨部长及邢小宁调研员、市教育局丘毅清处长、市中小学德育研究与指导中心蒋亚辉主任等一行 8 人莅临广附黄华路校区视察指导广附家长学校工作。

领导专家们听取了邓校的汇报后，高度赞扬广附家长学校的工作系统有序、生动创新、富有实效。尤其是在开发家长学校课程教材这一特色项目上，《与孩子一起成长》《家长学校课程设计与实施》等书，为广州

校领导与工作组领导合影

市中小学的家长培训提供了很好的教材，而邀请家长参与学校系列文化活动的举措，既为家长们提供了一个理论联系实践的平台，又让家长更深入地理解学校教育理念，形成更好的家校教育合力，为孩子成长保驾护航创造了条件。会后，工作组一行参观了广附校园，并到学校教工书吧小坐，舒适、优雅的书吧环境让工作组领导深深感受着书香广附的文化气息。

五、培养科技创新人才，打造广附科教品牌

2014 年 10 月 22 日，广州市教育局科研处邱国俊副处长、市科信局钟斌副主任携专家一行九人莅临我校调研“广东省青少年科技教育特色学校”创建工作。在听取了欧卫国副校长的工作汇报，并实地参观了我校“机器人社”等社团活动室、科技活动室后，市领导专家对我校的科技教育工作给予了高度评价，指出我校对科技教育工作重视程度非常高，有机制、有保障、有资源、有特色、有成效、真正立足于学生综合素养的培养，真心为了促进孩子的成长和幸福。

六、广附艺术教学具有深度教研探索精神

广附的艺术教育历来是学校教育教学中的重点之一，在学校领导高度重视下，艺术教育在校园的沃土中蓬勃发展，2016 年广附申报为广州市第二批艺术教育重点推广基地学校，以合唱与书法为基地特色项目。

3 月 25 日，市教育局邱毅清处长、广州大学美术与设计学院徐志伟副教授，以及市教育研究院专家等组成的评审组，对广附进行广州市第二批艺术教育重点基地和体育艺术“2＋1”项目的开展情况实地考察。评审组听取了黄翠婉副校长的工作汇报，查阅了学校近年来的艺术教育档案资料，参观了书法美术作品展，考察了附中黄华路校区艺术专用室，还走访了学生电视台以及学生艺术创客空间——“附·时光”学生公司……专家们对学校场地、设备、项目团队、教学成效等方面进行了全

面的评审。

专家组一致肯定广附的办学理念，高度赞扬学校完善先进的艺术教育设施和艺术科组教师的专业素养。专家们认为，透过海量的学生作品，可见广附的艺术教育是具有深度教研探索精神的实力派教育。

广州市重点艺术基地学校评审组评委听取学校工作报告

黄翠婉副校长和艺术科老师们向评审组评委展示学生的艺术创作作品

后记

HOUJI

为打造广州教育的品牌力和知名度，营造广州更好的教育生态，推动广州教育的发展，广州市教育局提出了一个“走进好教育”之“好学校”系列丛书的编写工程，号召广州的中小学校积极参与，共同将广州好教育的特色品牌推广出去。

这是一次非常好的契机，广州大学附属中学也有幸参与到这个项目中，并被广州市教育局指定为“广州好学校首批推介单位”。邓云洲校长专门组织了广附“好学校”书稿编写小组，在各方面力量的大力支持下，终于完成了此书的编写。

《做最好的自己——广州大学附属中学的办学之路》这本书包括三篇九章，讲述了广附的历史、办学之路、发展愿景和社会影响等，内容包括课程设置、教师教学及学生活动等多方面。全书内容丰富具体，体现了广附的特色，也突出了广附的“好”。通过梳理广附的发展历史可以发现，在几十年艰苦的办学征程中，广附从一所战车上的学校到今天挤进广州十大名校前列，其不竭动力正是广附所继承的红色基因。广附的红色力量不断激励着一代代的“广附人”投身于光荣而神圣的教育事业，坚持“以生为本、与时俱进”，在办学之路上坚持做“最好的自己”，在“亮剑”精神的指引下实现了不断超越。

此书编写花费近一年时间，在这么短的时间内完成此书的编写工作非常不容易，它是多方共同努力的结果。首先要感谢“好学校”书稿编写组总负责指导专家漆国生教授、郭斯萍教授、杨运鑫教授对此书编写的指导，感谢广附邓云洲校长、欧卫国书记、李卫副校长、黄翠婉副校长、王守亮副校长、席长华校长助理、王映主任、王孝锦主任、郭春曦副主任、蔡瑞虹副主任、尧卫国主任助理、王欣老师、王升华老师、郑娟老师及各部门、学科组相关老师在提供资料、整理思路、补充修订等方面的大力支持，还要感谢柳林、朱智慧、吴毓清、袁晓劲等人在具体编写工作上的努力与付出，感谢广州市教育局及北京师范大学出版社的大力支持。

本书出版得到了广州市重大课题2015zdkt003“‘广州好学校’类型特征、品牌形成路径及发展策略研究”的资助。

编写组
二〇一六年八月于广州